NCS(국가직무능력표준) 기반

호텔객실 서비스 실무

안광호 · 김영식 공저

Practice on Hotel
Front Office Operation

기문사
www.kimoonsa.co.kr

머리말

F·o·r·e·w·o·r·d

호텔산업은 환대서비스산업(Hospitality Services Industry)이라 일컬어지는 광범위한 산업 중에서도 독특한 분야를 차지하고 있다.

환대서비스산업은 숙박시설뿐만 아니라 식음료 서비스(Food & Beverage Service), 보건, 교통, 위락시설을 제공하는 다양한 기업들로 구성되어 있다.

호텔기업은 숙박에 필요한 시설뿐만 아니라 고객이 필요로 하는 모든 상품과 서비스를 제공한다는 측면에서 여타 환대서비스를 제공하는 기업들과 구별된다. 호텔기업이 제공하는 이러한 상품과 서비스는 영속적으로 물리적 가치를 유지하지 못하는 경향이 있으며 고객에게 경험을 제공해 주는 곳으로 인식되기도 한다.

근대호텔의 혁명왕인 스타틀러가 주장한 것처럼 "고객은 언제나 정당하다"라든가 "고객은 항상 정당하지 못할지라도 그는 언제나 고객이다"라는 표현들이 암시해 주듯이 호텔기업 종사자들에게 주어진 궁극적인 임무는 다양한 고객들의 변화무쌍한 욕구에 부합되는 고객서비스를 제공함으로써 고객들의 다양한 욕구를 충족시켜주는 데 있다. 따라서 고객 개개인의 다양한 욕구의 충족으로 인한 고객만족(guest satisfaction)이야말로 성공적인 호텔기업 운영에 있어 필수적인 요소이다.

왜냐하면 고객만족은 호텔을 찾는 고객들의 수요를 재창출할 수 있을 뿐만 아니라 잠재적 고객(potential customer) 수요의 창출에도 크게 기여하여 호텔기업의 영속성을 유지시켜 주기 때문이다.

뿐만 아니라 호텔의 객실부문은 호텔을 찾는 고객들을 처음 맞이하고 마지막으로 환송하는 기능을 수행하는 곳으로서 고객들이 호텔 전체의 서비스수준을 파악할 수 있는 결정적인 단서를 제공하는 곳이기도 하다.

따라서 호텔이 궁극적으로 추구하는 고객만족은 아주 사소한 것에서부터 시작되는 것이기 때문에 객실서비스에 있어서 고객 개개인에 대한 세심한 배려는 아무리 강조해도 지나치지 않는다.

본서는 그 동안의 강의경험과 현장 실무경험을 토대로 호텔분야로 진출하려는 학생들에게 조금이나마 도움을 주고자 객실실무에 관한 교재를 발간하게 되었다. 가능한 한 현장의 실제업무 위주로 집필하려고 하였으나 결코 쉬운 일이 아니었으며, 너무나 미흡한 점이 많음을 솔직하게 인정하고 앞으로 실무에 필요한 내용들을 더욱더 보강하여 현장감있는 교재가 될 수 있도록 노력할 것을 약속한다.

"아들아! 죽는 날까지 꿈꾸기를 포기하지 마라.
매일 꿈을 꾸어라.
꿈꾸지 않는 사람은 아무것도 얻을 수 없으며,
오직 꿈꾸는 자만이 비상할 수 있다.
꿈에는 한계가 없다. 마음껏 꿈꿔라.
꿈을 꾼다는 것은 살아 있다는 증거이고
사람이 살아 있는 동안에 반드시 해야 할 의무이자 권리이다."라는 글귀를
오늘 그리고 지금도 아름다운 수행으로 채찍질하고자 한다.

끝으로 본서가 출간될 수 있도록 지도와 조언을 아끼지 않으신 많은 분들에게 감사드리며, 도서출판 기문사의 가족 여러분께도 진심으로 감사의 인사를 드린다.

2016년 8월
공동저자 씀

차례

제1장

호텔경영의 기초적 이해

제1절 호텔의 어원과 정의

1. 호텔의 어원

호텔이라는 어원은 라틴어의 'Hospital'이라는 말에서 호텔의 어원을 찾아볼 수가 있는데, 외지인, 여행자, 손님을 대접하는 숙박소의 주인을 의미하는 라틴어의 Hospes에서 출발하여 '순례자나 참배자, 나그네를 위한 숙소'를 뜻하는 Hospitale로 발전하였으며 바로 이 단어가 몇 단계를 거쳐 오늘날의 'Hotel'이라는 용어가 탄생된 것이다. 호텔을 역사적으로 살펴보면 Hospes → Hospitale → Hospital, Hostel, Inn → Hotel의 순으로 발전되어 온 것으로 사료된다.

또한 변천과정에서 자세히 살펴보게 되면, Hospital이라는 용어를 찾게 되는데, 이는 현대적 의미에서 병원이라는 용어로 사용되고 있다. 이는 호텔이라는 용어 자체도 병원의 의미를 포함한다고 볼 수 있으며, 이는 병원의 내부시설 면이나 서비스 측면에서 볼 때 많은 유사점을 찾아볼 수 있다.

이처럼 Hospital은 두 가지의 성격이 있는데, 하나는 여행객을 편하게 쉬게 하는 장소였으며, 다른 하나는 부상자나 병자를 숙박시키면서 간호하는 시설이었다. 그리하여 전자의 경우는 그 성격이 발전하면서 Hostel, Inn을 거쳐 현대의 Hotel로 변하였고, 후자의 성격이 오늘날의 병원으로 발전된 것으로 생각한다.

이렇게 보면 호텔의 어원은 숙박개념이라는 광범위한 내용뿐만 아니라, 현대적 의미의 병원에서도 그 어원을 찾을 수 있는데, 호텔이라는 용어가 병원(hospital)이라고 쓰이게 된 이유가 무엇인지는 호텔경영사의 문헌조사에 나타난 바와 같이 오래전 호텔은 오랜 여행 끝에 몸과 마음이 피로해진 여행객의 원기를 회복시켜줄 수 있는 휴식의 쉼터, 즉 숙박 장소로서의 뜻이 내포되어 있었고, 또 다른 하나의 의미는 여행 도중에 환자나 부상을 당한 사람, 노인이나 고아들의 휴식을 취하고 이들을 돌보아 주는 즉 오늘날의 병원과 같은 간호 서비스가 있었기 때문에 병원이라는 의미가 내포되어 있다.

2. 호텔의 정의

오늘날 호텔이란 단순히 숙박과 음식만을 제공하는 시설이 아니라 하나의 기업이다. 기업으로서의 호텔은 이익을 목적으로 숙박과 음식물을 생산하여 판매하는 것은 물론 사적(私的) 시설이 아닌 공공에 기여하는 사회적 시설인 동시에 불특정 다수의 일반고객을 대상으로 하는 영업체이다.

이처럼 호텔은 성격상 고객의 휴식과 원기회복을 위해 일정한 서비스를 제공하는 곳으로 환대산업(Hospitality Industry)의 중추가 되는 산업이다.

웹스터 사전(Webster's Dictionary)에 의하면 '호텔은 대중을 위하여 숙식, 식사와 서비스를 제공하는 공공성격의 건물이나 시설(Webster's define Hotel as "an establishment that provides lodging, and usual meals, entertainment, and various personal service for public")' 이라고 정의하고 있다.

이처럼 "호텔은 객실과 식사를 갖추고 대중을 위하여 봉사하는 건물 또는 공공단체"라고 정의할 수가 있다. 즉, 호텔은 "일정한 지급 능력이 있는 사람에게 객실과 식음료를 제공할 수 있는 시설을 갖추고 예의가 바른 종사원이 조직적으로 서비스를 제공하여 그 대가로 요금을 받는 사업체"이다.

이상의 내용을 종합하여 현대적 시대흐름에 부합할 수 있는 호텔의 정의를 내리면, "호텔 사업은 경제적으로 지불능력이 있는 불특정 고객에게 영리를 목적으로 적합한 숙박과 식음료 시설을 갖추고 무형의 인적 서비스 상품을 바탕으로 공익개념의 휴식과 오락 등 여가를 즐길 수 있는 문화적 공간을 제공하는 기업" 이라고 할 수 있다. 결국 호텔업은 관광산업의 중추적 비중을 차지하며 현대인에게 즐거움과 안락감을 줄 수 있는 종합형태 개념의 사회에 봉사하는 기업으로서의 의의가 있다.

제2절 호텔의 구성요소와 기능

1. 호텔의 구성요소

호텔의 구성요소는 물적 · 인적 · 시스템적 구성요소로 구분할 수 있다.

(1) 물적 구성요소(Hardware)

호텔을 구성하는 가장 기본적인 요소는 객실, 식당, 연회장, 오락 및 스포츠 시설, 카지노, 각종 설비, 비품, 조경 등 물적 구성요소이다. 이러한 물적 구성요소가 주위환경과 조화를 잘 이루게 될 때 그 호텔의 이미지와 품위는 높이 평가될 수 있다.

(2) 인적 구성요소(Software)

호텔기업은 인적 서비스의 의존성이 타 산업에 비해 높은 노동집약적 산업이라 할 수 있다. 호텔에서 제공되는 인적 서비스는 유니폼 서비스, 접객 및 안내 서비스, 주문 및 배달 서비스 등 매우 다양하다. 이처럼 호텔 기업에서 제공되는 종업원의 인적 서비스는 호텔경영에 있어서 가장 중요한 요인이라 할 수 있다.

(3) 시스템적 구성요소(Systemware)

시스템적 구성요소에는 재산관리시스템(PMS : property management system)과 컴퓨터예약시스템(CRS : computer reservation system), 호텔기업철학, 경영방침 및 각종 제도, 규정, 절차 등과 조직구성원의 교육, 동기부여, 보상시스템 등이 있다.

2. 호텔의 기능

국가전략산업으로서 관광산업의 비약적인 발전이 이루어지면서 수많은 호텔이 건립되고 호텔의 기능도 숙박기능을 중심으로 운영되었던 초기 호텔의 특성에서 점차 다양화 · 다기능화되고 있는 추세이다.

과거의 숙박시설은 여행자에게 수면, 음식, 생명과 재산의 보호라는 기본적이고 전통적인 기능을 갖고 있었으나, 날로 관광자의 욕구가 다양해짐에 따라 호텔업의 기능도 다양성을 가지게 되었다.

현대의 호텔은 숙박 및 식음료를 제공할 수 있는 시설 이외에도 스포츠, 레크리에이션, 레저 및 회의장, 전시장, 연회장, 나아가서는 부대시설로서 백화점업무 등 고객에 대한 욕구를 충족시켜주는 문화공간으로서의 다목적인 상품기능 제공의 사회적 · 문화적인 역할과 공익적 서비스 제공을 위한 고객의 활동공간이 되고 있다. 현대적 의미에서의 호텔의 기능은 다음과 같다.

(1) 숙박시설기능

숙박시설에 관련된 물적 서비스를 비롯한 인적 서비스와 정보적 서비스를 제공한다.

(2) 음식시설기능

음식물의 제공 이외에도 부수적인 인적 · 물적 · 정보적 서비스를 제공한다.

(3) 사교시설기능

호텔업이 단지 자고 먹고 하는 단순한 서비스로부터 사회에 있어서 사교의 장소로서의 시설기능을 제공하고, 그에 수반되는 인적 · 물적 · 정보적 서비스를 제공한다.

(4) 레크리에이션 기능

관광 · 레저 · 오락 · 휴양 · 보건의 장소로서의 기능설비와 제반의 인적 · 물적 · 정보적 서비스를 제공한다.

(5) 비즈니스활동 시설기능

상업적 비즈니스활동의 장소로서 기능과 이에 따른 인적 · 물적 · 정보적 서비스를 제공한다.

(6) 지역사회 봉사기능

지역사회의 발전과 고용창출, 지자체의 경제활성화에 기여한다.

호텔은 이들의 제반기능을 개별적으로 다시 말하면 단일품으로 제공하는 것이 아니라 이들을 연결적으로 조직화 · 세트화된 종합상품으로 제공하는데 특징이 있다. 그리고 이들의 종합상품은 각 호텔의 특징에 따라 그 서비스의 질도 다양하며, 일반상품에 비하여 특수형태의 상품이라 말할 수 있다. 따라서 현대의 호텔은 이제 단순한 개인생활의 공간뿐만 아니라 그 지역사회의 경제, 문화, 예술 및 커뮤니케이션의 활용 공간으로서 포괄적 기능을 가진 공공빌딩이라 할 수 있다.

제3절 호텔기업의 분류

호텔기업의 다양성 때문에 특정 호텔기업을 특정 그룹으로 명확하게 구분한다는 것은 결코 쉬운 일이 아니다. 호텔의 종류는 호텔의 입지조건, 영업종목, 시설규모 및 호텔구조에 따라 다양하게 분류하고 있으며 호텔사업의 다양성과 복합성 때문에 학자들마다 그 분류방법에 있어서도 서로 다른 양상을 보이고 있다. 그러나 일반적으로 호텔의 규모(size), 표적시장(target market), 서비스 수준(levels of service), 그리고 소유형태와 제휴형태(ownership and affiliation)에 따라 구분할 수 있으며, 현대적인 개념에서 호텔기업을 분류할 수 있는 기타 방법들을 몇 가지 간단히 살펴보기로 한다.

1. 규모(size)에 의한 분류

호텔의 규모에 의한 분류는 호텔이 보유한 객실 수에 의한 분류로서, 객실 수는 그 호텔의 규모를 나타내는 외형적 기준이 된다. 일반적으로 다음과 같이 4개의 그룹으로 분류한다.

- 소규모 호텔 : 150실 이하
- 중규모 호텔 : 150~299실
- 대규모 호텔 : 300~599실
- 초대규모 호텔 : 600실 이상

이러한 분류는 유사한 규모의 호텔들 간에 호텔의 운영에 대한 절차나 영업에 대한 통계적인 결과들을 서로 비교할 수 있도록 해준다.

2. 표적시장(target market)에 의한 분류

호텔기업의 마케팅 활동에 있어서 가장 중요한 문제는 호텔을 주로 이용하는 대상이 누구인가 그리고 호텔 상품이 누구에게 매력을 가질 수 있는가를 밝혀내는 데 있다. 이러한 활동은 마케팅 연구나 전략을 통해서 표적시장을 설정하게 된다. 환대산업에 있어서 최근의 마케팅 활동 추세는 대규모 시장 내에서 목표대상을 특정 그룹이나 분야에 한정하고 이들을 만족시킬 수 있는 상품이나 서비스를 개발하고 있다.

이러한 시장세분화(market segmentation) 전략은 특히 체인호텔들이 실질적으로 성장하는 데 많은 공헌을 하였다.

표적시장에 따른 가장 일반적인 분류는 커머셜(commercial), 에어포트(airport), 레지덴셜(residential), 리조트(resort), 카지노(casino), 컨벤션(convention) 호텔 등으로 구분할 수 있다.

(1) 커머셜 호텔(commercial hotel)

커머셜 호텔의 주 대상고객은 상용고객(business travelers)이나 단체 관광객, 개별 여행자, 소규모 회의 참가자들에게도 숙박하기에 편리한 호텔이다. 주로 도심지나 상업 중심지에 위치하며 체재기간이 비교적 단기간이기 때문에 일명 트랜지언트 호텔(transient hotels)이라고도 불린다. 제공되는 주요 서비스로는 신문, 모닝커피가 무료로 제공하기도 하며, 시내전화 또한 무료로 이용할 수 있다. 케이블 TV, VCR과 비디오, PC, 팩스 등을 갖추고 있고, 렌터카, 공항 픽업, 세탁 등의 서비스를 제공받을 수 있으며 커피숍, 각종 식당, 칵테일 라운지, 수영장, 헬스, 사우나, 테니스코트 등의 설비를 갖추고 있다.

[그림 1-1] **커머셜 호텔 전경**

자료 : 리츠칼튼 호텔 서울

(2) 에어포트 호텔(airport hotel)

공항 주변에 위치하거나 공항에 접근하기 쉬운 곳에 위치하며 규모나 제공되는 서비스 수준도 다양하다. 주 이용고객은 통과여객(layovers), 항공편 취소고객, 항공사 직원 등이며 일부 상용고객도 이용한다. 직통전화를 통한 호텔의 예약이나 호텔이 소유한 리무진이나 밴(van)을 이용한 공항 픽업 서비스를 제공받을 수 있기 때문에 공항호텔을 이용하는 고객들은 상당한 여행비용을 절감할 수 있다.

(3) 레지덴셜 호텔(residential hotel)

주로 장기 투숙객을 대상으로 하기 때문에 모든 시설과 설비가 이에 맞추어져 있다. 일반 호텔과는 달리 객실 내에 주방설비를 갖추고 있기 때문에 대부분의 식음료 업장은 소규모로 운영되고 있으며 주로 객실판매를 위주로 한다. 매우 제한적이기는 하지만 하우스키핑, 전화, 프런트 데스크, 유니폼 서비스와 같은 호텔식의 서비스가 제공된다. 숙박은 호텔과 고객 사이에 상호 계약에 의해 이루어지며 최근에 와서는 콘도미니엄이나 스위트 호텔(suite hotel)의 개념으로 변모하였다.

[그림 1-2] **레지덴셜 호텔 전경**

자료 : 쉐라톤 워커힐 호텔 서울

(4) 리조트 호텔(resort hotel)

산악지대나 온천, 해수욕장 등과 같은 휴양지에 위치한 호텔로서 주로 휴양을 즐기려고 하는 여행객들을 대상으로 하는 호텔이다. 대부분의 리조트 호텔들은 다양한 식음료 상품뿐만 아니라 발렛(valet), 룸서비스 등을 제공하며 골프, 댄싱, 테니스, 승마, 하이킹, 스키, 수영 등을 즐길 수 있는 시설을 갖추고 있다. 그러나 리조트 호텔은 위치하고 있는 입지적 특성상 계절적인 영향을 많이 받기 때문에 수입이 불안정하고 건물이나 설비의 조기 노후화에 따른 유지 · 보수에 많은 어려움이 있다.

[그림 1-3] **리조트 호텔 전경**

자료 : 제주신라 호텔

(5) 카지노 호텔(casino hotel)

카지노 호텔은 도박을 전문으로 하는 시설(gambling facility)을 갖춘 독특한 호텔이다. 최고급 수준의 객실과 식음료 업장들을 갖추고 운영하고 있지만 이러한 업장들을 통해 적극적으로 수익성을 추구하는 일반 호텔들과는 달리 이들 업장들의 기능은 원활한 카지노운영을 위한 하나의 지원시설에 불과한 경우가 많다. 대부분의 대규모 카지노 호텔들은 카지노를 즐기는 고객들을 유치하기 위해 전세기(charter flight)를 제공하기도 하며 대규모 버라이어티쇼(variety show)를 개최하기도 한다.

[그림 1-4] **카지노 호텔의 내부 전경**

자료 : 파라다이스 호텔 부산

(6) 컨벤션 호텔(convention hotel)

컨벤션 수요가 과거 20년 전에 비해 거의 2배 이상 증가한 현재의 추세에 힘입어 컨벤션 호텔은 최근에 급속하게 성장하고 있는 호텔분야이다. 대부분의 커머셜 호텔들이 600여 개 내외의 객실을 보유하고 있는 반면 컨벤션 호텔들은 2,000개 또는 그 이상의 객실을 보유한 호텔들이 많다. 이들 호텔들은 대규모 연회장뿐만 아니라 중 · 소규모의 회의장을 갖추고 각종 연회 및 회의에 필요한 화상설비, 사무, 통역서비스는 물론이거니와 카페테리아와 같은 셀프서비스 식당에서부터 최고급의 전문식당 서비스에 이르기까지 다양한 식음료 서비스가 제공된다.

[그림 1-5] **컨벤션 호텔 전경**

자료 : 그랜드인터콘티넨탈 서울

3. 서비스 수준(levels of service)에 의한 분류

호텔기업을 분류하기 위한 또 다른 방법은 고객에게 제공되는 서비스 수준에 의해 구분하는 방법이다. 이러한 서비스 수준은 고객에게 제공된 편의에 대한 척도이며 호텔에서 제공되는 고객서비스의 수준은 호텔의 규모나 형태에 관계없이 매우 다양하다고 할 수 있다.

미국의 경우 AAA(American Automobile Association)나 MTG(Mobile Travel Guide)에서 호텔의 등급을 결정하며 일반적으로 최상급인 world-class service, 중간등급인 mid-range, 그리고 하위등급은 economy 또는 limited service 등 3가지 등급으로 구분한다. AAA에서 등급을 지정하는 경우 최상급 호텔인 world-class는 4개 또는 5개의 다이아몬드로 표시하며 MTG에서 등급을 지정하는 경우 최상급 호텔인 world-class는 4개 또는 5개의 별(star)로서 표시한다.

우리나라의 경우 지난 40여 년간 호텔의 등급 표시에 사용돼 왔던 무궁화 문양을 국제적으로 통용될 수 있는 새로운 기준에 대한 필요성에 따라 정부는 외국인 관광객이 쉽게 인지할 수 있는 별 문양을 이용한 새로운 등급제를 시행했다. 등급제 평가의 타당성과 신뢰도에 확보를 위해 민간업체가 진행하던 등급심사를 한국관광공사에 맡겨 객관성을 높였고, 기존에는 한 번의 현장평가의 기반으로 이뤄졌다면 새로운 등급평가는 호텔의 평상시 모습을 볼 수 있도록 암행과 불시평가가 추가됐다.

평가항목도 시설 중심에서 서비스 중심으로 바뀌었다.

관광호텔 5성 등급은 현장평가 700점, 암행평가 300점 등 총 1000점 만점에서 90% 이상 점수를 받는 호텔에만 부여한다.

별 다섯 개 호텔은 최상급 수준의 시설과 서비스가 있어야 하고, 고객에게 최고의 맞춤 서비스를 제공하는 호텔이라고 할 수 있다. 구체적으로는 ▶품격 있는 호텔 로비 ▶뛰어난 품질의 침구 · 편의용품이 있는 객실 ▶고급 메뉴가 있는 3곳 이상의 레스토랑 ▶대형 연회장 · 국제회의장 · 비즈니스센터 · 피트니스센터 ▶24시간 룸서비스가 되어야 한다, 반면 1성 호텔은 '깨끗한 객실과 욕실, 조식이 가능한 호텔' 로 단출하게 정의돼 있다.

4. 소유형태 또는 제휴형태(ownership or affiliation)에 의한 분류

호텔기업을 분류하는 또 다른 방법은 소유형태나 제휴형태에 따라 구분하는 방법이며 이를 일명 경영방식에 따른 분류라고도 한다. 이 방법에 따라 호텔기업을 구분하면 크게 단독경영 호텔(independent hotel)과 체인 호텔(chain hotel)로 구분할 수 있다.

(1) 단독경영 호텔(independent hotel)

단독경영 호텔은 소유주가 개인자본을 호텔에 직접 투자하여 독자적으로 경영하는 방식으로서 영업정책이나 절차, 그리고 기타 호텔경영 전반에 관한 의사결정은 타의 간섭이나 규제를 받지 않고 독자적으로 이행하기 때문에 비교적 자유로운 호텔경영방식이라 할 수 있으며 신속한 의사결정으로 시장의 변화에 능동적으로 대처할 수 있는 장점이 있다. 그러나 자본의 영세성과 열악한 경영환경, 그리고 경영 노하우의 부족에 따른 경영상의 위험성이 체인호텔보다 높다는 단점이 있기도 하다.

(2) 체인 호텔(chain hotel)

체인 호텔 경영방식은 Ritz가 처음 주창하고 편리성(convenience), 안락성(comfort), 적절한 가격(reasonable price)을 호텔경영의 모티브로 내세운 스타틀러에 의해 활성화된 호텔경영방식이다. 체인 호텔 경영방식은 체인본부 역할을 하는 모회사(parents company)를 두고 산하의 모든 호텔기업들에게 동일한 상호와 표준화된 운영방식 및 절차를 적용하여 경영하는 방식이다. 이러한 경영방식의 장점은

첫째, 체인본부 산하의 각 호텔기업들이 사용하는 자재나 소모품 등을 체인본부가 대량으로 일괄구매함으로써 원가를 절감시킬 수 있으며,

둘째, 체인 산하의 각 호텔들이 공동으로 체인 전체를 광고하기 때문에 적은 비용으로 광고효과를 극대화시킬 수 있다.

셋째, 실제적인 운영 측면에서 볼 때 체인 본부인 모회사는 인사관리, 회계, 건축, 판촉, 조리 등 각 분야의 전문가를 보유하고 있기 때문에 체인 산하의 모든 호텔들은 각 부문의 전문가를 최대한 활용할 수 있다.

넷째, 체인 산하의 호텔들 간에 구축된 광역 체인 예약망(chain reservation network)을 활용하여 신속하고 정확한 예약이 가능함으로 고객의 예약 편의를 도모할 수 있을 뿐만 아니라 효율적인 판촉활동 또한 가능하다.

다섯째, 체인 산하 호텔들의 경영실적을 동일한 재무제표로 나타낼 수 있어 경영성과의 비교분석이 용이하다. 그럼에도 불구하고 대부분의 체인호텔들은 중앙 집중적인 조직형태를 나타내고 있어 체인 본부인 모회사와 체인 산하의 호텔 간에 수직적인 주 · 종 관계가 형성되기 쉬우며, 체인 본부의 지나친 규제나 감독은 산하 호텔들의 독립성이나 경영 자율성을 해칠 우려가 있다.

일반적으로 체인 호텔들은 경영계약(management contract), 프랜차이즈(franchise), 그리고 리퍼랄 그룹(referral group)형태로 구분하여 운영된다.

경영계약 호텔은 일명 위탁경영방식이라고도 하며 소유와 경영이 분리되어 운영되는 형태로서 소유주는 고정자산에 대한 투자와 관리에 대한 책임을 지며, 경영계약회사는 오로지 호텔운영에 대한 책임을 지고 소유주와 경영회사 간에 체결된 계약에 따라 경영성과에 대한 일정액의 경영수수료를 받게 된다.

[그림 1-6] **체인 호텔 광고의 예**

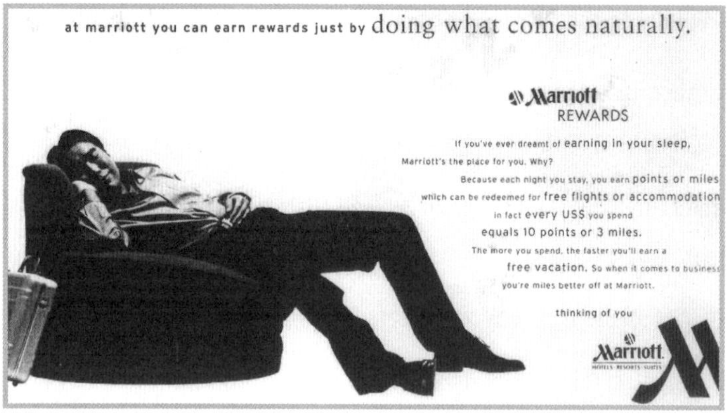

프랜차이즈는 일명 상호(brand)를 사용하도록 허락해 주고 일정액의 수수료를 받는 경영방식으로서 상호소유자를 프랜차이저(franchisor) 그리고 상호사용자를 프랜차이지(franchisee)라고 한다. 상호를 빌려서 사용하기 위해서는 상호소유자가 요구하는 디자인이나 실내장식, 시설 및 설비, 운영절차, 그리고 상품과 서비스수준 등에 관한 엄격한 기준을 충족해야 한다.

리퍼랄 그룹은 단독경영 호텔들로 구성되어 공동의 brand를 가지고 운영되는 방식이다. 이는 경영계약이나 프랜차이즈 형태의 호텔들이 전문화된 시장개척 방법이나 광범위한 예약망을 통해 시장점유율을 높여 감에 따라 위기의식을 느낀 단독경영 호텔들이 상호 협력하여 공동선전, 판매정책 및 예약서비스를 획일화하기 위한 공동의 기구를 구축한데서 비롯되었으며 일종의 조합 형태로 운영된다고 볼 수 있다. 모든 리퍼랄 그룹은 공동의 예약망을 통해 고객에게 예약편의를 제공하고 그룹에 소속된 호텔들은 시설과 상품 그리고 서비스수준에 대한 기준을 정하고 그 기준에 적합한 서비스를 제공함으로써 회원자격을 유지토록 한다.

이 외에도 호텔기업을 분류하는 기타의 방법을 간단히 살펴보면,

5. 법규에 의한 분류

관광진흥법(관광진흥법 제3조)에서의 관광숙박업이라 함은 호텔업과 휴양콘도미니엄업을 말하며, 호텔업은 관광호텔업, 수상관광호텔업, 한국전통호텔업, 가족호텔업, 호스텔업의 5가지로 구분하고 있다.(관광진흥법 시행령 제2조)

(1) 관광호텔업　(2) 수상관광호텔업　(3) 한국전통호텔업
(4) 가족호텔업　(5) 호스텔업

6. 입지 · 장소에 의한 분류

(1) 메트로폴리탄 호텔(metropolitan hotel)
(2) 시티 호텔(city hotel)
(3) 다운타운 호텔(downtown hotel)
(4) 서버반 호텔(suburban hotel)
(5) 컨츄리 호텔(country hotel)
(6) 에어포트 호텔(airport hotel)
(7) 씨포트 호텔(seaport hotel)
(8) 터미널 호텔(terminal hotel)
(9) 하이웨이 호텔(highway hotel)

7. 숙박기간에 의한 분류

(1) 트랜지언트 호텔(transient hotel)
(2) 레지덴셜 호텔(residential hotel)
(3) 퍼머넌트 호텔(permanent hotel)

8. 숙박목적에 의한 분류

(1) 컨벤셔널 호텔(conventional hotel)

(2) 커머셜 호텔(commercial hotel)

(3) 리조트 호텔(resort hotel)

(4) 아파트먼트 호텔(apartment hotel)

9. 요금지불방식에 의한 분류

(1) 미국식 플랜호텔(American plan hotel) : 객실요금+3식

(2) 유럽식 플랜호텔(European plan hotel) : 객실요금과 식사요금 별도

(3) 대륙식 플랜호텔(Continental plan hotel) : 객실요금+조 · 중 · 석식 중 택 1

10. 숙박시설형태에 의한 분류

(1) 모텔(motel)

(2) 유스호스텔(youth hostel)

(3) 프로텔(floatel)

(4) 보텔(botel)

(5) 요텔(yachtel)

(6) 빵숑(pension)

(7) 콘도미니엄(condominium)

제4절 호텔경영의 특성

1. 시설의 특성

(1) 시설의 조기 노후화

호텔의 시설은 그 자체가 상품이기 때문에 일반 제조업체의 시설에 비해 쉽게

노후화가 된다. 따라서 고객에게 꾸준한 매력을 유지하기 위해서는 정기적인 개보수를 해야 하며 이에 따른 보수유지비의 비율이 상당히 높다.

(2) 비생산적 공공장소의 확보

호텔은 비생산적인 공공장소(public space)를 필연적으로 갖추어야 하는 불리한 점이 있다. 그 대표적인 것이 로비 등의 공공장소이다.

(3) 기계화의 한계성

호텔기업은 인적 서비스의 판매가 커다란 하나의 상품으로 간주되고 있는 특성이 있다. 그러므로 오늘날 고율의 인건비 지출의 억제를 위해 일부 호텔은 기능의 기계화를 촉진하여 반복적 인적 노력을 어느 정도 대체하고 있는 경향이 있다.

2. 회계의 특성

(1) 최초의 일시적인 막대한 투자

호텔시설은 어느 산업시설에 비해 일시적 최초의 투자(initial investment)가 막대하다. 방대한 투자를 요하는 호텔은 다른 일반산업시설이 연차적으로 확장하고 재투자를 할 수 있는 데 반하여, 호텔시설은 이 시설 자체가 하나의 상품으로서 판매되어야 할 특성으로 말미암아 부분적 · 연차적 투자는 사실상 불가능하다.

(2) 고정자산 구성의 과대

호텔기업은 고정자산이 전체 시설의 절반 이상을 점유함으로써 높은 고정자산의 구성비를 보여주고, 이로 인하여 운영자금의 압박을 면치 못하게 한다. 또한 수익률이 다른 기업에 비해 극히 낮으므로 자본가의 투자의욕을 쉽게 유발하지 못한다.

(3) 수입의 불안정성

호텔기업은 여행객을 주요 대상으로 발전된 기업임에 비추어 계절적인 영향에 크게 좌우되는 여행현상과 정비례하여 고객의 증가와 감소를 가져옴으로써 기업운영의 불안정성은 피할 수 없는 것이다.

(4) 회계제도의 특이성

호텔의 특성이 그대로 회계제도상의 특성이 되고 있다. 호텔회계는 개개의 거래에 있어서 종류가 다양하고, 복잡한 요금과 매상은 물론, 더욱이 그 발생장소나 시간이 제각기 다르므로 그 결제가 현금 또는 신용에 있다고 할 때, 아마 발생에서 결제에 이르기까지의 기간에 이처럼 신속을 요하는 업종은 호텔 이외에는 거의 없을 듯하다.

3. 상품의 특성

(1) 상품의 이동 불가능성

호텔의 상품은 이동할 수 없는 특성을 가지고 있다. 호텔의 주된 상품은 객실과 식음료 그리고 서비스로 구분한다. 객실과 식음료는 유형적 상품인데 반하여 서비스는 무형적 상품이다. 일반적으로 다른 상품은 판매원에 의해 견본으로써 고객에게 제시될 수 있으나 호텔상품은 고객이 스스로 상품을 찾아와 구입하는 특성이 있다.

(2) 상품의 저장 불가능성

호텔의 상품은 저장할 수 없다. 일반상품은 오늘 팔지 못하면 내일 판매할 기회를 바라며 저장할 수 있다. 그러나 호텔의 객실은 오늘 팔지 못하면 그날의 그 객실은 영원히 다시 팔 수 없는 특성을 가지고 있다.

(3) 인적 서비스의 상품성

호텔은 객실과 식음료 그리고 종사자의 서비스를 상품으로 판매하는 기업이다. 아무리 호화스러운 객실과 맛있는 음식을 준비하고 있는 호텔이라 할지라도 잘 훈련되고 예의 바른 종사자의 친절한 서비스가 없는 무인호텔이라면 이 호텔을 이용할 사람은 아무도 없을 것이다. 호텔의 좋고 나쁨의 기준은 객실과 식음료의 질보다는 종사자의 질, 즉 인적 서비스의 질에 따라 평가되는 것이다.

4. 영업의 특성

(1) 인적 서비스에 대한 의존성

호텔은 노동집약적 성격의 기업으로서 일반 기업과 다른 것은 그 규모가 크고 부문별로 전문가가 있으며 영리를 위한 기업으로 인적 서비스에 대한 의존도가 타 기업에 비하면 크다는 것이 호텔기업에 있어서 또 하나의 특징이다.

(2) 종사자의 협동성

호텔기업은 영업상 또 하나의 특성은 종사자 간 · 부서 간의 협동이다. 호텔은 각기 상이한 여러 부문의 기능을 갖고 있다. 프런트를 비롯하여 각 계층의 서비스 등 다양한 서비스와 주어진 직무가 있다. 이러한 직무를 수행하는 것은 한 조직의 궁극적 목표, 즉 고객의 서비스에 귀착되는 것이다. 그러므로 모든 각 부문이 제각기 주어진 직무를 원만히 수행하여야 궁극적 목표인 이윤의 추구와 기업의 존속을 도모할 수 있는 것이다.

(3) 종사자의 유리한 근무조건

호텔기업은 종사자의 근무조건이 매우 유리하다는 특성을 갖고 있다. 호텔은 어느 기업보다 그 근무조건이 유리하다. 청결한 환경이 최대의 상품 서비스로 제공되는 이유로 호텔 종사자의 근무 조건은 자연적으로 훌륭하게 평가되는 것이다.

(4) 연중무휴의 영업

호텔기업은 1일 24시간, 1년 365일 연중무휴의 영업을 한다. 호텔 종사자들은 다른 사람이 공휴일을 즐기거나 쉬고 있는 동안에도 일을 해야 되는 것이다. 호텔의 이용객은 집을 떠난 사람 혹은 휴일을 즐기고자 하는 사람들이기 때문이다. 그리하여 호텔기업은 남이 쉴 때 더 한층 영업상 수입을 기대할 수 있는 기회를 갖는다. 이리하여 호텔 종사자들은 주말에는 쉬지 못하고 주중에 쉬어야 하는 고충을 이해하여야 한다.

5. 조직의 특성

호텔조직을 결정하는 요소는 호텔의 입지조건과 시설규모, 호텔의 건물 및 구조, 경영층의 경영능력, 지배인의 배경과 교육수준, 소유형태, 경영방식 등이 있다. 호텔조직에 있어서 모든 호텔들은 공통된 기본적인 기능을 수행하고 있으며, 이 기능이 호텔조직의 특성이 되고 있다. 호텔조직은 기업의 목적 또는 각 조직단위의 목적을 능률적으로 유효하게 달성하고, 호텔기업의 성장과 발전을 촉진하는 데 그 목적이 있다고 하겠다.

(1) 호텔조직의 전문화

호텔조직은 그 업무 기능별로 부문화되고, 부문별 조직이 편성되어야 한다. 호텔의 경영조직은 객실부문과 식음료부문, 부대사업부문으로 구분되어 능률적인 경영관리의 수행과 부문별 손익계산을 할 수 있도록 부문설정을 명확히 하여야 한다. 이것은 호텔기업의 규모가 대기업화됨에 따라 분권관리와 부문경영관리를 합리적으로 수행하기 위한 것이다.

(2) 지배인제도의 조직

호텔기업은 대표이사, 이사들로 구성되는 최고경영층 아래에 대부분이 지배인을 두고 있으며, 지배인이 전문 경영인의 역할을 담당하고 있다. 우리나라 관광진흥법상에는 모든 관광호텔에 지배인을 두도록 규정한 것도 호텔경영에 있어서 지배인 역할의 중요성에 기인하는 것이라고 볼 수 있다. 그러므로 호텔 지배인제도의 채택에는 지배인으로서의 기본 자격과 경영관리자로서의 충분한 능력을 갖추는 것이 선행되어야 할 것이다.

과거 우리나라의 관광진흥법이 정하는 호텔 지배인자격증의 종류는 총지배인자격증과 1급 지배인자격증과 2급 지배인자격증이 있었지만, 2003년 10월 시대의 흐름에 맞춰 개정된 내용에서 기존의 지배인 명칭을 호텔경영사, 호텔관리사, 호텔서비스사로 변경하였다.

(3) 업무의 표준화

이는 직무분장표와 조직명세서에 표시된 직무내용이 표준화되고 능률적인 작업을 할 수 있는 조직으로 편성되어야 한다. 호텔 주방의 식품조리는 식품제조명세서나 양목표에 의거하여 메뉴가 표준화되고 업무의 표준화가 수반되어야 한다.

(4) 업무분장의 특성

호텔 업무의 분장으로 책임제와 보고제도를 확립하여야 한다. 호텔조직은 이상의 요건이 모두 갖추어져 그 기능을 충분히 발휘할 수 있는 조직으로 구성되어야 한다.

6. 인적자원관리의 특성

(1) 종사자 채용의 특성

호텔기업은 타 기업과는 달리 종사자를 채용하는 방법에서부터 선면접시험 후필기시험이라는 특성을 가지고 있다. 이것은 호텔기업이 인적 서비스를 상품으로 판매하는 기업인 관계로 용모, 예의, 품행 및 성실성 등을 먼저 면접으로 시험하고, 이 면접시험에 합격한 자에 한해서 필기시험을 볼 수 있도록 하고 있다.

호텔기업은 아직까지도 높은 이직률을 보이고 있어 수시로 종사자를 채용하지 않으면 안 된다. 이런 관계로 대부분의 호텔들은 면접시험만을 거쳐 종사자를 채용하는 경우가 많다.

(2) 인사교육상의 특성

호텔기업의 인적자원관리상 또 하나의 특성은 인사교육상의 특성이라 하겠다. 일반 기업은 업무 시작 전이나 업무 중이라도 일을 중단하고 전 사원이 집합하여 조회도 할 수 있고 사장의 훈시도 들을 수 있으며 필요한 교육도 실시할 수 있지만, 호텔기업은 쉴 사이 없이 영업이 계속되기 때문에 일정한 장소에 전 사원의 동시집합이 불가능하다. 그러므로 호텔기업은 전사적인 교육을 할 때에도 조를 나누고 시간을 달리하여 실시할 수밖에 없다.

7. 환경의 특성

기업 활동에 영향을 미치는 많은 환경의 변화에 대하여 때로는 순응하고, 때로는 적응을 하면서 계속기업으로서 존재하려는 것이 호텔기업경영의 궁극적인 목적이다.

호텔기업환경은 일반적으로 크게 두 가지로 분류할 수 있다.

(1) 외부 환경요인

통제 불가능요인으로서, 변화의 방향 · 속도를 추정하여 환경의 변동성 정도에 따라 기업 활동의 범위 · 크기 등을 맞추어가야 한다.

(2) 내부 환경요인

통제 가능요인으로서, 기술 · 자본 · 인력 · 조직 등과 같은 요인으로 구성되어 있으며 호텔기업의 노력 여하에 따라서 어느 정도 극복이 가능하다.

이러한 환경요인은 호텔기업만이 가지고 있는 특성이라고 볼 수는 없지만 호텔기업과 같이 기업을 둘러싸고 있는 환경요인에 민감하게 영향을 받는 산업은 흔하지 않을 것이다. 따라서 호텔기업은 자사의 강점을 최대한 활용하고 기회요인을 최대한 이용하도록 경영활동을 해나가야 한다.

호텔리어의 눈으로 바라본 호텔 이야기 1

젊은 호텔리어에게

이런 이야기 옛날엔 겁 없이 잘도 주절거리더니,
요즘은 꽤 조심스럽군요.
부족하기로 따지자면 그 누구 못지않은 처지로,
단지 먼저 들어오고 먼저 경험했다는 이유가 내게 자격을 허락하는 것일까...
그저, 비슷한 길을 먼저 걸어간 선배 호텔리어들 중 한 사람의 경험담을 엿듣는 정도로 생각하셨으면 좋겠군요. 가볍게 읽어주시기 바랍니다.

후배 한 명을 대동했습니다.

제가 근무하는 호텔에 인턴으로 있었던 젊은 호텔리어이고요, 얼마 전 새로 생긴 호텔에 취업을 했으니 축하도 할 겸, 저녁이나 간단히 먹을 자리였지요.

빈 포지션이 있었다면 아마도 먼저 채용되었을 재원이지만 규모도 크고, 오래되어 안정적인 호텔에는 좀처럼 기회가 생기질 않더군요.

■ 이미지: http://hospitalitymanpower.blogspot.kr/

명석한 아이니 중요한 것들 대부분은 6개월 인턴 때 이미 체득할 수 있었을 겁니다. 나이가 많고 적음에 관계없이, 삶을 보는 시각이 진중하면 심지어 허드레 심부름하는 과정에서도 무언가를 깨치는 듯 하더군요. 경력의 문제도 아닙니다.

앞으로의 호텔 생활에 피가 되고 살이 되는 도움말들을 기대했을 테지만 저의 늙은 생각들은 크게 소용될 게 아닌 듯했어요. 제가 그맘 때 겪고 느꼈던 건 벌써 20년이나 해묵은 낡은 것이고, 그나마도 대부분 기억에서 지워졌습니다.

더군다나, 원대한 포부로 새로운 미래를 꿈꾸는 젊은 신입과 남은 직장 생활이 큰 변화 없이, 그저 안정적으로 마무리될 수 있기 만을 바라는 늙은 호텔리어의 눈높이가 같을 리 만무하지요. 세월은 흘렀고 주인공은 바뀌었으며, 그들과 저의 생각은 오히려 달라야 정상입니다.

호텔이라는, 동일한 일상이 무한 반복되는 따분한 시스템 속에서 선배들로부터 배울 수 있는 건 그다지 많지 않아요. 기껏해야 이것저것 적응하고 익숙해지는데 필요한 스킬과 잔재주뿐.... 밥 먹으며 후배에게 가볍게 던졌던 제 몇 마디는 아마도 참고할 정도면 족할 수준이었을 겁니다. 선배의 넋두리나 푸념으로 생각했을 수도 있어요.

후배들을 격려해야 하는 처지로 이런 말 입에 담기 조심스럽지만 저마다의 능력, 인성이며 재능, 곧 잠재력을 구성하는 여러 자질들은 입사하기 전에 이미 만들어져 있는 듯 보이더군요.

■ 미모의 호텔리어/호텔아비아 일러스트레이터 전신영 (illustrate by 전신영)

호텔은, 교육이나 여러 가지 의도된 조직 활동을 통해 젊은 호텔리어를 조직의 틀에 맞게 가다듬는 역할을 할 뿐입니다. 혹여 성장을 위해 더 필요하다고 생각되는 대부분의 것들은 스스로 알아서, 필요하다면 호텔 밖에서 추구해야 하죠.

어디나 마찬가지이지만, 이런 조직 행위들은 어쩌면 개성을 죽이기도 하고요, 신입 호텔리어의 튀는 꿈과 열정은 잘 용납되지도 않습니다. 설령 이런 조직화 과정이 아니더라도, 호텔은 스케일이 작아 대부분의 옹골찬 꿈들은 자연스럽게 위축되기도 하더군요.

꿈과 현실 사이의 불협화음은 어쩔 수 없이 거쳐야 할 성장통이지만, 꿈을 알차게 담금질할 수 있는 기회가 되기도 합니다. 따라서 처음 품은 그 큰 꿈을 '어떻게 하면 잘 지켜나갈 수 있을까' 고민하고 신경 쓰는 일이 오히려 더 중요할 수도 있어요.

업무와 조직에, 그리고 스스로에게 익숙해지지 않도록 노력해야 합니다. 호텔의 대부분 업무들은 아주 단순해서, 쉽사리 익숙해지며, 편해지고, 급기야 그 알량한 기득권에 안주하며 변화를 거부하게 되죠. 종국엔 조직으로부터 외면당하며 비굴한 마지막을 보낼 수도 있습니다.

매너리즘에 빠진 채, 가진 경쟁력의 전부가 '스킬'뿐인 선배들을 닮아서는 안 됩니다. 완고하게 짜여진 기존의 질서들을 의심할 줄 알아야 하며, 새로운 무언가를 항상 고민하고 추구해야 해요. 그것이 단조로운 공룡 조직에서 꿈을 끝끝내 유지하고, 성장을 예비할 수 있는 유일한 방법입니다.

잘 성장한 호텔리어 한 명이 호텔 전체의 운명을 바꿀 수도 있다더군요. 그런 경우를 들은 적도 더러 있습니다. 그렇지만 먼 훗날의 얘기이고, 당분간은 매너리즘에 물들지 않고 건강하게 살아남을 수 있어야 하겠지요.

길게 주절거렸지만 간단한 내용입니다.

익숙해지지 않고 항상 변화를 고민하는 것,

원대하게 품었던 그 꿈이 크게 상처 나지 않도록 잘 품는 것..

그렇지만 아무나 엄두 낼 수 있는 일이 아니에요. 기본적인 자격도 갖추지 못한 신입이 어쭙잖은 호기를 부리면 볼썽사나운 존재로 전락하기 십상입니다. 감히 꿈을 말하고, 오랫동안 행해진 호텔의 관행에 문제를 제기하려면 먼저 스스로에게 떳떳해야 해요.

스스로에게 떳떳할 수 있는 능력, 그건 알아서 기르시기 바랍니다......

자료 : 늙은 호텔리어 몽돌의 호텔이야기 2016. 02. 18일

연습문제

1. 호텔 어원의 변천과정을 4단계로 구분 설명하시오.

2. 현대적 의미에 부합할 수 있는 호텔의 정의는 무엇인가?

3. 호텔의 구성요소를 설명하시오.

4. 호텔의 전통적 기능과 현대적 기능을 구분 설명하시오.

5. 호텔기업의 분류 중 표적시장에 의한 분류의 예에는 어떠한 것이 있는가?

6. 관광진흥법에서 규정한 호텔등급결정의 평가요소는 무엇인가?

7. 관광진흥법에서 규정한 호텔의 종류 5가지는 무엇인가?

8. 요금지불방식에 의한 호텔의 분류 3가지는 무엇인가?

9. 호텔경영의 특성을 설명하시오.

10. 국제 호텔 공인기관인 SGS가 공식적으로 인정한 세계 최초 7성급 호텔의 이름은?

제2장

호텔기업의 경영조직

제1절 호텔의 조직체계

1. 호텔조직의 개념

호텔을 처음 찾는 고객들은 호텔 운영과 관련하여 내면적으로 내재되어 있는 복잡성을 결코 인식하지 못한다. 즉 다시 말하면 고객들은 예절 바른 도어맨이나 아주 능률적이고 친절한 프런트 데스크 종사원 그리고 잘 정돈된 객실 등은 효율적인 호텔조직 운용의 결과에서 비롯된다는 사실을 잘 인식하지 못한다. 호텔조직의 운영에 있어서 각 부문 간의 실제적이고 유기적인 관계는 시각적으로 보이지 않지만 능률적인 호텔조직 운영의 결과로 나타나는 서비스는 대단히 시각적이며 호텔서비스의 수준을 결정하는 요인이 된다.

이처럼 조직(organization)이란 '기업의 목적을 달성하기 위한 방법' 으로서 일정한 목적을 달성하기 위하여 의도적으로 구성된 조직원들의 상호작용 내지 협력체계라고 할 수 있다. 즉 호텔기업의 모든 종사원들이 저마다 그들이 맡아서 수행하여야만 할 일, 다시 말하면 업무를 체계적으로 분담함으로써 그들의 협동을 통해 기업의 목표를 효율적으로 달성할 수 있도록 이들 구성원이 결합되어 있는 형태를 가리켜 일반적으로 호텔조직이라고 한다.

이처럼 호텔조직은 기업의 경영조직을 가장 합리적이고 효율적으로 달성하기 위해 구성된 공동체 조직이며 특히, 고객만족(customer satisfaction)을 넘어서 고객감동(customer emotion)을 대전제로 종사원이 고객을 대상으로 서비스를 제공하는 기업이기 때문에 일반기업과는 상이한 조직체계로 구성되어 있다. 따라서 호텔조직을 능률적이고 효율적으로 운영하기 위해서는 각 부문에 종사하는 종업원들은 호텔기업이 추구하는 미션(mission)을 이해하고 미션을 이행할 수 있도록 노력해야 한다. 일반적으로 호텔기업의 미션을 이행하기 위한 구체적인 체계가 바로 조직기구표(organization chart)이다.

조직기구표는 조직 내의 직위 간의 관계를 도식화해서 나타낸 것으로 전체적인 조직 내에서 직위에 따른 권한과 책임의 한계를 분명하게 나타내 준다. 이러한 조직기구표는 운영에 있어 항상 융통성을 가지고 경영환경의 변화에 신속하게 대처할 수 있도록 해야 한다. 그렇게 하기 위해서는 조직 전반에 대한 재검토가 수시로 이루어져야 하며 종업원의 직무에 변화가 있을 때마다 수정되는 것이 바람직하다. 어떤 호텔에서는 전 종업원에게 배포되는 종업원의 직무수첩에 조직기구표상의 직위에 따른 종업원의 이름을 명시해 줌으로써 종업원들에게 누가 구체적으로 어떤 직무를 수행하는가를 명확히 숙지할 수 있도록 해준다.

2. 호텔조직의 필요성

호텔기업은 이윤추구라는 경영목적을 달성하기 위하여 일정한 업무활동을 하게 되는데, 이 업무활동은 상호 관계를 지니고 있으므로 호텔에 근무하는 종사원은 각자의 직무를 편성하여 조직화함으로써 업무를 능률적으로 수행하게 된다.

관광 시스템적인 측면에서 살펴볼 때 호텔조직은 이윤추구라는 목표(objective)를 가지고 있으며, 이러한 목표를 달성하기 위하여 구조(structure)를 가지고 있는데, 이러한 구조는 조직목표를 위해 각각의 기능(function)을 담당한다.

이러한 체계적인 조직의 바탕 위에, 호텔 서비스품질을 향상시킬 수 있으며, 이것은 고객만족으로 귀결될 수 있는 것이며 호텔기업이 존속 · 유지될 수 있는 것이다. 그러므로 호텔에 근무하는 종사원은 국내외 고객에게 친절하고 예의바른 서비스를 제공하여 호텔기업의 건전한 진흥과 발전에 기여하는 종사원으로서의 사명감과 맡은 바 책임을 다하여야 할 것이다.

[그림 2-1] **대규모 호텔의 조직표**

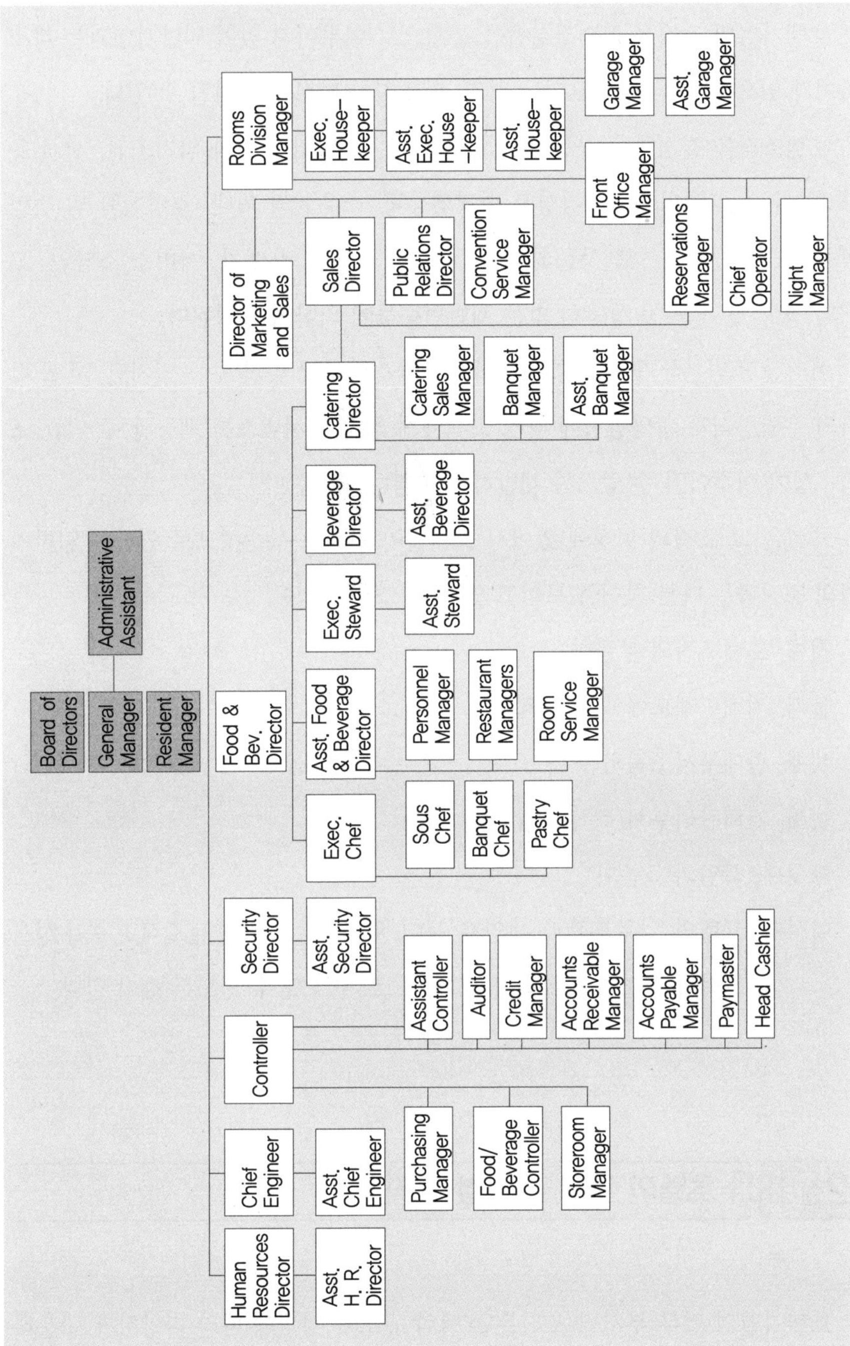

자료 : Michael L. kasavana 외, Managing Front Office Operations, 1998, p.50.

3. 호텔조직의 특성과 특수성

호텔기업의 조직은 서비스상품을 중심으로 이루어져 있어 일반기업과는 다소 차이가 있으며 여러 가지 요인에 따라 그 조직이 다르게 구성될 수 있다.

호텔조직을 결정하는 공통적인 요인으로는 호텔의 성격과 입지조건, 시설 규모 및 기능, 호텔의 구조, 경영층의 경영능력, 소유권의 형태, 경영철학 및 경영방식, 호텔의 등급, 호텔상품의 내용, 영업장의 규모와 배치, 서비스 스타일, 고객의 성향 및 계층 등 상당히 많은 제반변수들에 의하여 구성된다.

어떠한 조직분류가 가장 합리적이고 효율적이라고 말할 수는 없지만, 호텔 각자의 운영방식과 경영방침에 따라 고객에게 최상의 서비스를 제공할 수 있는 조직구성이 이루어질 수 있도록 개발하여 운영하여야 한다.

호텔은 그 조직의 편성에 있어서 호텔만이 가지는 특수성으로 인하여 일반기업의 조직과는 다른 차이를 보이고 있는데, 그 특수성은

첫째, 호텔조직의 부문화

둘째, 지배인제도에 따른 조직

셋째, 판매부서조직의 강화

넷째, 기획관리부서 조직의 강화

다섯째, 작업의 표준화

여섯째, 호텔의 업무분장과 책임제 등이 있다. 따라서 호텔조직의 특수성을 고려하여 조직의 목적을 효과적으로 달성할 수 있도록 해야 한다.

제2절 호텔의 업무 부서별 조직

호텔기업의 업무 부서별 조직은 호텔의 규모와 성격에 따라 다양하게 구분하지만 일반적으로 수입창출부문(revenue center, profit center)과 비용발생부문

[그림 2-2] **수입창출부문과 비용발생부문**

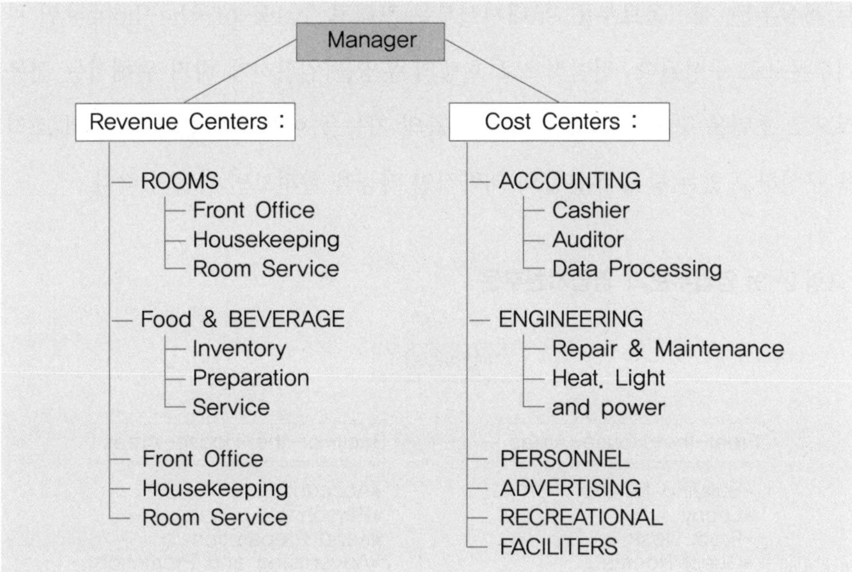

(cost center, expense center) 또는 영업부문(front-of-the-house)과 영업지원부문(back-of-the-house)으로 구분할 수 있다.

수입창출부문은 고객에게 직접 상품과 서비스를 제공하고 수입을 획득하는 부서로서 프런트 오피스, 각종 식음료 상품을 판매하는 식당, 룸-서비스 등이 여기에 속하며, 비용발생부문은 직접 고객에게 상품을 판매하여 수입을 획득하지 않고 수입창출부문이 원활하게 상품을 판매할 수 있도록 적극 지원해 주는 부서를 말한다. 대표적인 비용발생부문은 하우스키핑, 회계, 유지관리, 인사부문 등이 여기에 속한다.

한편 고객과의 직접적인 접촉 여부에 따라 'front-of-the-house'와 'back-of-the-house'로 구분한다. 'front-of-the-house'는 고객이 호텔에 투숙해 있는 기간 동안에 고객과 직접적으로 접촉하는 부서로서 객실부문을 비롯한 대부분의 영업부문이 여기에 속한다. 'back-of-the-house'는 고객과 직접적인 접촉이 거의 없는 부서들로서 'front-of- the-house'를 지원해 주는 역할을 수행하며 재정, 인사, 회계, 영선, 하우스키핑 등을 일컫는다.

전통적으로 호텔조직은 영업부문 또는 'front-of-the-house' 라고 할 수 있는 객실부문, 식 · 음료부문, 부대시설부문 그리고 'back-of-the-house' 인 관리부문으로 구성된다. 전반적으로 호텔의 운영을 원활하게 하기 위해서는 전통적으로 호텔을 구성하고 있는 각 부문들의 기능을 이해해야 한다. 호텔의 조직을 구성하고 있는 중요 부문들의 대략적인 기능을 살펴보면 다음과 같다.

[그림 2-3] **영업부문과 영업지원부문**

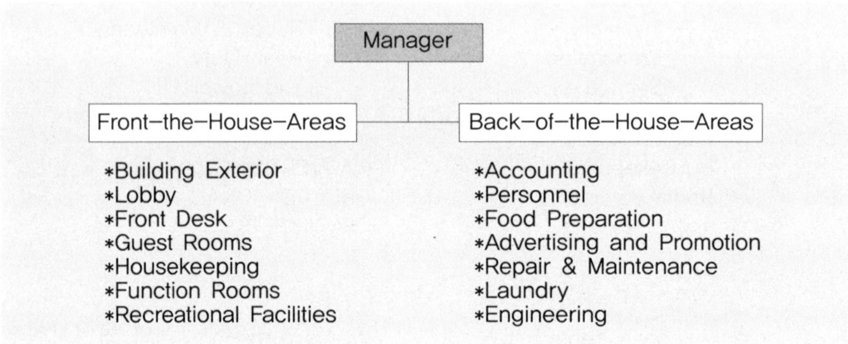

1. 객실부문(Room Division)의 구성과 조직

객실부문은 호텔의 중추적인 역할을 담당하는 가장 핵심적인 부문으로서 객실판매에 수반되는 수준 높은 서비스의 제공과 더불어 발생하는 매출구성 측면에서 호텔경영의 전체적인 성공여부는 바로 객실부문에 달려있다고 해도 과언이 아니다. 왜냐하면 호텔에서 발생하는 전체 매출액 중에서 60% 이상을 객실부문 매출액이 차지하고 있을 뿐만 아니라 객실판매로 인한 객실수익은 그 자체만의 수익으로 그치는 것이 아니고 호텔의 영업 전반에 영향을 미치게 되기 때문이다. 그리고 객실부문은 고객이 호텔에 체재하는 동안 고객과의 빈번한 접촉을 통해 고객으로 하여금 호텔의 전체적인 이미지를 느낄 수 있도록 해야 한다. 예를 들어 객실에 투숙한 고객이 단순히 자기가 사용한 객실에 대해 만족하지 못한다면 고객의 입장에서는 불만족스러운 부분이 객실에만 한정되는 것이 아니라 전체 호텔상품을 불만족스러운 것으로 인식하는 경향이 있기 때문이다.

[그림 2-4] **객실부문의 조직도**

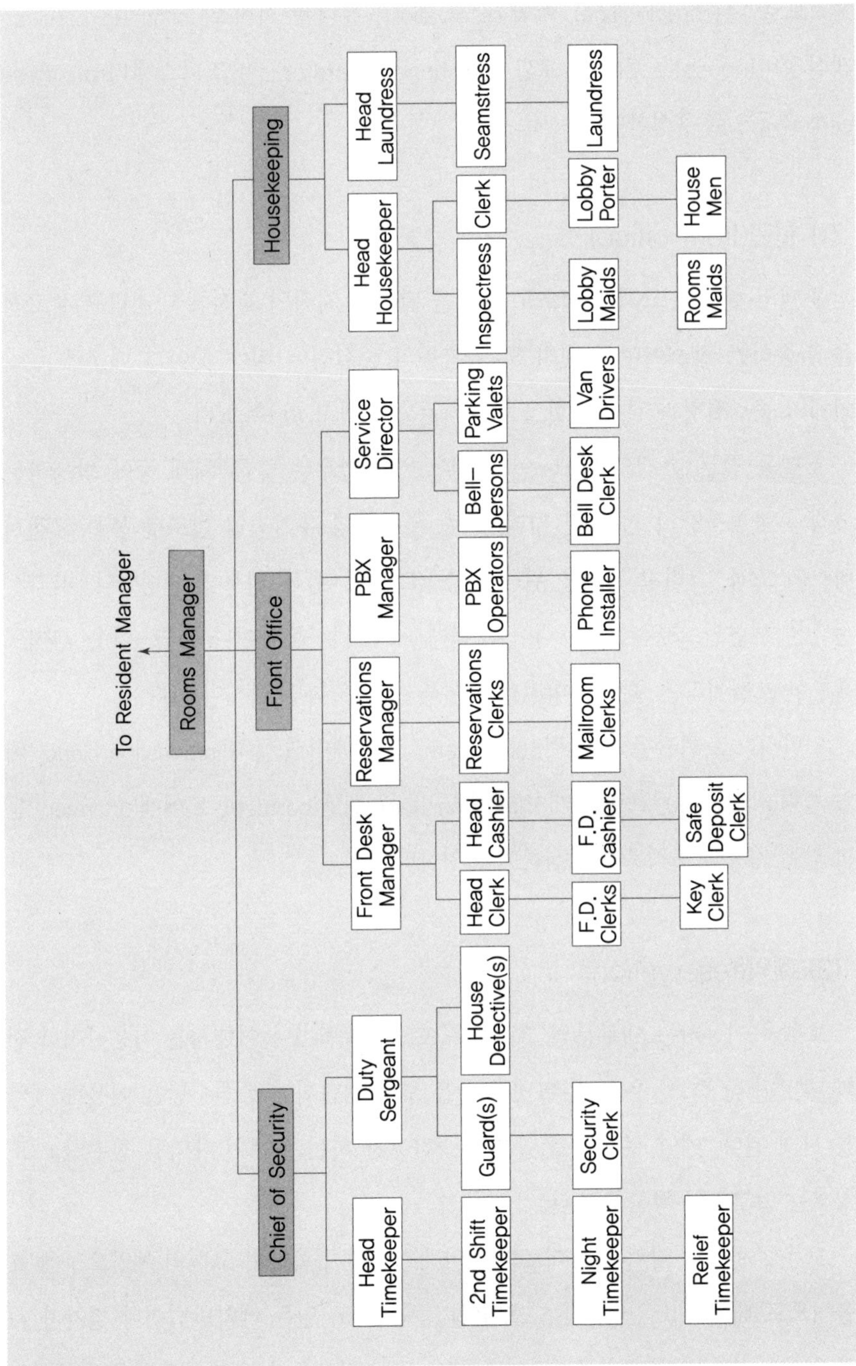

자료 : Linsely T. Deveau 외, Front office Management and operations, 1996, P. 32.

객실부문의 조직은 호텔의 규모, 서비스 형태와 수준 등에 따라 다양하지만 대체적으로 현관(front office), 예약(reservation), 유니폼 서비스(uniformed service), 객실정비(housekeeping), 교환(telephone operator), 비즈니스센터(business center) 등으로 구성한다.

(1) 현관(front office)

호텔의 현관은 고객이 최초로 호텔을 만나는 지점인 동시에 마지막으로 고객을 환송하는 장소이며 호텔의 모든 활동의 중심점이 되는 곳이기 때문에 우리 인체의 중추신경과 같은 역할을 담당하는 곳이라고 할 수 있다.

호텔을 찾는 고객의 체크-인과 체크-아웃업무는 물론 체재 중에 발생하는 고객의 불평불만의 접수 및 처리, 관련 부서와의 유기적인 협조를 통한 고객서비스의 조정, 그리고 고객을 위한 각종 정보제공 등의 업무를 수행한다. 따라서 현관은 세련된 분위기로 고객이 호텔에 체재하는 동안이나 체크-아웃 후에도 훌륭한 호텔이라는 좋은 이미지를 심어줄 수 있도록 노력해야 한다.

일반적으로 현관은 룸 클럭(room clerk), 인포메이션 클럭(information clerk), 메일 클럭(mail clerk), 프런트 캐셔(front cashier), 벨맨(bellmen), 도어맨(doormen) 등과 같이 기능별 조직으로 편성하여 운영한다.

(2) 예약(reservation)

호텔을 이용하는 대부분의 고객들은 호텔판촉팀이나 여행사를 이용하거나 전화, 텔렉스나 팩스, 우편, 인터넷과 같은 보다 첨단화된 통신수단을 이용해 예약을 하게 된다. 예약 부서는 호텔에 투숙하고자 하는 고객의 예약을 접수하고 조정하는 업무를 수행하게 된다.

모든 호텔들은 각자 나름대로의 예약시스템을 구축하여 고객의 예약요구에 효율적으로 대처하고 있다. 비록 호텔마다 채택하고 있는 예약방법이나 절차가 서로 상이할지라도 예약의 궁극적인 방향은 객실 점유율과 객실 매출액을 극대화시킬 수 있는 측면에서 고객의 예약요구를 수용해야 한다는 점은 모든 호텔이 동일하다.

(3) 유니폼 서비스(uniformed service)

호텔을 이용하는 고객에게 특색 있는 유니폼을 입고 서비스를 제공하는 부서로서 호텔의 어떤 부서보다 고객과의 직접적인 접촉의 기회가 많은 곳이다. 특히 중요한 것은 고객이 호텔에 도착했을 때 맨 처음 맞이하고, 고객이 호텔을 떠날 때 제일 나중에 배웅을 하게 된다. 유니폼 서비스는 벨맨(bellmen), 도어맨(doormen), 차량안내(transportation), 주차대행 서비스(valet parking), 콘시어즈(concierge) 등으로 구성되며 일명 프런트 서비스(front service)라 불리기도 한다. 로비 관리, 체크-인과 체크-아웃 업무 시 고객의 수화물 운반(baggage handling), 보관업무(cloak room service), 엘리베이터 서비스(elevator service), 페이징 서비스(paging service), 차량안내 및 주차대행 서비스(valet parking service) 등이 주요 업무이다.

(4) 객실정비(housekeeping)

호텔객실의 판매와 사용은 객실의 재정비와 청소를 필요로 하게 된다. 호텔의 공공장소(public area)와 객실을 깨끗하게 유지하고 질서 있게 정리 정돈하는 것이 하우스키핑의 주요 업무이다. 호텔에 있어서 하우스키핑은 호텔의 서비스 또는 상품을 생산하는 부서로서 효과적인 린넨(linen)관리를 비롯하여 유니폼, 객실소모품, 비품 및 가구, 카펫, 침구, 분실물 취급, 공공장소의 관리, 실내분위기 조성, 디자인, 고객용 세탁물처리 등과 같은 매우 다양한 업무를 수행한다.

(5) 교환(telephone operator)

통신기술의 발달로 인해 호텔의 전화 교환업무가 과거에 비해 상당히 줄어들기는 했지만 전화교환 서비스는 여전히 호텔에 있어서 대단히 중요한 서비스 중의 하나이다. 교환서비스는 단순히 외부의 고객과 호텔을 연결시켜 주는 역할뿐만 아니라 고객을 직접 호텔로 유치하는 역할을 동시에 수행하기 때문에 교환서비스의 역할은 통신 매개체(communication link), 안내센터(information center), 홍보매개체(public relation) 기능을 수행한다고 할 수 있다.

(6) 비즈니스센터(business center)

비즈니스 고객의 업무를 효율적으로 실현할 수 있도록 각종 편의를 제공하는 곳이다. 비즈니스 관련 정보의 제공, 각종 사무기기 및 비품의 대여, 우편, 전신, 팩스업무, 번역과 통역, 회의실 대여 및 패킹(packing)업무 등을 수행한다.

[그림 2-5] **프런트 오피스의 조직도**

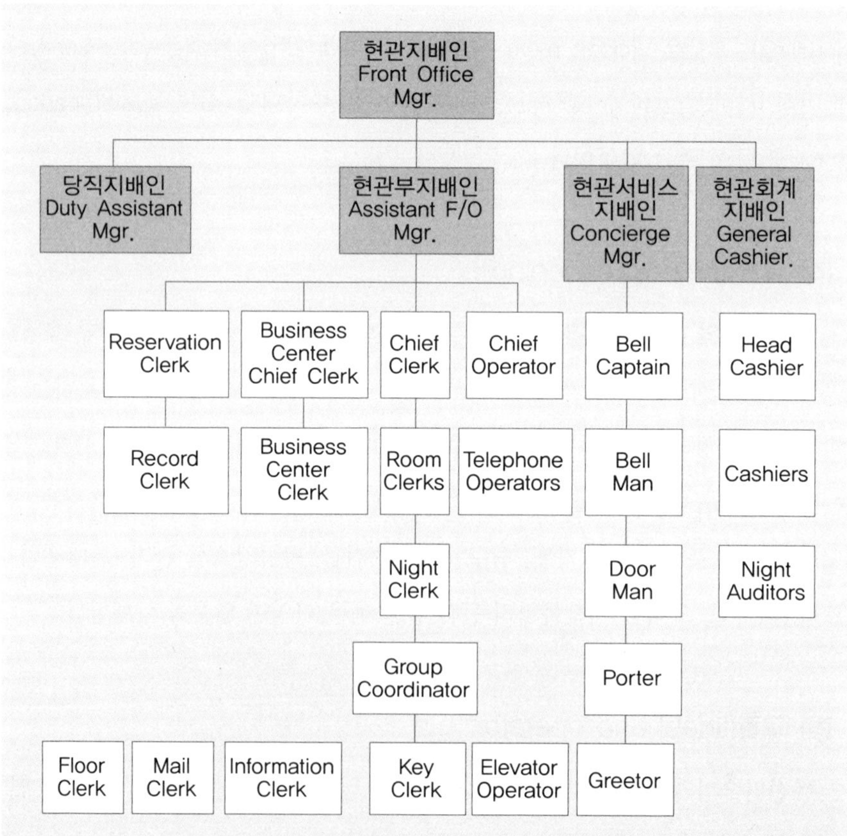

자료 : 주종대, 호텔객실업무론, 대왕사, 1997, p.53.

2. 식 · 음료부문(Food and Beverage Division)의 구성과 조직

식 · 음료부문은 호텔의 객실부문과 함께 또 하나의 중요한 수입 원천이다. 식 · 음료부문의 조직 구성은 음식(food) 및 음료(beverage)를 가장 효율적으로 조리하고 종업원들이 수준 높은 서비스를 고객에게 제공할 수 있도록 하는 데 초점을 맞추고 있다. 식 · 음료부문은 음식과 음료를 생산하고 종업원의 서비스를 통해 고객에게 판매한다는 의미에서 일명 케이터링부문(catering department)이라고도 한다.

초기의 호텔경영자들은 호텔기업 경영에 있어서 식 · 음료부문은 그다지 중요한 부문으로 인식하지 않고 다만 투숙객들에게 단순히 음식만을 제공하는 하나의 편의시설로서 인식하였기 때문에 그 업무 또한 매우 단순하였다. 그러나 20세기에 접어들면서 급속한 경제성장과 더불어 발생한 사회적 변화는 호텔이용의 대중화를 일으켰다. 이에 따라 호텔의 규모는 점차 대형화되고 다양한 부대시설을 갖추게 됨으로써 호텔업의 기능도 단순한 숙박기능을 벗어나 중요한 사회활동의 장소로 변모되면서 식 · 음료부문의 중요성이 한층 더 증대되고 있다. 식 · 음료부문의 일반적인 조직은 식당부문, 음료부문, 연회부문 등으로 구성한다.

3. 부대시설부문의 구성과 조직

부대시설이란 호텔에서 제공하는 객실과 식당 이외의 시설을 말한다. 관광호텔의 등급평정기준에 따르면 커피숍, 칵테일 바, 로비라운지 등과 실내수영장, 테니스 코트, 헬스클럽 등과 같은 운동오락시설, 그리고 제과점이나 기념품점, 의무실 등과 같은 기타시설들을 규정하여 놓고 있다. 호텔은 고객에게 판매하는 객실과 식 · 음료 상품뿐만 아니라 각종 오락이나 연회 등을 위한 부수적인 상품을 갖추고 있기 때문에 다양한 부대시설의 확충은 호텔상품을 구매하고자 하는 고객의 새로운 욕구창출에 크게 기여할 수 있다. 그러나 고객들은 호텔 부대시설의 규모나 시설의 유지관리 상태에 대해 매우 민감하기 때문에 허술한 부대시설의 관리는 호텔의 품위와 명예를 손상시킬 수 있다.

4. 관리부문의 구성과 조직

호텔기업의 관리부문은 최고경영진의 의사결정에 필요한 경영정보나 경영 자료를 제공하는 참모적 역할을 수행하며 전반적인 호텔경영정책을 수립하여 경영성과의 극대화를 추구한다. 관리부문은 경영정책 및 계획의 수립, 예산편성 및 통제, 조직 및 인원관리, 경영분석 및 평가, 원가관리, 인사 · 노무 · 급여 및 서무업무, 광고 · 선전 · 홍보계획의 수립, 전산운영관리, 각종 물자의 구매, 시설의 정비, 소방 · 안전관리, 종업원의 복리후생, 재무관리 등과 같은 기능별 관리로 세분화할 수 있다.

이처럼 호텔의 관리부문은 일반제조기업의 관리부문과 유사한 역할을 수행하며, 각 호텔의 여건에 맞게 조직의 분화가 다르게 이루어질 수 있다.

제3절 호텔경영조직의 형태와 특징

1. 호텔경영조직의 형태

각 호텔들은 호텔조직의 구성원들을 바탕으로 효율적이고 효과적인 운영과 함께 고객과의 대응 업무에서 최상의 서비스를 제공할 수 있는 팀워크(team work)를 만들어 그 호텔의 내 · 외부환경을 고려하여 적절한 조직을 형성하여야 한다. 즉 호텔조직도는 호텔의 다양한 변수들을 고려하여 최적의 조직형태를 구성해야 하는 것이다. 일반적으로 호텔의 조직을 살펴보면, 기능에 의한 조직형태의 경우 크게 영업부문과 관리부문으로 나누며, 영업부문에서는 최고경영자에서부터 종사원의 관계가 하나의 직선처럼 연결되어 직접 상사에 대해서만 업무하달과 책임을 지며, 신속한 의사소통과 일사불란한 명령 · 지휘계통이 유지되는 조직인 라인(line)조직으로 운영되며, 관리부문에서는 경영활동의 원활한 업무수행을 지원하고 각 부문들 간의 조정을 도모하여 최고경영자를 보좌하기 위한 조직인 스탭(staff) 조직으로 업무가 행하여지게 된다.

호텔조직은 대체로 아래와 같이 4가지 형태로 조직구성이 이루어진다.

(1) 업무기능에 의한 조직구성

전통적으로 많은 호텔들이 이러한 분류를 사용하고 있으며, 호텔 내의 각 부서들(객실, 식당, 마케팅, 주방, 관리 등)의 기능적인 역할을 중심으로 하여 만든 조직으로 각 분야의 특성에 맞는 부문별 고유 업무의 수행기능에 그 초점을 둔 것이다.

[그림 2-6] **업무기능에 의한 조직구성**

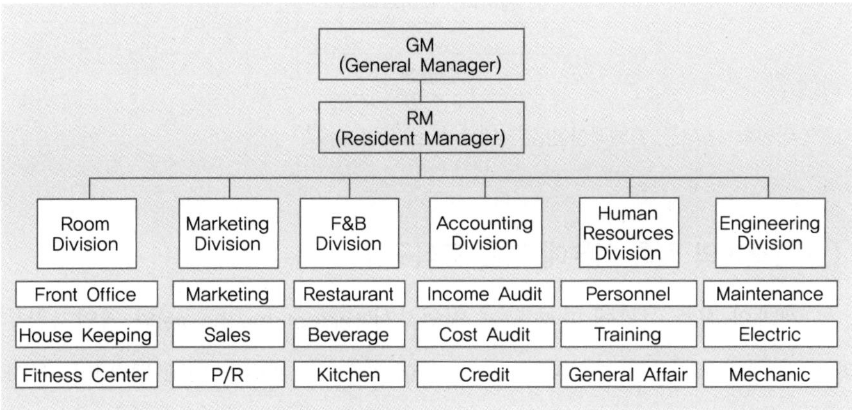

자료 : 김영찬, 호텔객실실무, 학문사, 2000년, p.13.

(2) 직위에 의한 조직구성

이 조직구성은 호텔 내에서의 직위(position)나 직급(title)을 기준으로 한 조직도이다. 일반적인 호텔에서의 경우 이 조직구성을 통해서 전체적인 호텔운영의 흐름을 파악할 수 있다. 이는 일종의 권위주의적인 수직조직(line organization)으로서 우리가 가장 많이 접하는 조직도이다.

[그림 2-7] **직위에 의한 조직구성**

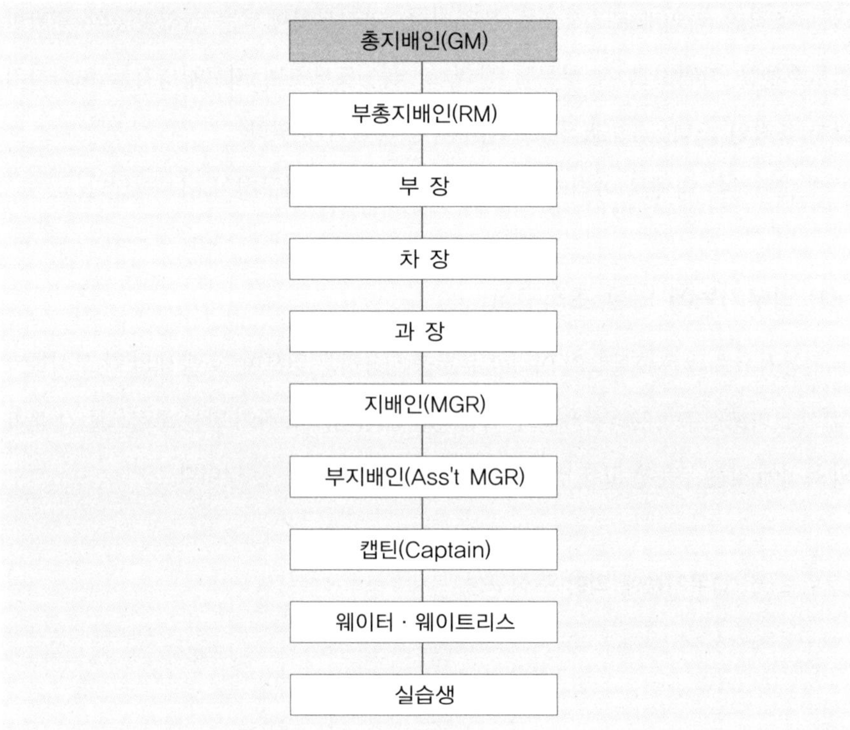

자료 : 이선희 · 송대근, 호텔객실실무론, 대왕사, 2007년, p.92.

(3) 고객과의 접촉 여부에 의한 조직구성

고객과의 접촉 여부에 따라 크게 영업부서(front-of-the-house)와 영업지원부서(back-of-the-house)로 구분하는데, 영업부서는 고객이 호텔에 투숙하는 동안 고객과 직접적으로 접촉하는 호텔의 부서들로 대표적인 부서로는 객실부문과 식음료부문으로 구분되며, 호텔의 주요한 매출발생 부서이다.

한편, 관리부서(administration & general division)는 고객과의 직접적인 접촉이 없고 고객을 접객하는 부서의 업무를 지원해 주는 부서들로 경리부(accounting dep't.), 인사부(human resources dep't.), 시설관리부(engineering dep't.), 구매부(purchasing dep't.), 안전관리부(security dep't.) 등이 여기에 해당된다.

[그림 2-8] **고객과의 접촉 여부에 의한 조직구성**

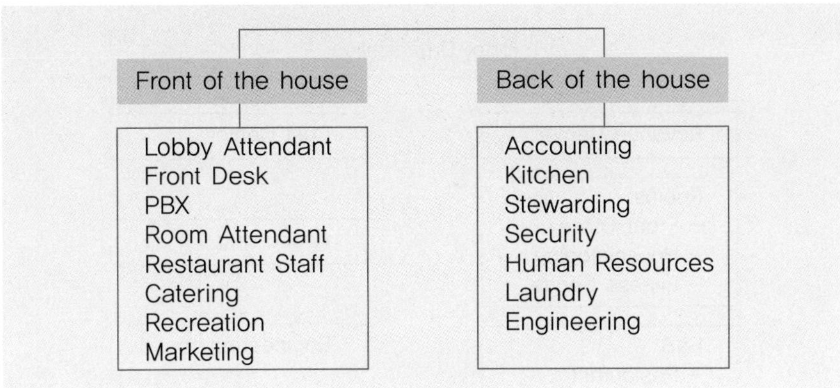

자료 : 송성인 · 김영식, 새로운 호텔경영학, 새로미, 2007년, p.83.

특히 'front-of-the-house'의 얼굴인 프런트 오피스(front office)는 고객에 대한 모든 서비스를 주관하는 중심적인 부분이고 또한, 이들 서비스를 제공함과 동시에 back office 부문과 긴밀한 협조관계를 구축하여 고객의 편의를 제공하는 핵심부서이다.

(4) 수입 및 지출발생별 조직구성

수입 창출 부서(revenue center)는 실제적인 호텔의 운영에 참여하여 이익을 발생시킬 수 있는 부서들로서 이 부서들은 이익 창출 부서(profit center)로 불리기도 한다. 모든 수입 창출 부서들의 공통적인 특징은 이들이 모두 고객에 대한 서비스를 담당하는 역할을 하고 있다는 것이다. 즉, 전화 교환실, 식음료를 판매한 업장들, 그리고 객실판매부서, 비즈니스센터 등이 여기에 해당된다.

한편 비용 발생 부서(cost center 또는 expense center)는 호텔 내의 조직 중 매출에 영향을 주지 않고 수입 발생 부서를 지원하면서 단지 비용만 발생시키는 부서들로서 시설관리부, 마케팅부, 경비, 그리고 경리부 등이 여기에 해당된다.

이와 같은 조직구성의 표현은 호텔 내의 내부구조를 잘 나타내 주는 방법으로서, 이를 통해 호텔은 가능한 한 수입을 올리고 지출을 줄일 수 있는 전략으로 모든 업무가 진행된다. 그러나 비용 발생 부서라고 해서 반드시 성공적인 호텔 운영의 장애 요인으로만 간주할 수 없다.

[그림 2-9] **수입 및 지출발생별 조직구성**

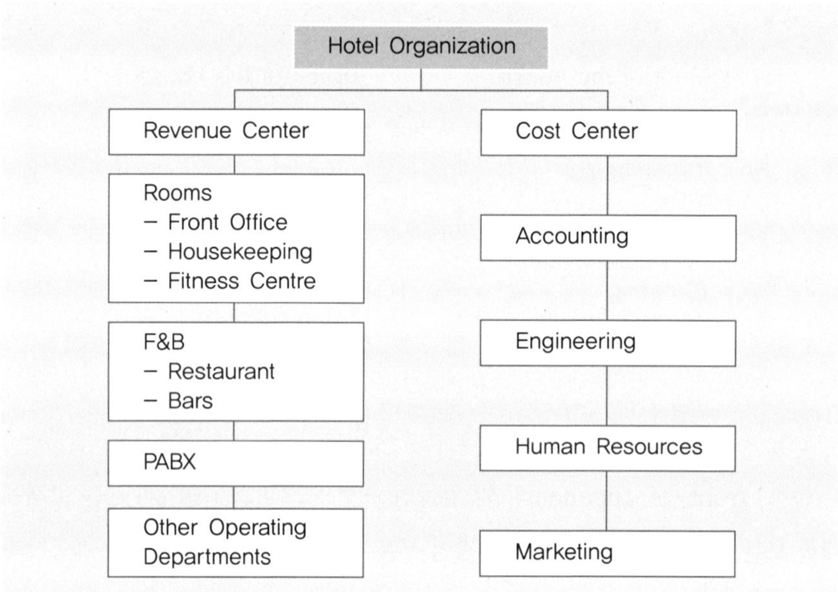

자료 : 송성인 · 김영식, 전게서, p.83.

2. 현대의 실제적 호텔조직구성

관광호텔의 직무특성을 고려하여 경영조직을 대별할 때, 영업부문의 총책임자를 통상 총지배인이라 칭한다. 하지만 현대 호텔경영에서는 호텔경영을 전체적으로 총괄하는 책임자를 총지배인이라 한다.

호텔을 둘러싼 기업환경은 경영활동 면에서는 더욱 더 조직화되고 있고, 경영기법에서는 더욱더 전문화 · 과학화되고 있는 상황이다. 따라서 이러한 경영환경에 직면하고 있는 현 시점에서 총지배인을 중심으로 경영활동이 원만하게 이루어지지 않으면 치열한 경쟁시장에서 호텔기업의 궁극적 목표인 적정수익의 확보는 곤란해지며, 도태될 가능성이 크다고 하겠다.

호텔의 총지배인은 호텔경영상 대외적으로는 호텔을 대표하며, 외부이해관계자를 대상으로 사회적 인간관계의 개선과 지역주민, 국가에 자사가 봉사하고 있다는 기업 이미지를 창조하는 데 중요한 역할을 수행해야 하며, 대내적으로는 경영 전반에 대한 책임과 권한을 가지고 영업활동을 총괄 지휘 · 감독하는 사령탑과 같은 중요한 위치를 점유하면서 그 사명을 다하여야 한다.

이러한 총지배인의 직무를 기능중심적 직무영역과 인간관계적 직무영역으로 분류하여 구체적으로 기술해 보면 다음과 같다.

첫째, 기능중심적 직무영역의 측면에서 살펴보면

– 영업계획의 수립과 집행으로서

• 영업부문의 경영방침 수립과 그에 따른 세부영업계획 수립

• 영업부문의 총체적인 관리

• 영업부문에 있어 호텔의 대표자로서 고객과의 친밀한 유대관계 유지 및 개선을 위한 접촉행위 등의 일체사항

• 서비스 향상을 위한 정책의 수립, 감독 · 지시 및 이를 위한 서비스, 시설상태 점검

– 조직의 관리 및 통제로서

• 구성원의 직무분장과 적정과업의 할당

• 특정업무수행을 위한 인력규모 · 수행능력 등의 조합적 인력계획

• 인재의 적재적소 배치

• 구성원의 직능개발과 경력개발을 위한 교육계획의 수립이 있다.

둘째, 인간관계적 직무영역의 측면에서 살펴보면

– 동기부여

– 조직구성원 이해관계의 균형과 조정

– 외부이해관계자 욕구충족

– 집단의 갈등관리 등이 있다.

따라서 총지배인의 직무가 현실적 경영에 직면하여 원활히 수행되기 위해서는 총지배인을 전문경영인으로 지위를 향상시키고 경영상의 권한과 책임을 전적으로 이양하는 기업풍토가 전제되어야 한다.

3. 현대호텔조직의 특징

(1) 조직규모의 거대화

현대의 조직은 과거의 조직에 비하여 인력 · 예산 · 기구 면에 있어 비교할 수 없을 정도로 전문화 · 거대화되고 있다. 이는 고객이 그 어느 때보다도 더 나은 서비스를 요구하고 있기 때문이다. 즉 다른 조직과는 차별화되고 높은 수준의 서비스품질을 요구하고 있는 것이다.

(2) 조직의 복잡화 · 다양화

조직이 수행하는 직능이 더욱 전문화되고 있으며 목표의 다원화 및 종사원의 권익 옹호의 증대, 서비스상품에 대한 인식의 변화가 더욱더 커지고 있다.

(3) 체인호텔의 가속화

전 세계의 호텔산업은 급변하는 관광환경의 변화에 따라 계속해서 변화하고 있다. 규모의 경제와 호텔을 이용하는 고객의 인지도와 명성도에 따라 호텔기업의 생존을 좌우할 수 있기 때문에 지속적으로 국내 · 외의 호텔 체인이 가속화되고 있다.

(4) 접근방식의 다양화

호텔예약의 다양화와 인터넷의 대중화, 호텔 자사 홈페이지의 개설 등으로 매출의 극대화와 홍보는 더욱더 가속화되고 있다.

(5) 호텔업무의 아웃소싱화

호텔경영에 필요한 핵심적인 부서나 업장을 제외한 일부부서를 독립시켜 외부전문회사에 운영을 위탁시키는 추세가 가속화되고 있으며, 최소의 비용으로 호텔을 운영하고 있는 실정이다.

(6) 조직의 전문화 · 통합화

호텔을 보다 효율적으로 운영하고 이익을 많이 창출하기 위하여 몇몇 부서들을 통합하여 운영하거나 중간관리자층을 과거에 비해 많이 감원하는 구조 조정을 시도하고 있다.

호텔리어의 눈으로 바라본 호텔 이야기 2

여행자가 호텔을 정할 때 가장 중요하게 고려하는 정보, 호텔 리뷰

여행자가 호텔을 정할 때 가장 중요하게 고려하는 건 무엇일까요?

꽤 흥미로운 자료,

지난해 이맘 때 미국 매체에 올랐던 보고서이고요, 페친 분의 요청으로 한 차례 포스트를 작성해 올린 적이 있었습니다.

지난 해까지만 해도 국내 호텔들은 리뷰 사이트의 중요성에 대해 크게 주목하지 않은 곳들도 더러 있었지만 지금은 스케일, 경영 형태를 가리지 않고 대부분의 호텔들이 만만치 않은 마케팅 자원을 배려하고 있는 상황이지요.

원문은 아래 링크와 같고요, 리서치 결과도 함께 업로드해 두었으니 자세한 내용이 필요한 분들께서는 참고하시기 바랍니다.

Consumer Research Identifies How to Present Travel Review Content For More Bookings – Study Reveals That Travelers Prefer Summarized Review Content Over Full Text Reviews

(How To Present Travel Review Content for More Bookings.pdf)

미국의 NYU와 TrustYou1라는 마케팅 회사가 조인트로 진행한 리서치였고요, 2015년 1월 발표되었습니다. 조사 대상은 온라인으로 호텔을 결정하는 500여 명의 미국 여행자입니다. 꽤 길고 복잡해 보이는 제목이지만 비교적 단순한 내용이고요, 메시지 또한 간명합니다.

■ https://www.tnooz.com

"좋은 호텔을 정하기 위해 참고해야 할 것!!!"

각색을 가해 가급적 쉽고 짧게 전달합니다.

여러분이 생전 처음 가는 곳으로의 여행을 계획하고 있습니다.

목적지는 이미 선택을 했고요, 잠 잘 곳은 아직 정하지 못했습니다. 이번 여행지는 초행이니 그 곳 숙박시설의 사정들에 대해선 거의 알지 못하는 처지인데, 숙박지를 제대로 정하기 위해선 무엇을 참고하는 게 가장 좋을까요?

TrustYou의 마케팅 의도가 다분히 섞인 듯도 보이는데, 오염된 부분을 배제하고 설문 결과가 시사하는 바를 간단히 요약하면,

▶ 조사대상 중 95%는 호텔을 정하기 전 호텔에 대한 리뷰 정보를 반드시 찾아 읽는다.

▶ 호텔에 대한 온라인 리뷰가 호텔을 결정하는데 아주 중요한 역할을 한다.

▶ 따라서, 이 호텔 리뷰가(콘텐츠와 이미지 양면에서) 잠재 소비자에게 긍정적으로 노출될 수 있는 방법이 중요하다.

새삼스런 내용이 아니지요. 이런 류의 기사를 접한 건 이미 2, 3년이 넘었습니다.

"온라인 호텔 리뷰의 중요성"

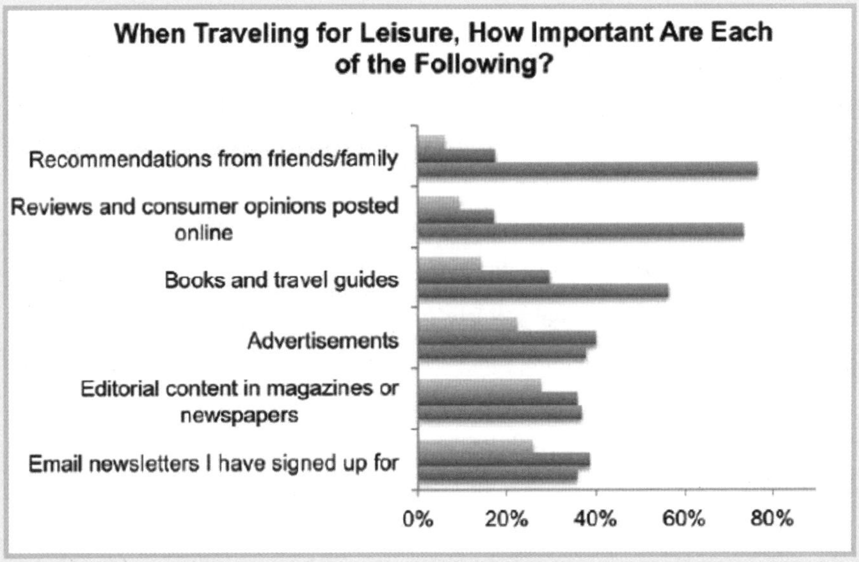

여행자가 호텔을 결정할 때 가장 중요하게 고려하는 정보 소스

이 조사 내용이 호텔리어들에게 시사 하는 바는 어쩌면 간단합니다. 웹사이트 잘 꾸미고, 고객 리뷰 적절히 대응하고....

하지만 이 리서치가 주요 호텔의 마케팅이나 홍보 업무에 종사하고 있는 우리나라 호텔리어들에게 크게 소용될는지 의문스럽기도 해요. 브랜드 호텔의 홈페이지를 디자인할 수 있는 주된 권한은 이미 체인 본부에게 빼앗겼거든요. 개별 호텔이 웹, 홈피 그리고 모바일앱 등 직접 손 댈 수 있는 건 많지 않아 보입니다(독립 호텔의 경우는 논외입니다). 따라서 위 설문 결과에 대한 해석은 시간 낭비, 똥글이나 다름없다고 봐도 무방할까요?

그렇지 않습니다. 고객 리뷰의 중요성을 다시 한 번 환기시키거든요. 본 리서치 조사 결과로도 증명되었습니다만, 요즘 소비자는 가족이나 친구의 소중한 조언에 버금가는 가치를 인터넷 천지에 널린 리뷰 글에 부여합니다. 그리고 이들을 미친 듯이 읽어 대죠.

더군다나, 개별 호텔들의 노력이 효과를 발휘하는 부분은 따로 있습니다. 바로 트립어드바이저나 카약과 같은 호텔 리뷰 사이트...

그나저나, 그렇지 않아도 PC와 모바일로의 쏠림이 하루가 다르게 심각해지고 있는 요즘, 인터넷만 열면 부지기수로 볼 수 있는 이런 리뷰를 고객의 주관에 치우친, '그때그때 달라요' 변덕으로만 치부하고, 적당이 대응해도 될까요?

천만의 말씀입니다.

다시 한 번 생각해 볼까요?

여행을 가기로 한 그 곳엔 어떤 호텔이 있는지 잘 모릅니다. 대표적인 리뷰 사이트 트립어드바이저(Tripadvisor)나 카약(Kayak)을 뒤져 보니 비슷한 가격대의 호텔 서너 곳이 검색되는군요. 호텔 당 수 백 개 댓글들이 달려있는데 유독 한 곳에는 다소 부정적인 댓글들이 섞여 있네요.

저라면 절대 그 호텔을 선택하지 않겠죠. 안타깝지만 팩트 따윈 중요치 않습니다. 정보는 넘쳐나지만 무엇이 팩트인지 판단하기 쉽지 않아요. 어쩔 수 없이, 그리고 너무나도 당연히 이 고객 리뷰 (Travel Review or Hotel Review)의 영향력은 점점 커지고 있습니다.

트립어드바이저에 올라온 서울 특1급 호텔들에 대한 여행자 평가나 스코어는 대동소이해 보입니다. 호텔들 사이의 차이가 크게 두드러져 보이지도 않으니 변별력이 크다고는 생각되지 않아요. 하지만 그 흔치 않은 부정적인 코멘트들은 아주 두드러진 채 눈에 들어오는군요.

그러한 리뷰는 어떻게 해야 할까요?!

그런 불평이 생기지 않도록 평소 호텔 서비스 전반의 퀄러티를 재고해야 하겠지만 그건 교과서에 나오는 얘기이고, 평소에 그렇게 노력하고 있기도 합니다. 하지만 당장, 지워 버릴 수도 없는 저 더러운 똥칠을 어떻게 하냐고요. 수많은 잠재 고객들에게 고스란

히 노출될 텐데... 어떻게 해야 할까요?

만약 처음 언급된 대표 호텔의 부정적인 리뷰에 호텔 측의 적절한 reply가 달렸다면, 부정적인 영향은 최소화시킬 수 있지 않았을까요? 일단 고객 불평에 호텔이 귀 기울이고 있다고 생각할 수도 있고, 그래서 화가 조금이나마 누그러지기는 했겠지요. 앞으로 투숙을 고려할 잠재 고객의 불안감 또한 덜어 낼 수 있습니다.

이런 말하기는 좀 웃기지만, 사람 사는 것은 외국인이나 한국인이나 별반 차이가 없는 듯 하더군요. 좋은 게 좋은 것, 웃는 얼굴에 침 뱉지 못하는 것도 동서양을 가리지 않는 인지상정입니다(젊은 호텔리어들께서 이 말의 의미를 벌써 신봉하면 졸망하는 겁니다).

하지만 지난 2, 3년 사이에 몰라보게 바뀌었군요. 오래된 특1급 호텔들은 2014년 중반만 해도 이런 리뷰 사이트를 주목하지 않는 듯 했거든요. 하지만 최근엔 저마다 정성스럽게, 깨알 같은 reply를 달고 있습니다. 배고픈 신규 호텔들과 덩치 보잘 것 없는 군소 호텔들의 사정은 많이 달랐어요. 밑바닥부터 평판을 만들며 시장을 조금씩이나마 뺏어 먹어야 했으니 초기부터 열심히 대응하고 있더군요.

마케팅 여력이 부족해 보이는 중저가 비즈니스 호텔들의 경우는 양상이 섞였습니다. 열심인 곳이 많지만, 전혀 신경 쓰지 못하고 있는 곳도 있는 듯하고... 이 글을 보시는 호텔리어들께서는 스스로의 호텔 사정도 확인해 보시기 바랍니다. 시행하지 않고 있으면 되레 이상한 상황입니다.

하지만 일각에서는 이런 사이트의 리뷰와 별점 혹은 어워드의 신뢰성에 의구심을 표하기도 합니다. 주관이 작용하고요, 기준에 일관성이 결여되어 있기도 하며, 몇몇 호텔들이 인위적으로 순위를 조작하려는 더러운 행태를 보이기도 하기 때문입니다.

이는 호텔 리뷰 사이트의 중요성을 반증하는 것이기도 하지만, 그들 사이트의 공신력을 갉아 먹는 행위이기도 해요.

자료 : 늙은 호텔리어 몽돌의 호텔이야기 2016. 03. 29일

연습문제

1. 호텔조직의 필요성에 대하여 설명하시오.

2. 호텔조직을 결정하는 공통적 요인은 무엇인가?

3. 일반기업의 조직과는 다른 호텔조직의 특수성은 무엇인가?

4. 수입창출부문과 비용발생부문에는 어떠한 부서들이 있는가?

5. front-of-the-house와 back-of-the-house를 구분하여 설명하시오.

6. 객실부문의 조직구성에 해당되는 부서에는 어떠한 부서들이 있는가?

7. 라인 조직과 스탭 조직을 구분하여 설명하시오.

8. 총지배인의 직무를 기능중심적과 인간관계적 직무영역으로 분류하여 설명하시오.

9. 현대 호텔조직의 특징은 무엇인가?

10. 총지배인이 되기 위해 필요한 요건 및 자질은?

제3장

호텔 객실상품의 개요

제1절 객실상품의 특성

1. 객실상품의 개념

호텔의 객실은 식음료, 부대시설 등과 함께 인적 서비스를 제공하는 최고급 호텔상품으로서 호텔경영에 있어 판매상품 중 커다란 위치를 차지하고 있다. 호텔객실은 "고객에게 편안하고 안락한 휴식과 잠자리를 제공하는 호텔 속의 공간"으로서 호텔의 규모와 수준을 평가하는 기준으로 삼고 있으며, 오늘날 호텔의 이미지와 매출액에 지대한 영향을 끼치고 있다.

호텔의 객실상품은 유형적인 것과 무형적인 것까지 포함해서 고객의 욕구에 맞도록 제공될 수 있는 물적 · 인적 · 종합 시스템적 상품으로 구성되어 있다.

이처럼 객실상품의 상품적인 가치는 물적 자원의 상품과 시설상품 및 인적 서비스상품의 단순한 구성만으로 성립되는 것은 아니며, 고객에게 전달될 수 있는 종합 시스템적 서비스가 합쳐져야만 완전한 객실상품이 되는 것이다.

따라서 객실상품의 구성요소는 시설 · 서비스 · 이미지 · 가격으로 분류되며, 제공되는 서비스의 형태인 객실의 이미지 및 개인적인 친근감 · 친절성이 객실상품의 질을 결정하듯이, 호텔기업의 목표가 이윤의 극대화를 통한 기업가치의 확대에 있다고 보면, 호텔객실상품은 호텔의 수익성 향상에 큰 기여를 하며 부가가치가 높은 핵심 상품이라 할 수 있다.

2. 객실상품의 기능

현대적인 의미에서 호텔객실은 식음료, 연회, 레저, 오락, 비즈니스 등의 다양한 기능과 고급의 인적 서비스기능을 갖춘 호텔기업이 고객에게 편안한 휴식과 조용하고 안락한 잠자리 장소를 제공하는 공간이라고 할 수 있다. 이러한 기능적인 측면에서의 호텔객실은 수면 공간, 휴식 공간, 위생 공간, 사무 공간을 주 기능으로 문화 공간, 운동 공간 등 다양한 기능에 최고급의 인적 서비스를 제공하는 역할을 한다고 할 수 있다. 또한 호텔객실상품은 고객의 취향에 맞는 미관, 시설, 소모품, 청결성, 안전성, 편리성, 쾌적성, 정숙성을 갖추고 고객의 사생활을 보호할 수 있어야 한다.

3. 객실상품의 중요성

다양한 고객들로 붐비는 호텔 로비(lobby)를 상상해 본다면 호텔이란 단어 그 자체만으로도 우리들로 하여금 흥분된 이미지를 자아내게 한다. 이러한 호텔은 각양각색의 고객들을 마치 자기 가정을 방문한 귀중한 손님처럼 따뜻하게 접대함으로써 고객의 다양한 욕구를 기꺼이 충족시켜주려고 하는 속성을 지니고 있다.

스타틀러(Ellsworth M. Statler)가 주장한 것처럼 "고객은 언제나 정당하다(The guest is always right)"라든가 그 출처는 분명하지 않지만 "고객은 항상 정당하지 못할지라도 그는 언제나 고객이다(The guest is not always right, but he is always the guest)"라는 표현들이 암시해 주듯이 호텔기업 종사자들에게 주어진 궁극적인 임무는 다양한 고객들의 변화무쌍한 욕구에 부합되는 고객서비스를 제공함으로써 고객들의 다양한 욕구를 충족시켜주는 데 있다. 따라서 고객 개개인의 다양한 욕구를 충족시킴으로써 야기되는 고객만족(guest satisfaction)이야말로 성공적인 호텔기업 운영에 있어 필수적인 요소이다. 왜냐하면 고객만족은 호텔을 찾는 고객들의 수요를 재창출할 수 있을 뿐만 아니라 잠재적 고객(potential customer) 수요의 창출에도 기여하여 호텔기업의 영속성을 유지시켜 주기 때문이다.

[그림 3-1] **고객만족의 효과**

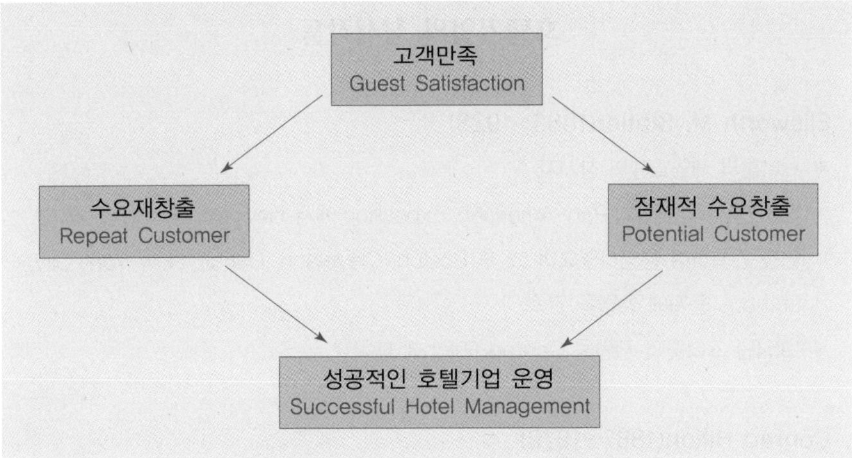

성공적인 호텔기업 운영을 위해서는 고객(customer), 기업주(owner), 그리고 종업원(employee) 등의 3요소가 상호의존관계에서 유기적으로 움직여야 한다. 일반적으로 고객은 계속적인 호텔기업 운영을 위한 수익창출의 원천이 되며 이용하는 고객층에 따라 호텔의 특징이 결정되기도 한다. 기업주는 고객의 욕구를 충족시키기 위한 재정적 자원을 투자하며 종업원은 고객의 다양한 욕구를 충족시키기 위한 상품이나 서비스를 제공함으로써 고객과 기업주의 기대에 부응하게 된다.

이러한 3가지 요소의 상호관계에 있어서 우선 고객의 만족 없이는 호텔기업의 지속적인 성장이나 성공적인 호텔기업 운영이 불가능하다는 것은 두말할 나위도 없으며 또한 기업주의 안정적인 재정투자 없이는 고객만족을 추구할 수 없을 뿐만 아니라 기업의 계속성도 유지할 수 없게 된다. 종업원 역시 자신들이 제공하는 상품이나 서비스가 고객의 다양한 욕구에 부응하지 못한다면 고객수요의 창출이 불가능하게 되어 결국 전반적인 호텔기업 경영을 어렵게 만드는 요인이 된다.

일반적으로 제공되는 호텔상품은 객실상품, 식음료 상품, 기타 부대시설 그리고 인적서비스상품으로 대별할 수 있다. 객실 및 식음료 상품 그리고 부대시설

호텔기업의 창시자들

Ellsworth M. Statler(1863~1928)

* 스타틀러 체인호텔의 창시자
* 1901년 범미 박람회(Pan-American Exposition)에서 New York과 Buffalo에 호텔을 건축하여 운영하였으며 그 후 Boston, Cleveland, Detroit, New York City, St. Lous 등지에 호텔을 건축
* 1954년 스타틀러 체인을 Conrad Hilton에 매각

Conrad Hilton(1887~1979)

* 세계 제1차대전 후 오일붐을 타고 Taxas의 호텔들을 인수함으로써 1차대전 후 가장 성공적인 호텔기업가의 명성을 얻음
* 1919년 Texas Cisco의 Mobley Hotel 인수
* 1925년 Texas Dallas에 Hilton Hotel 건립
* 2차대전 후 객실 수 3,000개의 Stevens Hotel(현재 Chicago Hilton의 전신)과 Chicago의 Palmer House, New York City의 Waldorf Astoria Plaza Hotel 인수
* 1946년 Hilton Hotels Corporation 설립
* 1948년 전 세계 125개 호텔 이상을 관장하는 Hilton International Company 설립
* 1954년 Statler Chanin 인수와 함께 마케팅, 예약, Servece Quality, 식음료서비스, 객실관리와 회계에 관한 표준운영 지침 마련

Cesar Ritz

* Switerland의 Lucerne에서 Grand National Hotel 운영
* 탁월한 경영능력으로 Grand National Hotel은 유럽에서 가장 유명한 호텔로 인정받음
* 유럽에서 가장 존경받는 호텔기업가의 한사람으로 인정됨

William Waldorf Astor와 John Jacob Astor IV

* 1893년 New York City에서 13층 건물의 Waldorf Hotel 건립
* 1897년 사촌인 Joh Jacob Astor와 함께 17층 건물의 Astoria Hotel을 Waldorf Hotel의 반대편에 건립하고 서로 연결시킴으로써 Waldorf-Astoria Hotel 탄생
* 1929년 객실 수 2,200개를 갖춘 42층의 Waldorf-Astoria Hotel 재건축
* 1949년 Conrad Hilton에 매각
* 1988년 1억 5천만 달러를 투입하여 개 · 보수
* 1993년 New York City의 상징적인 건물로 지정됨

Kemmos Wilson

* 1950년대 초 Tennessee Memphis에 Holiday Inn을 시작으로 Holiday Inn Chain 설립
* 초창기 가족 여행객을 중심으로 한 마케팅 전략을 비즈니스 여행객으로 확장
* 독창적인 인-하우스 예약시스템인 Holidex Central Reservation System 도입

J. W. Marriott and J. W. Marriott, Jr.

* J. W. Marriott(1900~1985)는 1957년 Virginia에 Twin Bridges Marriott Motor Hotel 건립을 시작으로 1985년까지 주로 교외지역을 중심으로 사업을 확장
* Marriott, Jr.은 1985년 Howard Johnson Company를 인수
* 1987년 Nebraska Omaha에 미국 호텔역사상 가장 규모가 큰 예약시스템인 Worldwide Reservation Center를 개소하였으며 Residence Inn Company를 인수

Ernest Henderson and Robert Moore

* 1937년 Massachusetts, Springfield에서 Stonehaven Hotel을 인수하여 Sheraton Chain을 설립
* Hotel Chain으로서는 최초로 뉴욕증권거래소에 등록됨
* 1968년 Sheraton은 ITT Corporation에 인수됨

은 유형의 상품(tangible goods)이며 인적서비스상품은 무형의 상품(intangible goods)이다. 이들 상품들 중에서도 객실상품은 호텔경영에 있어서 가장 중요한 상품이라 할 수 있다. 왜냐하면 객실상품의 판매로 발생하는 객실수익은 객실수익 그 자체만으로 그치는 것이 아니라 호텔의 전체 영업수익에 큰 영향을 미치게 되기 때문이다. 식당의 식음료 상품뿐만 아니라 기타 부대업장의 수익발생은 객실 투숙객의 증감에 따라 많은 영향을 받게 된다. 즉 다시 말하면 객실 투숙객이 많으면 많을수록 식당이나 부대시설의 이용도가 높아져 전체 영업수익이 향상되기 때문에 호텔로서는 객실판매를 극대화시킬 수 있는 전략이 전체적으로 원활한 호텔경영을 위해서 대단히 중요하다.

객실상품은 일반적으로 호텔의 규모나 등급의 결정, 호텔 건축 시의 건축비 산정, 그리고 필요로 하는 전체 종업원의 수를 결정하는 데에도 중요한 의미를 갖게 한다. 호텔의 규모나 등급의 결정은 객실의 면적과 객실 수에 따라 결정되는 것이 일반적인 관례이며, 호텔 건축비의 산정은 한 개의 객실당 투자금액, 그리고 종업원 수의 결정은 한 개의 객실당 소요인원으로 산정된다.

이러한 객실상품은 저장할 수 없는 특성을 지니고 있기 때문에 판매에 있어서도 신축성이 없다. 왜냐하면 당일 판매해야 할 객실상품을 판매하지 못할 경우 판매하지 못한 객실상품은 영원히 판매할 수 없기 때문이다. 따라서 객실상품의 판매에 있어서는 판매가능 객실 수, 객실 점유율, 그리고 평균 객실요금은 대단히 중요한 사항이며 객실부문의 손익분기점도 이들 3가지 요소에 따라 결정된다.

4. 객실상품의 특성

객실수입은 호텔경영에 있어서 가장 큰 비중을 차지한다. 근래 호텔경영이 객실수입 외에도 식음료 · 연회 등에 많은 비중을 두고 있으나, 그 이익에 있어서는 객실수입의 공헌도가 가장 높다.

그러나 객실은 저장할 수도, 전매할 수도, 이동할 수도 없는 특성이 있으므로 당일 판매하지 않으면 가치가 소멸하는 시간적 · 장소적 제약을 받는 상품이다. 즉 객실상품의 특성은 일반 상품과는 달리 예약에 의해 판매되는 상품이며, 비신축성 · 비보관성 등의 특성을 갖고 있으며, 금일 판매하지 못하면 내일의 판매가 불가능한 시간적 · 공간적 제약을 받는 상품이다. 객실상품이 일반 상품과 다른 점은 비재고상품이라는 것이다. 일반 상품은 금일 판매되지 않더라도 재고로 남게 되어서 금일 이후에도 판매가 가능하며, 이동판매가 가능하다. 즉, 판매장소의 이동이 가능하다는 것이며, 예약 없이도 판매가 가능하다는 것이 차이점이다.

현대 호텔의 대부분은 객실상품을 호텔이 갖고 있는 주요 수입원의 하나로서 인식하여 호텔이 지향하는 성격과 목적에 따라 객실의 규모와 유형을 다양하게 갖추고 있다. 이는 객실상품을 이용하는 숙박객이 많으면 많을수록 부대시설의 이용도가 높아지고, 그에 따라 수익이 향상되기 때문에 대부분의 호텔에서는 객실의 수익증대를 호텔경영의 주된 목표로 삼고 있기 때문이다.

이외에, 최근의 객실상품의 공통적인 특성을 나열하면 다음과 같다.

(1) 객실형의 균일화

객실판매관리의 합리성을 제고시킬 목적으로 객실상품을 표준화하거나 규격화하고 있다. 즉 호텔의 싱글 룸이나 트윈 룸 등의 객실을 같은 형태의 침대 · 가구 · 집기가 사용되고 요금도 동일한 객실일 경우에는 균일하게 책정하며, 객실의 색상도 통일성있게 단일화되고 있는 실정이다. 또한 객실의 형태뿐만 아니라 그 객실가구의 배치와 디자인도 동일하게 하여 자재의 대량구입과 대량생산에서 발생하는 원가의 절감과 대량판매를 유도할 수 있는 계기를 제공한다.

(2) 객실의 융통성

특정한 객실을 한 가지의 목적으로 판매하는 것이 아니고 여러 가지 목적으로 사용할 수 있도록 객실의 형태를 다양화하는 것이다. 이러한 결과 한 개의 객실상품이 1일 1회 판매 이외에 시간판매를 최대화함으로써 한 객실을 이용하는 고객에게는 숙박의 목적 이외에 사업상의 목적 등으로 이용할 수 있도록 객실을 다양화한 것이다.

(3) 객실용적의 농축화

호텔의 객실은 막대한 자본이 소요되는 특성을 가지고 있는 상품이기 때문에 객실공간을 최대한 활용하여야 객실판매의 목적을 달성할 수 있다. 하나의 객실을 주간에는 사무실로 이용할 수 있도록 하고, 야간에는 침실로 이용할 수 있도록 한다. 이를 위해서 다용도의 집기를 배치하고 남는 공간을 최소화하고 각층간의 간격도 최소화하여 에너지 절감을 꾀하고 있다.

(4) 객실형태(room type)의 적합한 배합

호텔의 객실은 시장의 상황을 고려하여 도심의 호텔과 휴양지의 호텔에 따라 상이하게 배치한다. 즉 고객의 여행목적을 고려하여 객실형태를 달리한다.

(5) 객실설비의 고급화

객실의 표준화와 규격화가 진행됨에 따라 타 호텔과 경쟁하기 위해서 객실공간에 배치하는 가구를 경쟁 호텔보다 고급화하고 있다. 특히 호텔의 용구는 다른 상품에 비하여 내구연한이 짧아 자주 교체하여야 하며, 유행에 민감한 고급의 소재를 사용해야 한다.

(6) 객실 내 식음료의 판매 활성화

객실 내에 식음료를 배치하여 객실 내에서 고객의 구매를 촉진하고 있다. 이러한 판매는 무인판매의 형태로 호텔의 매출액에 많은 영향을 주고 있다.

제2절 호텔 객실상품의 분류

호텔 객실상품은 침대 수와 크기, 객실의 위치, 객실등급에 따라 구분할 수 있다. 침대 수는 곧 객실에 투숙 가능한 인원수를 의미하는 것이며, 침대의 크기는 제조회사마다 약간의 차이는 있지만 대체로 보통(standard size), 퀸 사이즈(queen size), 킹 사이즈(king size) 등으로 구분한다. 그리고 객실이 어디에 위치하고 있느냐는 객실 내부에서 외부의 경관을 감상할 수 있느냐에 따라 객실요금에 차등을 두는 것이 일반적이다. 또한 객실등급에 따라서도 객실상품을 분류할 수 있으며, 이외에 변형된 형태의 객실상품도 살펴보겠다.

1. 침대 수 및 크기에 의한 분류

(1) 싱글 룸(single room)

single room with bath로 표현되며 SWB, S/B 등의 약자로 나타내기도 한다. 1인용 침대가 1개로서 한 사람이 투숙하기에 적합한 객실이다. 객실의 크기는 평균 13~20㎡ 정도이며 침대의 크기는 가로 970㎜, 세로 1,950㎜가 일반적이다.

(2) 더블 룸(double room)

double room with bath로 표현하고 DWB, D/B 등의 약자로 표기된다. 2인용 침대가 1개인 객실로서 주로 부부가 이용하기에 편리한 객실이다. 객실면적은 평균 15~24㎡ 정도이며 침대의 크기는 가로 1,380㎜, 세로 1,950㎜가 일반적인 크기이다.

(3) 트윈 룸(twin room)

twin room with bath로 표현하며 TWB 또는 T/B 등의 약자로도 표기한다. 2개의 1인용 침대가 배치된 객실로서 같이 여행하는 단체고객들이 사용하기에 편리한 객실이며, 특히 city hotel이나 business hotel의 성격을 지닌 호텔에서 많이 선호하는 객실이다.

[그림 3-2] **트윈 베드룸 내부 전경**

자료 : 리츠칼튼 호텔 서울

(4) 트리플 룸(triple room)

triple room with bath로 부르기도 하며 TPWB 또는 TPL/B 등의 약자로 표기되기도 한다. 3인이 사용하기에 편리하도록 3개의 single bed를 비치하거나 1개의 double bed와 1개의 single bed 또는 2개의 single bed와 보조침대(extra bed)를 비치하는 경우도 있다.

(5) 스위트 룸(suite room)

suite room 또는 suite room with bath로 표현하며 SUT/R, SUT/B 등의 약자로 표기하기도 한다. 스위트 룸의 크기는 일반적으로 보통 객실의 2배 이상이며 침실(bed room)과 거실(living room)이 분리된 형태이다. 우리나라에서는 이러한 객실을 특실이라 부르기도 하며 대부분의 호텔들은 상징적으로 이러한 객실을 보유하고 있다. 객실명칭 또한 presidential suite, royal suite 등과 같이 화려하고 거창한 객실명칭을 부여하고 있다.

(6) 스튜디오 룸(studio room)

studio room with bath 또는 studio room으로 표시하며 ST/B, STWB 등의 약자를 사용하기도 한다. 이러한 객실은 주거와 사무실 용도를 겸할 수 있는 오피스텔과 같은 곳에서 많이 도입하고 있다. 설치된 침대는 주간에는 사무실 용도의 응접용 소파(sofa)로서 그리고 야간에는 침대로 활용할 수 있으며, 이를 일명 카우치 베드(couch bed)라 한다.

[그림 3-3] **프레지던셜 스위트 룸 내부 전경**

자료 : 쉐라톤 워커힐 호텔 서울

2. 객실의 위치에 의한 분류

(1) 아웃사이드 룸(outside room)

일반적으로 아웃사이드 룸이란 객실 내부에서 외부의 경관을 감상할 수 있는 객실로서 흔히 전망 좋은 객실을 말하며, 호텔이 어디에 위치하고 있느냐에 따라 다양한 명칭을 사용하기도 한다. 예를 들어 해변에 위치한 호텔인 경우 객실 내부에서 확 트인 바다의 경치를 볼 수 있으면 sea side, 호수 주변에 위치한 호텔객실에서 호수의 경관을 감상 할 수 있으면 lake side, 객실 내부에서 산의 전경을 감상할 수 있으면 mountain side 등으로 부르지만 이들 모두는 아웃사이드 룸 개념에 속하는 것들이라 볼 수 있다. 대부분의 고객들이 전망 좋은 객실을 선호하는 것은 당연하기 때문에 호텔건물의 설계 시에 가능하면 전 객실에서 외부의 경관을 감상 할 수 있도록 설계하는 것이 바람직하다.

(2) 인사이드 룸(inside room)

인사이드 룸이란 아웃사이드 룸의 반대되는 개념으로써 객실 내부에서 외부의 경관을 감상할 수 없는 객실을 말한다. 대부분의 호텔들이 아웃사이드 룸을 많이 확보하는 방향으로 건물을 설계하지만 건물구조상 인사이드 룸의 확보가 불가피한 경우도 있다. 이러한 경우 호텔 경영자는 인사이드 룸을 아웃사이드 룸 보다 약간 저렴한 가격으로 판매하거나 단체를 인솔하는 가이드에게 배정하거나 또는 하우스 유스 룸(house use room) 등으로 활용하는 것이 바람직하다.

(3) 커넥팅 룸(connecting room)

커넥팅 룸이란 서로 인접한 객실이지만 객실과 객실 사이 내부에서 서로 통하는 문이 있어 복도를 통하지 않고도 자유롭게 서로 왕래할 수 있는 객실을 의미한다. 가족단위 여행객 또는 신변보호 목적이나 업무수행을 위해 수행원을 많이 대동하는 고객들이 사용하기에 편리한 객실이다. 예를 들어 어느 호텔 10층에 1001호부터 1050호까지 50개의 객실이 있다고 가정하고 1001호와 1002호 사이에는 내부에서 서로 왕래할 수 있는 통로가 있고 1048호, 1049호, 1050호 사이에도 내부에서 서로 통하는 문이 있다면 1001호와 1002호는 하나의 커넥팅 룸이 되며, 또한 1048호, 1049호, 1050호는 또 하나의 커넥팅 룸이 되는 것이다. 이러한 경우, 고객의 사정에 따라 커넥팅 룸을 한 개의 유니트(unit)로서 판매할 수 있지만 호텔의 객실사정이 여의치 못할 경우 커넥팅 룸일지라도 따로 분리해서 판매할 수도 있다.

(4) 어드조이닝 룸(adjoining room)

어드조이닝 룸은 같은 방향으로 나란히 연결된 객실을 말하지만 커넥팅 룸과는 달리 객실과 객실 사이에 서로 통하는 문이 없다. 따라서 객실과 객실 사이를 왕래할 때는 반드시 복도를 이용해야 한다. 이러한 객실의 구분은 특히 단체에 대한 객실배정(room assignment)을 할 경우 룸 블로킹(room blocking)의 좋은 참고가 된다.

(5) 어제이션트 룸(adjacent room)

어제이션트 룸은 서로 마주보는 객실을 말한다. 일반적으로 호텔객실은 호텔의 구조상 복도를 사이에 두고 양쪽으로 배열되어 있다. 경우에 따라서 객실번호가 복도를 중심으로 한 쪽은 짝수 번호, 다른 한 쪽은 홀수 번호로 배열된 경우도 있으며, 또 다른 경우 아무런 구분 없이 차례대로 배열되기도 한다. 그러나 어쨌든 특히 단체의 객실배정에 있어 룸 블로킹할 때 어드조이닝으로 할 것인지 아니면 어제이션트로 할 것인지는 고객의 특성이나 그날의 객실 상황을 참고하여 담당자가 결정할 일이다.

3. 객실등급에 의한 분류

(1) 스탠다드 룸(standard room)

스탠다드 룸은 보통 객실을 말하며, 호텔에서 가장 많이 보유하고 있거나 가격대가 가장 저렴한 객실로서 주로 여행사 단체고객들이 이용하게 된다.

(2) 슈페리어 룸(superior room)

슈페리어 룸은 주로 호텔의 중간층에 위치하고 있으며, 스탠다드 룸보다 평수가 조금 더 넓고 조망이나 위치가 좋은 객실이다.

(3) 디럭스 룸(deluxe room)

디럭스 룸은 슈페리어 룸보다 평수가 조금 더 넓고, 인테리어, 소모품 등이 고급스러우며, 높은 층에 위치하여 전망이 좋은 고급객실이다.

4. 변형된 형태의 객실상품

고객의 다양한 욕구를 충족시킴과 동시에 객실 매출증대를 도모하기 위해 호텔들은 기존의 객실개념을 변형시켜 다양한 형태의 객실상품을 선보이고 있다. 특히 가족단위 여행객들이 즐겨 찾는 휴양지 호텔에서 다양한 형태의 가족단위 여행객들을 유도하기 위해 주로 개발되고 있다.

(1) 디럭스 트윈 또는 패밀리 트윈(deluxe twin or family twin)

싱글-더블베드 룸(single-double bed room)이나 더블-더블베드 룸(double-double bed room)과 같이 1인용 침대인 single bed 1개와 2인용 침대인 double bed 1개를 설비하여 부모와 자녀 1명이 투숙하기에 이상적인 객실로 만든다거나 부모와 자녀 2명이 투숙하기에 적합하도록 함으로써 이들이 기존의 객실을 사용할 경우 추가될 수 있는 extra bed charge의 부담을 없애준다.

(2) 온돌(ondol room)

온돌은 우리나라의 전통적인 객실형태로서 우리나라의 호텔에서만 볼 수 있는 객실형태이다. 대부분의 호텔들은 서양식 객실을 많이 보유하고 있지만 소량의 온돌 룸을 보유하고 주로 내국인들에게 판매하고 있다. 도심지에 위치한 호텔보다는 휴양지에 위치한 호텔들이 온돌 룸을 많이 보유하고 있으며 이들 중 상당수는 전형적인 우리나라의 온돌이라기보다는 변형된 형태로서 한실과 양실의 절충형으로 운용되고 있다. 전형적인 온돌을 보유하고 있는 호텔들은 내국인 단체를 수용하기에 매우 적합한 점도 있으나 외국인을 주로 유치하는 호텔에서는 풀-하우스(full house) 전략에 차질을 가져다 줄 수도 있다.

[그림 3-4] **온돌 룸 내부 전경**

자료 : 해운대 그랜드 호텔

제3절 객실요금의 종류와 체계

호텔의 객실요금은 공표요금(정상요금), 특별요금, 그리고 추가요금으로 크게 분류할 수 있다. 이러한 요금은 호텔의 경영정책에 따라 분류하지만 영업 전략에 따라 융통성 있게 적용되는 것이 일반적이다.

1. 공표요금(room tariff)

정상요금이라고도 부르며 호텔기업이 객실요금을 책정하여 주무관청의 승인을 얻고 호텔에서 공시하는 기본요금을 말한다. 공표요금은 할인되지 않은 정상적인 요금으로서 일명 풀-차지(full-charge) 또는 풀-레이트(full-rate)라고도 하며 호텔이 판매촉진이나 광고 또는 홍보 목적으로 만들어 내는 브로슈어(brochure)나 팸플릿(pamphlet) 등에 표시하는 요금이다.

2. 특별요금(special rate)

호텔에서는 정상요금을 적용하는 것이 원칙이나 호텔의 영업 전략상 특별요금을 적용하기도 한다. 이러한 특별요금은 객실요금을 무료로 처리하거나 공표된 요금에서 일정액을 할인해 주는 것을 의미한다. 객실요금을 무료로 처리하는 경우는 컴플리멘터리(complimentary)와 스페셜유스(special use)의 두 가지 유형이 있으며 할인요금(discount rate)에는 싱글할인요금(single discount rate), 비수기할인요금(off season rate), 커머셜요금(commercial rate), 단체할인요금(group discount rate), 가이드요금(guide rate) 등이 있다.

(1) 컴플리멘터리(complimentary)

컴플리멘터리는 호텔의 판매촉진 등 영업 전략상의 목적으로 호텔에서 특별히 접대해야 할 고객이나 초대한 고객에게 요금을 징수하지 않는 것을 말하며 일명 컴프(COMP)라고도 한다. 예를 들면 호텔의 영업에 지대한 영향력을 행사할 수 있는 사람, 빈번하게 거래하는 기업체의 임직원, 거래 여행사의 임원 및 간부, 그리고 각종 세미나나 행사진행을 위해 사전에 호텔을 방문하는 사전 답사자 등이 주로 그 대상이 된다. 무료처리를 할 때는 해당 부서의 원활한 업무처리를 돕기 위해 객실만 무료인 경우 comp. on room, 객실과 식음료 모두 무료인 경우 comp. on room, food and beverage라고 표시해 주는 것이 바람직하다.

(2) 스페셜유스(special use)

special use는 S/U라는 약자로 표기하기도 하며 객실을 무료로 처리한다는 면에서는 전술한 컴플리멘터리와 유사하다고 생각하기 쉬우나 그 적용 대상이 각종 행사나 세미나를 주관하는 실무 담당자나 행사의 진행요원, 단체를 안내하는 가이드나 여행사직원 등에게 무료로 제공되는 객실을 말한다.

(3) 할인요금(discount rate)

할인요금은 정상 또는 공표요금에서 일정액만큼 할인해 주는 요금으로서 싱글할인요금(single discount rate), 비수기할인요금(off season rate), 커머셜요금(commercial rate), 단체할인요금(group discount rate), 가이드요금(guide rate) 등으로 구분한다.

1) 싱글할인요금(single discount rate)

호텔의 객실요금은 계약에 의한 단체고객의 숙박을 제외하고는 투숙객 개개인에 대한 요금계산이 아닌 객실당 요금계산이 일반적이다. 예를 들면 2인용 객실에 1명이 투숙한다 하더라도 객실요금은 투숙인원수에 관계없이 정해진 요금이 부과된다. 싱글할인요금은 고객이 싱글 룸을 예약하였으나 당일의 호텔 사정상 고객이 요구한 싱글 룸을 제공하지 못하고 이보다 가격이 높은 더블이나 트윈 룸을 제공하고 싱글 룸 가격을 적용하는 경우를 말하며 이러한 경우를 일명 업그레이딩(upgrading)이라 한다.

[그림 3-5] **사례호텔의 컴플리멘터리 오더**

Hotel Hyundai

COMPLIMENTARY ORDER

ARRIVAL : DEPARTURE : ISSUED DATE :

NAME & CO						
CONTENTS	ROOM	TYPE :		TTL RMS :		
	MEAL	DATE				
		B				
		L				
		D				
TREATMENTS	FRUITS :		FLOWERS :		OTHERS :	

REASON : 1. LATEST EVENT :

2. EVENT FORECAST :

3. OTHERS :

REMARKS :

REQUESTER	MANAGER	DIRECTOR	G. M.

자료 : 경주 현대 호텔

[그림 3-6] **사례호텔의 공표요금표**

ROOM TARIFFS

EUROPEAN PLAN Rates are in Korean Won

Normal	
Superior	₩ 270,000
Deluxe	₩ 300,000
Business Deluxe	₩ 330,000
Executive Floor	
Deluxe	₩ 350,000
Business Deluxe	₩ 380,000
Suite	
Junior	₩ 420,000
Korean	₩ 450,000
Corner	₩ 550,000
Superior	₩ 850,000
Parlor	₩1,100,000
Namsan	₩1,300,000
Royal	₩2,200,000
Shilla	₩3,000,000
Presidential	₩6,000,000

Executive Floors & Suite Services
- Express check-in and check-out
- Professional floor manager and waiter-bartender
- Complimentary continental breakfast, coffee, tea, soft drinks, magazines, and newspapers in the lounge
- Happy Hour with complimentary cocktails and snacks in the lounge
- Late check-out until 3:00 p.m.
- Free use of meeting room for the first 2 hours per day (capacity 8-10 persons)
- Guest room low-noise facsimile machine and voice-mail system
- Complimentary daily mineral water (1 bottle)
- Safety-deposit box in the room

• A double-occupancy charge of ₩ 30,000 for non-EFL rooms and ₩ 40,000 for EFL rooms per night will be added (non-discountable).

• All room rates are subject to 10% service charge and 10% government tax.

NOTE
This tariff listing supercedes all previous editions. Tariffs are subject to change without notice. (Current as of January, 2000)

자료 : 서울 신라 호텔

2) **비수기할인요금**(off season or season off rate)

비수기할인요금은 호텔의 이용률이 낮은 계절에 한하여 정상적인 요금에서 일정액만큼 할인해 주는 요금을 말한다. 특히 사계절의 변화가 뚜렷한 우리나라 도심지호텔의 경우 3월, 4월, 5월, 9월, 10월, 11월은 성수기(on season)를 이루고 있으며, 12월, 1월, 2월, 6월, 7월, 8월은 호텔이용률이 비교적 낮은 편이다. 반대로 휴양지 호텔의 경우 겨울철인 12월, 1월, 2월, 그리고 여름 휴가철인 7월과 8월은 성수기에 속한다. 이처럼 호텔의 이용률이 낮은 계절에 도심지호텔을 비롯한 많은 휴양지호텔들이 경영활성화의 일환으로 20~50% 할인된 비수기요금을 적용하고 있다. 그러나 비수기 요금의 적용에 있어 주의할 점은 할인율을 얼마로 할 것인가는 전적으로 호텔 경영자의 판단에 따르겠지만 업체 간의 과당경쟁에 따라 지나친 할인율을 적용함으로써 발생할 수 있는 호텔의 이미지 손상을 염두에 둘 필요가 있다.

3) **커머셜요금**(commercial rate)

커머셜요금은 호텔이 정한 특정 기업체나 공공단체 등과 상업적인 목적으로 정기적으로 장기간 투숙을 원하는 고객에게 계약에 따라 일정한 금액을 할인해 주는 요금이다. 특정 기업체나 공공단체에서 투숙하는 고객에게 계약에 따라 일정한 할인혜택을 제공함으로써 해당업체의 고객들을 정기적으로 투숙시킬 수 있는 장점이 있다. 그러나 객실사정이 여의치 못한 상황에서는 특정업체나 공공단체가 요구하는 객실 수와 할인율을 수용하더라도 당일 요구분에 한해서는 지불보증(guaranteed payment)을 요구함으로써 no show나 갑작스런 예약취소(cancellation)에 따른 호텔의 일방적인 피해를 미연에 방지할 수 있다.

4) **단체할인요금**(group discount rate)

단체할인요금은 국내 · 외 여행사에서 보내주는 단체관광객이나 혹은 정부기관이나 각종 단체에서 개최하는 각종 컨벤션이나 세미나에 단체로 참가하는 고객들에게 특별히 할인해 주는 요금이다. 이들 단체에게는 객실의 형태에 관계없이 동일한 요금을 적용하므로 이를 일명 균일 요금 또는 flat rate라 한다. 객실요금에 식사가 포함되며 객실당 요금계산이 아닌 고객 개개인당 요금으로 계산하는 것이 일반적이다. 여행사의 단체요금은 호텔과 거래여행사 사이에 서로 계약에 따라 매년 초에 결정하며 일반적으로 1년을 유효기간으로 한다.

5) **가이드요금**(guide rate)

가이드요금은 여행사단체를 수용하는 호텔 측과 고객을 보내주는 여행사 사이에 계약되며 우리나라의 경우 대부분 가이드에게 제공되는 객실은 스페셜유스(special use)로 처리하여 무료로 제공한다.

3. 추가요금(additional charge)

추가요금은 정상 또는 공표요금 이외에 별도로 추가되는 요금을 말하며 midnight charge, hold room charge, 초과요금(over charge), extra charge 등이 있다.

(1) 미드나이트 차지(midnight charge)

예약을 접수한 고객이 사정상 새벽에 도착한 경우 호텔은 전일부터 객실을 다른 고객에게 판매하지 않고 기다렸으므로 요금을 부과하게 된다. 이러한 경우 호텔은 전일부터 객실요금을 부과하여 고객이 아무리 늦게 도착하더라도 차질 없이 객실을 이용할 수 있도록 하기 위한 것이며 예약을 접수할 때 미리 고객과 합의해 두는 것이 바람직하다.

(2) 홀드 룸 차지(hold room charge)

일명 키프 룸 차지(keep room charge)라고도 하며 홀드 룸 차지는 다음과 같은 두 가지 경우에 발생한다. 그 하나는 투숙한 고객이 단기간의 여행을 떠나면서 수화물을 객실에 남겨두고 가는 경우 이 객실은 고객이 계속 사용할 의사가 있는 것으로 간주하여 요금을 부과하게 되며, 또 다른 경우는 고객이 객실을 예약하고 호텔에 도착하지 않았을 경우 그 객실을 타인에게 판매하지 않고 보류시킨 경우에 부과되는 요금이다. 이러한 경우 고객이 항공편의 지연이나 개인사정으로 인하여 호텔도착이 늦어질 경우 당초의 예약조건대로 요금을 부과하게 된다. 이러한 추가요금의 적용은 호텔의 예약담당자와 고객 간에 사전에 합의되어 guaranteed(GTD)된 경우에 한하여 이루어지는 것이 바람직하다.

(3) 초과요금(over charge)과 엑스트라 차지(extra charge)

초과요금은 호텔이 정하고 있는 퇴숙 시간(check-out time)을 넘겨 객실을 사용하는 경우에 부과되는 요금을 말한다. 일반적으로 대부분의 호텔은 정오 12시까지를 퇴숙 시간으로 정하고 있으며 고객이 check-out time을 연장하면 연장된 시간만큼 별도요금을 징수하게 된다. 엑스트라 차지의 경우 실제 등록인원 또는 예약된 인원보다 투숙인원이 추가되어 extra bed를 투입해야 될 경우 발생하는 요금을 말한다. 그러나 단골고객(repeat guest)이나 VIP고객인 경우에는 객실부문 책임자의 재량에 따라 이러한 요금을 부과하지 않을 수도 있다.

4. 기타 객실요금

(1) 취소요금(cancellation charge)

취소요금은 예약신청자가 숙박 당일 혹은 하루 전에 예약을 취소해오면 호텔에서는 취소요금을 부과하게 된다. 취소요금에 대한 규정은 호텔마다 차이를 두고 있으나 이에 대한 상세한 사항은 일반적으로 숙박약관에서 정하고 있다.

(2) 파트 데이 차지(part day charge)

일명 데이 유스(day use)라고도 하며 낮 시간 동안만 객실을 이용하는 고객에게 부과하는 요금이며 정상요금의 50% 정도를 부과하는 것이 일반적이다.

(3) 옵셔널 레이트(optional rate)

미결정요금이라고도 하며 예약시점에 정확한 요금을 결정할 수 없을 때 사용하는 용어이다. 예를 들면 예약신청자가 내년의 객실예약을 신청해온 경우 예약을 접수한 현재로서는 내년의 정확한 객실요금을 확정해 줄 수 없을 때 예약은 수용하되 요금은 미결정상태로 두게 된다. 또한 예약신청자가 특별할인을 요구하여 왔지만 결정권자가 부재중이어서 요구사항을 즉시 수용할 수 없을 때에도 미결정요금으로서 옵셔널 레이트(opt)로 표시한다.

(4) 패밀리 플랜(family plan)

가족여행객을 우대하기 위한 요금으로써 가족과 동반한 14세 미만의 어린이에게 extra bed를 제공하고 요금을 부과하지 않는다거나 초과되는 투숙인원에 대해 별도의 추가요금을 적용하지 않는 요금 제도를 말한다.

(5) 업그레이딩(upgrading)

호텔의 사정에 의해 고객이 예약한 객실보다 가격이 비싼 객실을 제공하고 요금은 고객이 예약한 객실요금을 적용하는 경우를 말한다. 호텔이 중요고객을 접대하기 위한 수단으로 많이 활용하고 있으며 앞에서 설명한 single discount rate도 일종의 upgrading에 속한다고 할 수 있다.

(6) 다운그레이딩(downgrading)

전술한 업그레이딩과 반대되는 개념으로써 고객이 예약한 객실보다 가격이 낮은 객실을 제공하는 경우를 말한다. 이러한 경우 자칫하면 고객의 기분을 상하게 할 우려가 있으므로 신중을 기해야 하며, 선불고객인 경우에 차액은 당연히 고객에게 반환해야 한다.

(7) 호스피탈리티 룸(hospitality room)

호텔의 영업목적상 무료로 제공하는 객실을 말하며 총지배인(general manager)이나 객실담당지배인(front office manager)의 허락으로 단체의 수화물을 임시보관한다거나 행사주최자의 일시적인 편의를 도모해 주기 위한 목적으로 제공되는 객실이다.

(8) 하우스유스 룸(house use room)

하우스유스 룸은 호텔 자체의 필요에 의해 객실을 다른 용도로 사용하는 것을 의미한다. 예를 들면 사무실 공간이 부족하여 특정객실을 사무실로 활용한다거나 임원의 숙소로 이용하는 경우 이는 호텔 자체의 필요성에 따라 사용하는 것이므로 객실요금은 계산하지 않는다.

제4절 숙박형태에 따른 요금제도

호텔의 경영방식 또는 숙박형태에 따른 호텔의 요금제도는 유럽식(european plan)과 미국식(american plan)으로 대별하고 순수 유럽식의 변형된 형태라 할 수 있는 대륙식(continental plan)으로 구분할 수 있다. 그리고 미국식 요금제도는 순수한 미국식(full pension system), 수정된 미국식(modified american plan) 등으로 세분할 수 있다.

1. 유럽식 요금제도(european plan)

유럽식 요금제도는 객실요금과 식사요금을 분리하여 별도로 계산하는 방식이다. 이 방식은 고객에게 식사를 강요하지 않고 고객의 의사에 따라 결정하도록 하며 식사를 할 경우 식사요금은 별도로 계산된다. 특히 도심지에 위치하고 있는 비즈니스호텔의 경우 호텔 외부에서도 고객의 취향에 맞는 다양한 식사를 즐길 수 있으므로 반드시 호텔에서 식사를 하지 않아도 된다. 세계적으로 대부분의 호텔들이 객실요금과 식사요금이 분리되는 유럽식 경영방식을 택하고 있으며 우리나라의 도심지 호텔들도 이러한 경영방식으로 운영되고 있다.

2. 대륙식 요금제도(continental plan)

대륙식 요금제도는 순수 유럽식 경영방식과는 달리 객실요금에 조식(breakfast)을 포함시키는 방식을 말한다. 이 방식에서 제공되는 아침식사는 계란요리를 메인(main)으로 하는 미국식 아침식사와는 달리 롤빵(roll bread)이나 토스트(toast)에 커피나 홍차 그리고 우유가 제공되는 유럽식 조식(european breakfast)이다. 이는 호텔의 식당이 영업을 개시하기 전에 아침 일찍 체크아웃(check out)하는 고객의 편의를 도모해 주기 위한 것으로 주로 룸서비스를 통해 제공한다.

[그림 3-7] **전형적인 유럽식 조식 메뉴**

CONTINENTAL BREAKFAST
유럽식 조찬

Choice of chilled Juice(Orange, Tomato, Pineapple or Grapefruit)
선택주스(오렌지, 토마토, 파인애플, 그레이프후르츠)

Choice of Breakfast Rolls, Toast, Croissants or Danish Pastries
선택빵류(아침롤빵, 토스트, 크로와상 혹은 덴마크식빵)

Coffee, Tea or Fresh Milk
커피, 홍차 혹은 신선한 우유

3. 미국식 요금제도(american plan)

미국식 요금제도는 호텔의 객실요금에 식사요금을 포함시키는 제도로서 호텔 주위에 다양한 식당이 없는 휴양지 호텔(resort hotel)에서 주로 적용하고 있는 요금제도이다. 이 요금제도는 객실요금에 식사를 포함시키기 때문에 요금결정에 있어서는 한 객실당 요금이 아닌 1인당 요금으로 책정하는 것이 일반적이다. 미국식 요금제도는 다음과 같은 두 가지 유형으로 구분한다.

(1) 순 미국식 요금제도(full american plan)

순수한 미국식 요금제도는 객실요금에 조식 · 중식 · 석식의 3식 요금을 포함하는 제도로서 일명 풀 펜션 시스템(full pension system)이라고도 한다. 이러한 요금 제도는 객실요금에 세끼의 식사가 의무적으로 포함되기 때문에 경우에 따라서는 고객의 취향에 맞지 않는 식사메뉴가 포함될 수도 있으며 만약 고객이 식사를 하지 않을 경우에도 요금은 환불되지 않으므로 고객으로부터 불평(complaint)이 야기될 우려가 있다.

(2) 수정된 미국식 요금제도(modified american plan)

수정된 미국식 요금제도는 세미 펜션(semi pension), 하프 펜션(half pension) 또는 데미 펜션(demi pension) 등으로 불리기도 하며, 전술한 순 미국식 요금 제도를 변형시킨 형태로서 객실요금에 조식은 기본적으로 포함하고 중식 · 석식 중 한 끼의 식사를 더 포함시키는 제도를 말한다. 여기에서 제공되는 조식은 계란요리를 메인(main)으로 하는 미국식 조식(american breakfast)이며 메뉴 내용과 가격이 서로 다른 중식과 석식 중에 어느 것을 객실요금에 포함시킬 것인가는 고객과 상의하여 결정해야 한다. 비록 객실요금에 식사요금을 포함해서 상품을 판매할지라도 부문별 매출액이나 부문별 원가계산과 같은 내부적인 경영관리를 위해서는 객실요금과 식사요금을 분리해서 회계처리하는 것이 일반적이다.

[그림 3-8] **미국식 조식 메뉴**

AMERICAN BREAKFAST
미국식 조찬

Choice of chilled Juice(Orange, Tomato, Pineapple or Grapefruit)
선택 주스(오렌지, 토마토, 파인애플, 그레이프후르츠)

Choice of Two Eggs(Fried, Scrambled, Poached or Boiled)
선택 계란요리(후라이드, 스크램블, 포치드 혹은 보일드)

Choice of Bacon, Ham or Sausage
베이컨, 햄, 소시지 선택

Choice of Breakfast Rolls, Toast, Croissants or Danish Pastries)
선택 빵류(아침롤빵, 토스트, 크로와상 혹은 덴마크식빵)

Coffee, Tea or Fresh Milk
커피, 홍차 혹은 신선한 우유

제5절 호텔 객실상품의 변화추세

숙박 · 식음료 · 연회 및 집회가 호텔의 주된 기능이었다면 최근의 호텔 상품은 이 세 가지 기능을 보안하여 고객이 원하는 모든 욕구를 한 곳에서 충족시킬 수 있는 종합적인 상품의 형태(total product)로 변모하고 있는 추세이다.

이러한 종합적인 상품의 형태를 추구하기 위한 보완시설 또는 문화(culture), 레저와 스포츠(leisure and sports), 쇼핑(shopping), 비즈니스(business)를 위한 설비 등을 들 수 있다.

그리고 호텔서비스를 이용하는 계층이 다양화됨에 따라 호텔의 최고 경영자들은 고객의 다양한 욕구에 부합되는 고객 지향적(guest oriented)인 상품개발, 즉 소품목 대량공급이 아닌 다품목 소량공급의 형태로 변모하지 않으면 안 되는 상황에 처해 있다. 이러한 고객 지향적인 상품개발 측면에서 최근 호텔객실상품의 변화추세를 살펴보면 다음과 같다.

1. 고객층의 다양화에 따른 세분화 전략 추구

호텔을 이용하는 다양한 고객층을 세분화하여 투숙목적에 부합되는 편의를 제공하기 위해 객실의 전용층화가 이루어지고 있다. 고객세분화에 따라 운영되는 호텔 객실상품의 형태를 살펴보면 다음과 같다.

(1) 상용고객을 위한 전용객실(executive floor) 운영

사업상의 목적으로 투숙하는 고객을 위해 특별히 마련한 객실상품으로써 관광이나 일반목적으로 투숙하는 고객과 차별화시켜 객실의 설비나 비품을 사업상의 업무를 원활히 수행할 수 있도록 최대한의 편의를 제공한다.

상용고객을 위한 전용 라운지(executive floor lounge)를 마련하여 아침식사는 물론 음료와 칵테일을 무료로 제공하고 있으며 사업상의 업무를 위한 각종 사무기기뿐만 아니라 각종 정보획득을 위한 정기간행물과 신문, 항공예약, 비즈니스 상담주선 등 고객의 비즈니스와 관련된 각종 서비스를 완벽하게 제공해 준다.

호텔 속의 호텔이라 할 수 있는 사례호텔의 상용고객 전용객실에서 제공되는 서비스를 구체적으로 나열하면 다음과 같다.

- 신속한 체크인과 체크아웃 서비스
- 층별 담당매니저와 웨이터, 바텐더 인력배치
- 라운지에서 아침식사, 커피, soft drink, 잡지, 신문 무료이용
- 오후 3시까지 체크아웃 연장
- 하루 2시간 동안 미팅 룸(8~10인 수용) 무료사용
- 항공 및 호텔예약 서비스
- 컴퓨터, 팩스, 복사기, 프린트 등을 비치하고 인터넷 이용가능
- 매일 한 병의 mineral water 무료제공
- 객실 내 금고사용

[그림 3-9] **사례 호텔의 상용고객 전용 라운지 전경**

(2) 금연층(non-smoking floor) 객실의 운영

전 세계적으로 금연운동이 확산됨에 따라 흡연고객과 비흡연 고객을 분리시킴으로써 비흡연자를 보호하기 위한 차별화 전략이다. 호텔이용고객을 객실요금이나 국적별로 차별할 수 없기 때문에 흡연고객과 비흡연 고객을 분리시켜 비흡연 고객의 욕구를 충족시켜주고 있다.

(3) 여성전용객실의 운영

여성들의 사회활동 참여가 활발해짐에 따라 관광이나 사업목적으로 여행하는 여성들의 수가 날로 증가하는 추세에 있다. 이에 따라 여성들이 불편을 느끼지 않고 안심하고 숙박할 수 있는 여성만을 위한 특별객실운영이 요구된다.

국내호텔의 경우에도 웨스틴 조선에서 실행하고 있는 여성투숙객을 위한 프로그램은 다른 호텔에서 찾아보기 힘든 특색 있는 서비스로서 주목을 받고 있다. 여성사업 여행자들을 위해 객실에서 사용하는 타월 · 빗 · 화장대 · 비누 등을 여성용으로 교체하는가 하면 최근 들어 외국에서는 여성사업 여행자들을 위해 호텔에서 헤어드라이 · 다리미서비스 등 여성에게 적합한 특징 있는 서비스를 제공하고 있다. 여성고객의 안전을 최대한 보장한다는 내용의 홍보문안을 내보내는 등 비즈니스 우먼을 목표로 한 갖가지 프로그램을 내놓고 있어 국내호텔에서도 시도해 볼만한 영업 전략으로 생각된다.

(4) 장기투숙객을 위한 전용객실 운영

사업을 목적으로 일정지역에서 장기적으로 체류하는 고객을 위해 특별히 운영하는 객실로서 침실기능 · 취사기능 · 사무실기능을 수행하는 형태이다. 이러한 기능을 수행하는 객실은 레지덴셜 스위트로서 2개의 유니트로 구성되어 있으며, 1개의 유니트는 침실로 사용되고, 다른 1개의 유니트는 사무실 겸 응접실로 사용되고 있다. 비서실이 필요할 때에는 레지덴셜 스위트와 연결된 일반객실, 즉 커넥팅 룸으로 이용할 수 있도록 시설이 갖추어져 있다.

이러한 장기투숙객을 위한 호텔은 주로 미국에서 흔히 볼 수 있는 형태이나 우리나라에서도 스위스 그랜드 호텔이 이 시스템을 도입하여 성공적으로 운영되고 있다.

2. 객실상품의 고급화 및 대형화 전략 추구

과거의 호텔의 매력은 가정에서 흔히 경험해 보지 못하는 화려한 시설과 분위기였다. 그러나 생활수준의 향상으로 주거환경이 호텔보다 더 고급스럽게 변모되고 있기 때문에 호텔로서는 어지간한 고급시설로서는 더 이상 고객의 욕구를 충족시킬 수 없게 되었다.

객실 고급화의 영향으로 스위트 룸(suite room)은 일반객실(normal room)이 제공하지 못하는 기능을 수행할 수 있도록 특별한 가구와 기물을 갖추고 고객의 욕구를 충족시켜주고 있다. 따라서 최근의 특급호텔은 스위트 룸 객실을 더욱 고급화하고 객실 수를 늘리고 있는 추세이다. 특히 기업의 최고경영자나 임원 등이 객실을 편리하고 효율적으로 사용할 수 있도록 객실 내에 각종 첨단 통신설비(팩스, 텔렉스, 인터넷)를 설치하고, 고급의 어메니티(amenity)를 제공하여 고객의 지위와 신분 등을 높여 주고 있다. 호텔의 경영수지를 맞추기 위하여 최근의 대부분 호텔은 300실 이상의 객실규모로 건축하고 있다. 이는 도심이나 휴양지 호텔에서 국제화에 발맞추어 컨벤션이나 대규모 회의의 개최를 유치하기 위한 전략이라고 생각된다.

3. 첨단의 정보기술 활용

오늘날의 경영시스템은 효율적인 운영을 위하여 컴퓨터 지원에 의한 경영을 지향하고 있기 때문에 호텔에서도 객실관리나 고객관리에 필요한 시스템을 개발하고, 새로운 컴퓨터시스템을 도입하여 업무의 능력을 배가시키고 있다. 즉 컴퓨터의 지원 없이는 각종 서비스를 제공할 수 없는 시대가 되어 버렸다. 호텔 객실 내에 컴퓨터 시스템의 적용분야는 객실의 온도관리, 룸 인디케이터(room indicator), 메시지 서비스(message service), 유료TV(pay TV), 비상호출, 도난방지, 청소관리, 자동계산식 냉장고, 자동국제전화 기능 등 다양한 곳에 이용되고 있다. 이러한 시스템의 도입은 광열비, 인건비 등의 원가절감 측면에서 매우 경제적이면서 고객에게는 훌륭한 서비스를 제공할 수 있기 때문에 필수적인 시스템이 되고 있다.

또한, 정보 통신 기술의 발전은 호텔 내 객실에 각종 첨단장비를 이용한 실내 여흥시설(in room entertainment system)도입의 계기가 되었으며, 이러한 시설물의 설치는 대고객 서비스 차원에서 획기적인 발전을 가져오게 되었다. 정해진 시간대에 3~4편의 영화를 상영해 주는 유선방송 또는 TV시청이 유일한 객실 내에서의 오락거리였지만, 실내 여흥 시설의 도입으로 20여 편가량의 최신 영화를 원하는 시간에 선택해서 볼 수 있게 되었고(VOD : video on demand), TV에 연결된 키보드를 이용한 각종 비디오 게임 및 인터넷접속, 자신의 계정목록 확인 기능, TV를 통한 식사 주문, TV체크아웃 기능, 호텔 홍보물 및 부가 서비스 내용 점검 기능 등 여러 가지 편리한 기능을 활용할 수 있게 되었다.

4. 객실 공간 활용의 최대화

최근의 호텔들은 객실의 사용목적에 따라 형태를 변화시켜 공간 활용을 최대화하여 이용할 수 있는 융통성을 기하고 있다. 예를 들면 스위트룸인 경우에는 침실과 거실의 문을 열고 연결하면 소회의장으로 활용하여 비즈니스 고객에게 많은 매력을 줄 수 있고, 반대로 객실이 필요한 경우에는 거실을 별도로 판매할 수 있도록 연결된 문을 밀폐시키고 베드를 투입하여 또 하나의 객실을 만들어 판매할 수 있어 공간 활용을 최대화하는 융통성이 있다는 것이다.

국내호텔의 경우 대형 세미나 단체 등을 유치하여 소규모 분임토의장을 제공할 필요성이 있을 때 한실(온돌방)에 테이블 및 의자를 투입하여 소회의장으로 사용하기도 하는데 이러한 경우에 객실 공간 활용을 최대화하여 융통성 있게 사용하는 예로 볼 수 있다.

5. 객실구조의 다용도화와 효율적 활용

호텔객실 하나가 완성되기까지는 막대한 건축비가 투자되기 때문에 이러한 고가의 객실공간을 다용도 목적으로 최대로 활용하는 것은 호텔경영의 비결이 되지 않을 수 없다.

하나의 객실을 가지고 낮에는 사무실로 사용하고 야간에는 침실로 사용될 수 있는 스튜디오 룸(studio room)식의 활용법이라든지, 좁은 공간을 최대한으로 이용할 수 있도록 화장대와 라이팅 테이블(writing table)의 겸용이라든지, TV와 냉장고를 벽 속으로 넣을 수 있도록 설치한다든지, 수하물받침대(baggage stand)를 의자로 겸용하도록 하여 객실구조와 스페이스를 다용도로 최대한 효율적으로 활용하는 추세이다.

이렇게 객실의 스페이스를 효과적으로 활용하면 공간면적을 늘릴 수가 있으며, 냉 · 난방에 소모되는 에너지를 절감하는 장점이 있다.

호텔리어의 눈으로 바라본 호텔 이야기 3

호텔 산업의 본질, 그리고 경쟁력을 유지하는 방법 - 호텔 레노베이션

"호텔 산업의 본질이 무엇인가?"

이건희 회장께서 신라호텔의 한 임원에게 여쭈었다는군요.

호텔 산업의 본질.....

그 임원은 당연히 '서비스업'이라고 답했을 테지요.

하지만 이건희 회장으로부터 되돌아 온 반응은 아주 싸늘했던 모양입니다. 장치 산업이나 부동산업에 가깝다고 했다네요.

C일보의 지면에 소개되었던 일화입니다. 엊그제 페친 한 분의 타임라인에 올랐고, 꽤 많은 분들께서 펌질을 하셨더군요. 주목해 보셨는지 모르겠지만 사실 2년이나 묵은 기사입니다. 저 또한 당시 달리 느낀 바가 있어 짧은 포스트 하나를 작성했었는데 다시 좀 볼까요?

■ 2013년 레노베이션으로 탄생한 호텔신라의 어반아일랜드

지금과는 상황이 많이 달랐던 1980년대 개발시대, 자고 나면 땅값이 천정부지로 오르던 시절이니 부동산업이라 해도 이의를 달기 어려웠을 터이고, 대규모 자본을 투하한 새로운 시설로 고객을 유인한다는 점에서 장치 산업의 범주에 넣어도 틀리지 않습니다. 하물며, 우리나라에서 돈 냄새를 제일 잘 맡는다는 분의 전성기 시절 무용담이니 다소 미심쩍다하더라도 그런가 보다 할 밖에요.

호텔은 흔히들 이미지를 판매하는 곳이라고 하더군요. 각고의 노력으로 비로소 형성된 호텔의 이미지는 또 다른 말로 경쟁력이요, 곧 수익입니다.

그 이미지는 여러 가지 의도된 요소들이 결합해 만들어지는데, 이건희 회장께서 호기롭게 말했던 '장치(裝置)', 새로운 시설도 그 이미지의 중요한 축을 구성하겠고, 이에 못지않은 다른 요소들도 함께 작용하겠죠.

"호텔 산업의 본질"

호텔의 물적 환경은 고객에게 소구하는 가장 중요한 이미지 요소 중의 하나이기도 하고 고객의 감성에 맨 먼저 어필하는 유인(誘因)이기도 합니다. 아울러, 경쟁력을 제고하기 위해 호텔이 가장 손쉽게 채용하는 수단이기도 한데, 전사적인 노력으로 서서히 살이 붙는 인적 서비스에 비해, 돈만 쏟아 부으면 없던 경쟁력도 당장 창출해 낼 수 있어요. 그렇지만 아무나 엄두 낼 수 있는 게 아닙니다.

■ 몇 년 전 830여 억 원을 들여 공사한 신라호텔(귀빈층 라운지)

5성급 호텔의 객실 하나를 개 · 보수하는데 얼마나 소요될까요?

프로젝트(레노베이션(renovation)이라고 흔히 부릅니다)의 내용에 따라 차이가 있긴 하지만, 벽지나 카펫을 교체하는 soft한 정도가 아니라 벽체를 허물어 구조를 약간이라도 손보는 수준이면 5천만 원을 가볍게 넘나들게 되죠. 경우에 따라서는 1개 객실당 1억 이상의 투자비가 소요되기도 합니다.

3, 4년 전 신라나 플라자의 경우처럼, 아예 호텔의 문을 닫아걸고 레노베이션을 집행하는 경우는 흔치 않아요. 영업을 유지한 채 층을 나눠 공사를 하게 되는데 한 phase에 150실 내외의 규모가 일반적이지 싶군요. 500실 규모의 호텔이라면 300억 내외? 레스토랑 하나를 제대로 고치자면 50억 내외, 중규모 연회실의 경우는 100~200억...

모든 걸 바꿉니다. 가구, 집기 그리고 카펫은 말할 것도 없고 조명과 음향, 공조 설비, 그리고 멀쩡한 티비나 전화기 등의 가전제품 등의 FF&E와 차이나, 실버웨어 같은 OPE도 모조리..

"경쟁력의 이면"

더 버거운 점은, 호텔의 그 휘황찬 시설들은 유행을 탄다는 점입니다. 이는 곧, 일정 기간이 지나면 경쟁력도 덩달아 떨어진다는 의미이고요, 여타 유형자산이 그렇듯 수명이 존재한다는 뜻과 다름없어요.

철 지난 호텔 시설에 경쟁력을 다시 불어 넣기 위해서는 또다시 막대한 비용을 들여야겠지요. 호텔 신라가 2013년 830여 억을 들인 7개월 레노베이션을 거쳐 재개관을 했고 플라자도 5년 전쯤 800억을 들여 전관 공사를 했더랬습니다.

경쟁력을 유지하기 위해 들이는 비용이 너무 큰가요? 호텔 산업의 본질이 서비스산업이 아니라 이건희 회장께서 말씀하셨다던 그 '장치산업'인 이유일테지요.

이런 비용은 당연히 호텔 가격에 고스란히 투영됩니다. 호텔의 상품이 비싼 가장 중요한 이유 중의 하나이지만 최신 트렌드로 치장된 이미지와 일상에서 흔히 느낄 수 없는 새로운 경험을 구입하기 위해 이 비싼 가격을 기꺼이 감수하는 소비자는 항상 존재합니다.

하지만 과연, 이 막대하고도 빈번한 투자가 타당성조사 단계에서 호기롭게 제시되었던 ROI를 온전히 실현해 내기는 하는 걸까요? 신라와 플라자는 레노베이션을 끝낸 후 기대했던 경제적 반대급부를 누리고 있긴 한 걸까요?

혹여, 엄청난 돈과 시간과 노력을 소비한 프로젝트가 완성되고 나면, 그 지대했던 관심은 또 다른, 혹은 다음 사이클의 투자 계획에 덮여, 어제의 투자에 대한 시행착오를 줄이려는 노력은 방치되는 게 아닐까요?...

종종 무력감에 빠질 때도 있습니다. 호텔들 사이에선 이미 빠져 나오기 쉽지 않은 관성이 생긴 듯해요. 이런 막대한 규모의 빈번한 투자를 감당하지 못하는 그저 그런 호텔들은, 규모의 경제가 작용하는 이 같은 경쟁에서 뒤쳐지게 될까 불안한 나날들을 보내게 되겠지요.

이런 물적 투자에 의한 것이 아닐지라도 경쟁력을 달리 유지할 수 있는 방법은 과연 없는 것일까요? 오래되고, 외형에 대한 투자가 빈번치 않아 좀 낡고 허술해 보여도, 오랫동안 형성된 무형의 서비스만으로 새로운 경험을 생산하는 건 불가능한 것일까...

호텔은 정녕 장치산업일 수밖에 없는 것일까요?

에어비앤비 등 물적 요소 외의 무엇인가로 경쟁하는 형태들이 생기고 있고, 트립어드바이저나 OTA 리뷰 등 무형의 매력들이 고객의 눈에 더 쉽게 노출될 수 있는 기반이 마련되고 있으니 앞으로의 양상은 달라지게 될까요?

■ 밀레니엄서울힐튼 카페 395

"호텔 경쟁력의 본질"

머무르지 않고 항상 흐르는 유행인 듯, 대중의 가치 척도 역시 변하기 마련입니다. 넘쳐나는 물질적 풍요 속에서도 한없이 삭막하고 거친 삶을 살아가고 있는 요즘, 소비자가 결국 희구하게 되는 건 인간적인, 더 인간스러운 그 무엇이 아닐까요? 그것은 오랫동안 호텔이 추구했다던 훌륭한 서비스의 본질이기도 합니다.

그나저나, 대한민국 굴지 재벌 총수의 전성기 무용담... 동일한 문장은 2년 전의 그것에 비해 더욱 색이 바랬더군요. 삼성과 함께 성장했던 대한민국의 호시절을 추억하며 고단한 삶을 잠시 위안하는 가십이거나, 덧없는 삶을 다시금 상기시키는 또 다른 증거.... 기사를 다시 읽는 내내 왠지 안타까웠습니다.

자료 : 늙은 호텔리어 몽돌의 호텔이야기 2016. 03. 07일

연습문제

1. 현대적인 의미에서의 객실상품의 주요 기능은 무엇인가?

2. 고객만족의 효과에 대하여 설명하시오.

3. 최근 객실상품의 공통적인 특성은 무엇인가?

4. connecting room과 adjoining room을 구분 설명하시오.

5. 공표요금(room tariff)에 대하여 설명하시오.

6. single discount rate란 무엇인가?

7. commercial rate의 장 · 단점에 대하여 설명하시오.

8. hold room charge와 keep room charge를 비교 설명하시오.

9. 숙박형태에 따른 요금제도의 종류를 설명하시오.

10. 호텔 객실상품의 변화추세에 대하여 설명하시오.

11. 상용고객 전용객실(executive floor)에서 제공되는 서비스의 사례를 설명하시오.

12. 서울 웨스턴 조선호텔의 '디지털 TV 인포메이션 서비스'가 무엇인지 설명하시오.

제4장

프런트 오피스의 조직과 운영

제1절 프런트 오피스의 조직

호텔 프런트 오피스의 조직은 호텔의 규모나 성격 그리고 운영형태에 따라 다소 차이가 있을 수 있다. 그럼에도 불구하고 전형적인 프런트 오피스는 프런트 데스크와 프런트 서비스 부문으로 대별할 수 있다.

앞에서도 언급하였지만 프런트 오피스는 호텔을 이용하는 모든 고객과 접하게 되는 최초의 부서이자 마지막 장소이다. 고객의 예약에서부터 체크-아웃까지 고객 사이클의 전 과정이 여기에서 이루어지기 때문에 모든 호텔업무의 중심이 되는 곳이기도 하다.

1. 프런트 오피스의 기능

프런트 오피스의 주된 기능은 고객 사이클의 전 과정에서 고객과 긴밀히 접촉하여 고객이 만족할 수 있는 서비스를 제공하는데 있다. 프런트 서비스 종사원들이 예의 바르고 친절한 행동과 신속 · 정확한 직무수행은 고객과 호텔 간의 관계를 밀접하게 연결해 줄 뿐만 아니라 식음료상품의 구매와 부대시설의 이용에도 크게 기여하게 된다. 프런트 오피스의 주요 기능은 아래 그림과 같이 객실예약(room reservation), 객실판매(room sales), 고객서비스(guest service), 고객회계(guest accounting), 퇴숙(check- out) 그리고 각종 보고서 작성 업무로 대별할 수 있다.

[그림 4-1] **프런트 오피스의 기능**

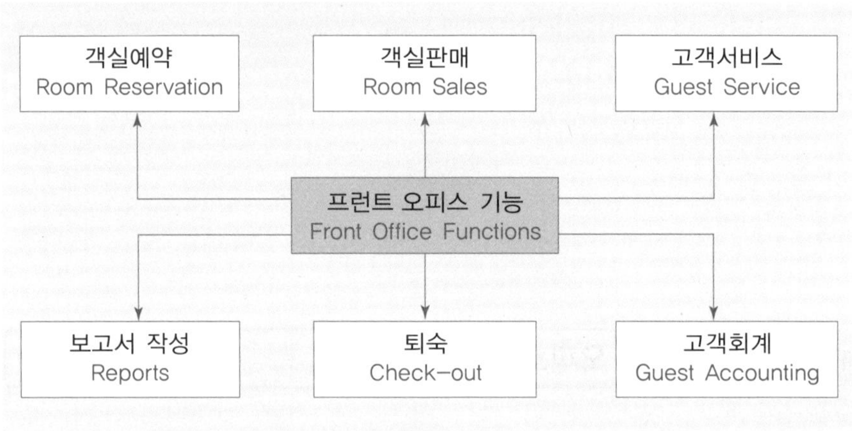

2. 프런트 데스크의 구조와 기능

(1) 프런트 데스크의 구조

호텔의 프런트 데스크는 아래 그림에서 보는 바와 같이 크게 체크-인 부문(check-in position)과 체크-아웃 부문(check-out position)으로 나눌 수 있다.

체크-인 부문은 고객등록과 같은 호텔의 투숙절차를 진행하는 곳이며 체크-아웃 부문은 체재기간에 발생한 각종 거래에 대한 요금을 정산하고 퇴숙 절차를 밟는 곳을 의미한다.

일반적으로 프런트 데스크는 인포메이션(information), 등록(registration), 프런트 캐셔(front cashier)부문으로 세분화되고 여기에 근무하는 종사원들은 인포메이션 클럭(information clerk), 룸 클럭(room clerk), 프런트 캐셔(front cashier), 메일 클럭(mail clerk), 키 클럭(key clerk), 나이트 오디터(night auditor) 등으로 부른다.

호텔의 규모에 따라 프런트 데스크의 크기와 근무하는 종사원의 수도 달라질 수 있지만 프런트 데스크는 종사원들이 업무를 수행하는데 지장이 없도록 설계되어야 한다. 그리고 프런트 데스크의 배치는 고객의 입장에서 접근이 용이해야 하고, 운영 측면에서는 호텔을 출입하는 모든 고객을 한 눈에 파악할 수 있는 곳에 배치하는 것이 바람직하다.

(2) 프런트 데스크의 기능

프런트 데스크는 고객을 맞이하는 최초의 장소이자 최후로 고객을 영송하는 장소이기 때문에 호텔의 얼굴역할을 담당하는 곳이라 할 수 있다.

고객이 프런트 데스크에서 처음 받은 좋은 인상은 체재하는 기간 동안 안정감과 만족감을 가질 수가 있지만, 처음 받은 나쁜 인상은 회복할 수 없는 불쾌감으로 호텔 전반에 대해 불신과 불만을 일으킬 수 있다. 따라서 프런트 데스크 종사원들의 예절 바르고 신속 · 정확한 업무수행은 잠재적 고객의 창출에 크게 기여하게 된다.

완전자동화 시스템의 프런트 데스크의 구조(그림 4-2), 프런트 오피스의 일반적인 배치도(그림 4-3), 프런트 데스크의 개괄적인 기능(그림 4-4)을 살펴보면 다음과 같다.

[그림 4-2] **완전자동화 시스템의 프런트 데스크 구조**

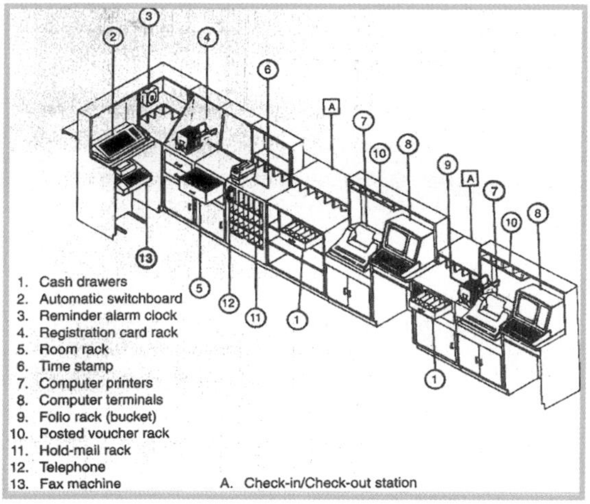

자료 : Micheal L. Kasavana 외, 전게서, p.112.

[그림 4-3] **프런트 오피스의 일반적인 배치도**

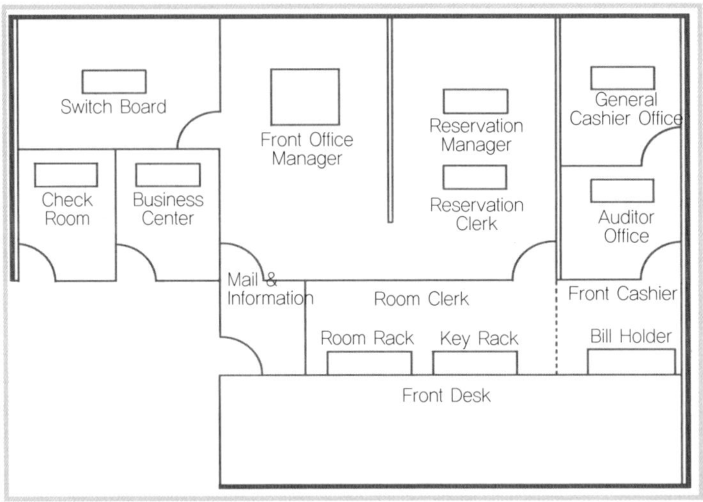

자료 : 주종대, 전게서, p.52.

[그림 4-4] **프런트 데스크의 기능**

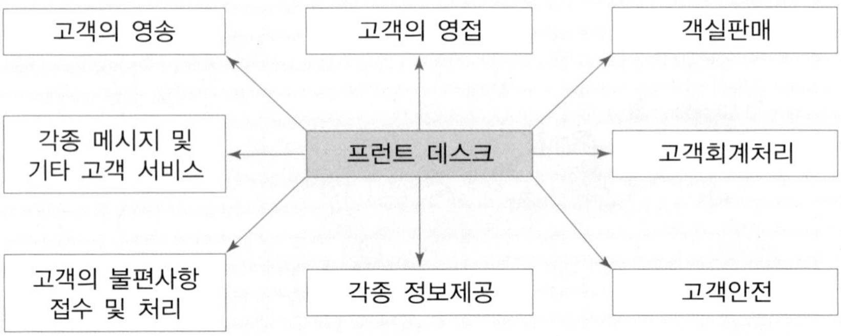

3. 프런트 서비스의 조직과 기능

(1) 프런트 서비스의 조직

프런트 서비스 고객이 호텔에 들어왔을 때 맨 처음 고객을 영접하는 업무를 수행하며 고객이 호텔을 떠날 때 제일 나중에 배웅하게 되기 때문에 다른 부서의 직원들보다 고객과의 직접적인 접촉의 기회가 많은 곳이기도 하다. 프런트 서비스는 프런트 접객서비스라고도 하며 일명 유니폼 서비스(uniformed service)라고도 한다.

프런트 서비스의 총괄책임은 프런트 오피스 매니저(front office manager)에게 있기 때문에 프런트 서비스 책임자는 프런트 오피스 매니저의 지시를 받게 된다. 프런트 서비스 부문의 업무를 효율적으로 수행하기 위한 조직도표는 다음과 같다.

[그림 4-5] **프런트 서비스 부문의 조직도표**

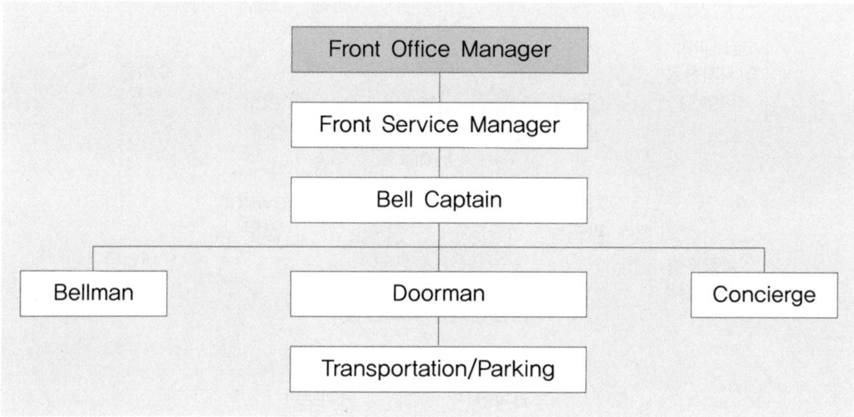

(2) 프런트 서비스의 업무기능

앞에서 언급하였듯이 프런트 서비스는 업무의 특성상 고객과의 직접적인 접촉을 통해서 이루어지기 때문에 대부분의 업무는 고객이 직접 보는 앞에서 수행된다.

프런트 서비스의 주된 업무는 로비관리, 체크인 · 체크아웃 업무 시 고객의 수화물 운반(baggage handling), 보관업무(clerk room service), 엘리베이터 서비스(elevator service), 페이징 서비스(paging service), 차량안내 및 주차대행 서비스(transportation and parking service) 등을 들 수 있다. 그 외에 프런트 서비스에서 제공되는 다양한 업무내용을 기술하면 아래 그림과 같다.

[그림 4-6] **프런트 서비스의 업무기능**

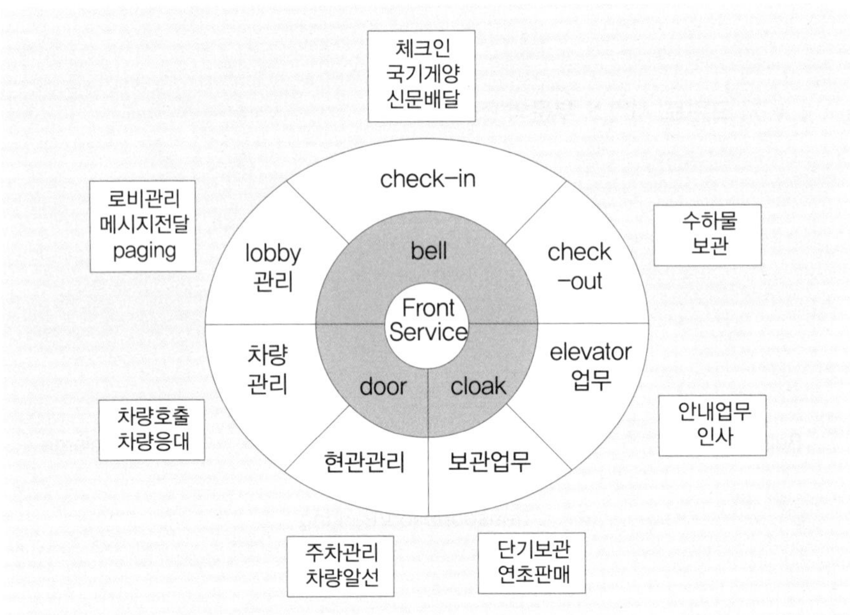

제2절 프런트 오피스의 운영

1. 고객 사이클(guest cycle)과 상호작용

고객 사이클이란 호텔과 고객 사이의 외형적인 접촉과 재무적인 거래 과정을 체계적으로 나타낸 것을 의미한다. 고객 사이클은 고객이 호텔을 이용하기 위해 호텔과 처음으로 접촉하는 순간에서부터 회계계정이 마감되는 퇴숙까지로 정의할 수 있으며 이러한 사이클은 호텔경영활동을 효율적으로 통제하고 고객과의 거래를 조정하는데 매우 효과적인 수단이 되고 있다.

[그림 4-7] **전통적인 고객 사이클과 프런트 오피스 기능**

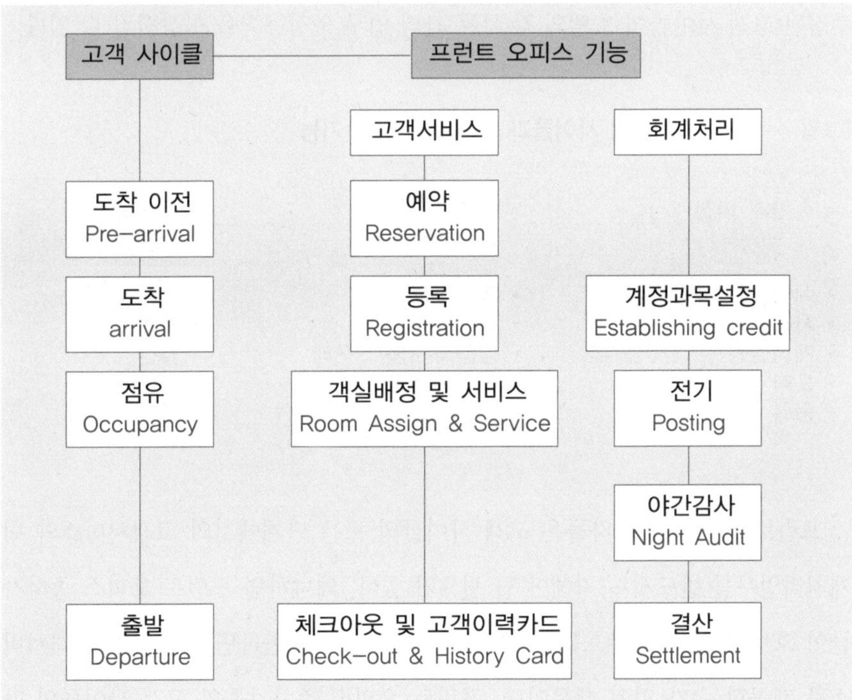

자료 : Michael L, Kasavana 외, 전게서, p.94.

일반적으로 프런트 오피스 업무의 흐름은 도착 이전(pre-arrival), 도착(arrival), 점유(occupancy) 그리고 출발(departure)과 같은 4단계의 고객 사이클로 이루어진다. 사이클의 각 단계와 프런트 오피스 업무와의 관계를 요약하면 위의 그림과 같다.

위의 그림에서 보는 바와 같이 고객 사이클의 각 단계에서 프런트 오피스의 고객서비스 및 회계처리와 관련된 중요한 업무들이 구분되어 설명되어짐을 알 수 있다. 그러나 이러한 고객 사이클의 형태는 단계별 활동과 기능이 서로 중복될 수도 있기 때문에 불변의 기준은 아니다. 어떤 호텔기업에서는 위와 같은 전통적인 형태의 고객 사이클을 수정하여 판매 이전(pre-sale), 판매시점(point of sale), 판매 후(post-sale) 단계와 같이 3단계로 구분하여 적용하고 있다. 특히 전산화가 완벽하게 이루어진 호텔기업에서는 전통적인 고객 사이클보다 오히려 수정된 고객 사이클이 호텔의 각 부문 간의 업무 조정능력을 향상시킬 수 있다.

[그림 4-8] **수정된 고객 사이클과 프런트 오피스 기능**

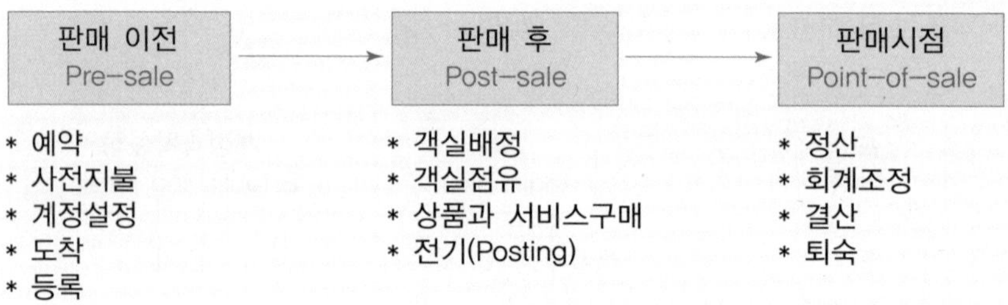

프런트 오피스 종사자들은 고객 사이클의 모든 단계에서의 고객서비스와 회계처리업무를 반드시 숙지해야 할 필요가 있다. 왜냐하면 프런트 오피스 종사자들이 호텔 전체의 업무흐름을 분명하게 파악하지 못한다면 능률적인 고객서비스를 제공할 수가 없기 때문이다. 프런트 오피스 종사자들의 고객 사이클의 단계별 업무내용을 요약하면 다음과 같다.

[그림 4-9] **고객 사이클의 단계별 상호업무내용**

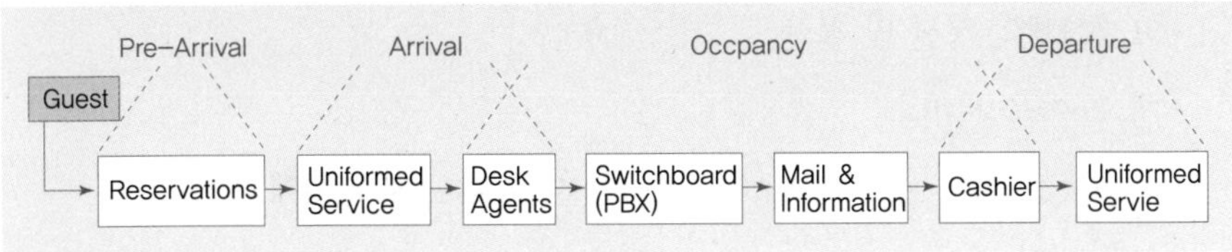

자료 : Michael L, Kasavana 외, 전게서, p.95.

(1) 도착 이전단계(pre-arrival stage)

- 고객이 호텔선택(과거 투숙경험, 광고, 여행사 추천, 호텔의 명성, 체인, 예약의 용이성, 예약담당자의 상품지식 등)
- 예약이 고객의 요구대로 수용된 경우 예약카드 작성
- 객실배정, 요금결정 및 사전등록(pre-registration)
- guest folio 생성

(2) 도착단계(arrival stage)

- 등록카드 작성(지불방법, 체재기간, 특별요구사항, 주소, 전화번호, 서명 등)
- 체크-인 서비스

(3) 점유단계(occupancy stage)

- 고객 서비스의 조정
- 고객만족을 극대화시키기 위한 각종 정보제공(concierge 또는 guest relation office 서비스)
- 고객관계(guest relation)유지
- 고객의 불평(complaints)사항 접수 및 처리
- 고객 안전 대책(키 관리, 귀중품 보관, 응급상황 등)
- 거래의 발생에 대한 회계처리 및 감사실행

(4) 출발단계(departure stage)

- 고객회계의 정산 및 결산
- 체크-아웃 서비스
- 가용객실상황(room availability status)을 housekeeping에 통보
- 고객 이력 파일(guest history file)작성
- 일일 객실 영업보고서 출력

2. 프런트 오피스 시스템과 설비

(1) 프런트 오피스 시스템(front office system)

프런트 오피스 시스템에서의 각종 기록의 생성 및 유지를 위한 시설들은 수작업(manual system)과 반자동화 시스템(semi-automated system)을 거쳐 컴퓨터를 이용한 완전자동화 시스템(computer-based fully automated system)으로 발전하였다. 프런트 오피스 업무수행을 위한 컴퓨터 시스템은 1970년대 초에 처음으로 소개되었으나 시스템 구축에 따른 높은 비용과 운영상의 문제점 등으로 그다지 활성화되지 못했다.

그러나 1980년대에 접어들면서 가격이 저렴하고 이용하기에 편리한 이용자위주의 각종 소프트웨어와 개인용 컴퓨터가 개발됨으로써 보편화되기 시작하였으며 오늘날은 호텔의 규모에 관계없이 최대한의 비용효과(cost-effectiveness)를 누릴 수 있게 되었다. 반자동화 시스템과 컴퓨터를 이용한 완전자동화 시스템 상에서 전통적인 고객 사이클의 단계별 업무처리 절차를 요약하면 다음과 같다.

[그림 4-10] **전통적인 고객 사이클의 단계별 업무처리 절차**

시스템 / 고객사이클	반자동화시스템 Semi-Automated	완전자동화시스템 Full Automated
도착 이전단계 Pre-arrival Stage	• 예약접수 → 사전등록(등록카드, 고객 폴리오, 인포메이션 슬립 작성) → 객실배정(Room Rack 참고) → 예약상황판 작성	• In-home computer System의 예약소프트웨어는 Central reservation Network에 직접 접속하여 자동적으로 이용가능 객실과 해당 객실요금표시 • 자동적인 사전등록(예약확인 및 선수금 요구) • 전자 폴리오 설정 • 도착예정 고객명단 및 각종 보고서 출력 • 예약 고객정보를 프런트 데스크로 자동전송
도착단계 arrival Stage	• 등록확인 및 서명	• 온라인 신용카드 승인 획득 • 고객정보 자동저장 (Room Rack 작성 불필요)
점유단계 Occupancy Stage	• 고객 Voucher의 정리 • 감사실행	• 고객의 모든 거래 상황은 판매시점(point-of-sale)에서 프런트 오피스컴퓨터로 자동전송과 동시에 전자고객 폴리오에 전기(Posting) • 자동감사
출발단계 Departure Stage	• 고객 회계의 정산 및 결산 • Check-out • 고객이력 파일 생성	• 고객회계 자동정산과 동시에 고객이력 파일 생성

자료 : 논자 구성

(2) 프런트 오피스 설비(front office equipment)

1) 프런트 데스크(front desk)

고객의 등록, 서비스 및 정보제공, 불평불만의 접수 및 처리, 회계, 그리고 체크-아웃과 같은 모든 프런트 오피스 업무를 수행하는 곳으로서 호텔로비의 눈에 잘 띄는 곳에 위치하는 것이 일반적이다. 프런트 데스크의 디자인과 배치에 있어서 가장 중요한 문제는 능률성과 접근성을 들 수 있다.

프런트 데스크의 디자인은 프런트 데스크 종사원들의 업무수행에 필요한 각종 시설이나 사무용품을 쉽게 이용할 수 있도록 설계되어야 하며 수행하는 업무의 기능에 따라 각종 비품이나 설비들이 배치되어야 한다.

2) **룸 랙**(room rack)

일명 객실판매 상황판이라고도 하며 층별로 객실번호가 순서대로 부여되어 있으며 객실 번호마다 룸 랙 슬립(room rack slip)과 스톡카드(stock card)를 삽입할 수 있도록 제작되어 있다. 룸 랙에는 하우스키핑과 연결된 룸 인디케이터(room indicator)가 설비되어 있어 램프에 표시되는 빨간, 파랑, 노랑, 깜빡거림에 의해 고객이 투숙 중인 객실, 정비 중인 객실, 판매 가능한 객실 등을 파악할 수 있다.

그러므로 룸 랙은 수작업 시스템이나 반자동화 시스템을 갖추고 있는 호텔의 프런트 데스크 설비 중에서는 가장 중요한 설비 중의 하나이다. 그러나 완전자동화 시스템을 갖추고 있는 호텔에서는 룸 랙 슬립에 포함되는 정보가 컴퓨터 시스템에 내장되어 프런트 데스크의 터미널을 통해 필요할 때마다 화면에 나타내어 주기 때문에 룸 랙은 사실상 필요가 없다.

[그림 4-11] **룸 랙과 키 랙의 예**

자료 : 경주코오롱 호텔

3) 컴퓨터 모니터와 스크린(computerized system)

컴퓨터 모니터와 스크린은 전산화된 프런트 데스크에서는 꼭 필요한 장비이며 호텔이 보유하고 있는 컴퓨터시스템의 인터페이스(interface)에 의해 고객의 예약상황, 객실배정, 영업장 이용 현황, 고객계정(folio), 메시지, 고객이력 파일 등 모든 자료를 이 모니터를 통해 알 수 있게 된다.

4) 우편, 메시지, 키 랙

객실의 열쇠를 객실번호 순서대로 보관하기 위해 만들어진 설비로서 우편물이나 메시지를 동시에 보관할 수 있다. 객실과 연결된 메시지 램프는 키 랙과 연결되어 있어서 메시지나 우편물이 발생하면 해당 객실번호의 키 랙에 보관하고 메시지 램프를 작동시켜 객실에 체재 중인 고객에게 알려주게 되는데 우편물이나 메시지를 고객에게 전달할 때는 반드시 고객의 확인을 받아두는 것이 대단히 중요하다.

그리고 또한 키 랙을 통해서 전체의 객실상황을 파악할 수 있다. 예를 들어 키 랙에 객실 키가 있는 경우는 객실이 판매되지 않았거나 판매되었더라도 고객이 키를 맡겨놓고 외출 중인 경우이며, 키 랙에 키가 없는 경우 고객이 체재 중이거나 아니면 호텔 내에 머물고 있다는 의미가 된다.

5) 레저베이션 랙(reservation rack)

수작업 시스템이나 반자동화 시스템을 갖춘 호텔의 프런트 오피스에서는 advance reservation rack과 current reservation rack 두 종류를 동시에 사용하게 된다.

advance reservation rack은 도착예정 일자별로 작성된 예약 슬립(reservation slip)이나 도착예정인 개별고객이나 단체고객의 명단이 알파벳순으로 정리된 레저베이션 랙을 말하며 current reservation rack은 당일 도착예정인 고객의 레저베이션 랙을 말한다. 예약담당자는 매일 아침 advance reservation rack에서 당일 도착예정 고객명단을 작성하여 프런트 데스크로 넘겨주면 프런트 데스크에서는 고객이 호텔에 도착하여 등록할 때 예약내용을 다시 확인하게 된다.

그러나 완전자동화 시스템을 갖추고 있는 호텔에서는 이러한 내용들을 컴퓨터의 예약 소프트웨어가 자동적으로 처리해주기 때문에 레저베이션 랙은 사실상 필요가 없으며 예약 상황은 필요에 따라 언제든지 컴퓨터 화면상에서 조회가 가능하다.

[그림 4-12] **예약상황판**

6) 인포메이션 랙(information rack)

인포메이션 랙은 투숙고객의 이름을 알파벳순으로 나열하거나 지정된 객실번호를 순서대로 정리해 둠으로써 투숙고객에게 찾아오는 방문자에게 신속한 서비스를 제공해 줄 수 있을 뿐만 아니라 투숙고객에게 외부로부터 걸려오는 전화나 우편, 메시지를 신속하게 처리하는데 도움을 주기 위한 것이다.

이러한 인포메이션 랙은 여러 개의 홈을 가지고 있으므로 해당 고객의 정보를 슬립에 기록하여 꽂아 두게 된다.

그러나 완전한 컴퓨터시스템으로 운영되는 프런트 오피스에서는 투숙 고객의 이름과 객실번호를 컴퓨터 화면으로 쉽게 조회할 수 있기 때문에 이러한 인포메이션 랙은 필요가 없다.

[그림 4-13] **회전식 인포메이션 랙**

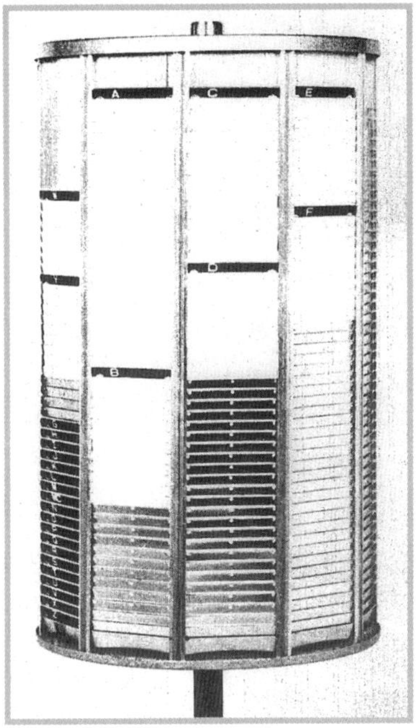

자료 : Charles E. Steadmon 외, Front Office, 2nd, ed., 1998, p.63.

7) 통신설비

능률적이고 효과적인 통신 시스템을 보장하기 위해서는 호텔은 적절한 설비를 갖추고 고객에게 다양한 전화서비스를 제공할 수 있어야 한다. 호텔에 체재하는 동안 고객이 이용하는 대표적인 전화는 시내전화(local call)와 장거리 자동전화(direct-dial long-distance call)를 들 수 있지만 요금처리 방식에 있어서는 매우 다양하다.

그렇기 때문에 고객에게 다양하고 능률적인 전화서비스를 제공하기 위해서는 적절하게 혼합된 전화회선의 설정이 필요하다.

전화회선의 수와 형태는 호텔이 제공하는 고객서비스의 수준에 따라 결정해야 하지만 일반적으로 많은 호텔들이 채택하고 있는 통신설비는 Private Branch Exchange(PBX) system과 Call Accounting System(CAS)을 들 수 있다.

PBX System : outbound call(호텔→외부)은 호텔의 교환(operator)을 거치지 않고도 가능하지만 inbound call(외부→호텔)은 호텔의 교환이 각 업장이나 사무실의 해당번호에 연결시켜주는 system을 말한다. 이 system은 제한된 회선으로서 많은 내선(extension)을 가질 수 있다는 장점이 있다.

CAS : 이 system은 호텔의 교환이나 프런트 데스크 종사원의 도움을 전혀 받지 않고 고객이 직접 유료전화를 할 수 있는 시스템이며 일명 전자교환시스템이라 한다. Call Accounting System은 일련의 소프트웨어 프로그램으로서 호텔의 컴퓨터 시스템에 직접 접속하게 되면 요금은 자동적으로 고객의 폴리오에 전기(posting)된다. PBX system보다 전화요금이 저렴한 장점을 가지고 있다.

그러나 오늘날 휴대폰과 같은 개인 통신시설의 발달로 고객을 위한 전화서비스의 이용 빈도가 현저히 줄어들었을 뿐만 아니라, 이에 따른 부수적인 전화 수입도 감소한 실정이다.

8) 현금 서랍(cash drawer)

프런트 데스크에 근무하는 clerk이나 cashier에게 지급된 운영자금(house fund)을 안전금고로부터 가져와서 필요한 거스름돈을 준비하여 일일영업을 이행하고 근무를 마감할 때까지 운영하기 위해 금고형의 서랍인 cash drawer를 이용한다.

9) 고객원장 프린터(folio printer)

프런트 데스크에 설치된 컴퓨터의 출력장비로서, 고객이 check-in할 때 지불하는 선불(advanced payment), 중간 계산, 환전영수증(exchange receipt) 등은 물론 check-out 시 필요로 하는 영수증을 출력하게 되거나, 각종 현황보고서 및 영업보고서를 출력할 때 사용한다.

10) 객실열쇠발급기(key issuing machine)

고객이 호텔에 투숙하고 입숙등록을 마치게 되면, 프런트 데스크에서는 해당 객실의 열쇠를 발급하게 되며 CRT(card-key registration terminal)라고도 하는

데, 이때 체크인 화면에서 객실번호, 고객성명, 투숙기간 등의 조건이 주어진 상태에서 카드키 또는 빈 열쇠를 발급기에 넣고 입력키를 두드리면 마그네틱에 자료가 입력되고 열쇠가 발급된다.

11) 지폐 계수기(bill counter)

많은 현금을 빠르고 정확하게 헤아리는 기계로서, 고객서비스와 업무효율을 위해 호텔의 프런트 데스크에 설치하기도 한다.

12) 귀중품 보관함(safety deposit box)

고객의 편의를 위하여 고객의 귀중품을 보관하고 인출할 수 있도록 프런트 데스크에 비치된 안전금고이다. 이중잠금장치로 되어 있으며 고객용과 호텔용이 함께 작동하여 귀중품 보관함을 열 수 있도록 설계되어 있다.

3. 자산관리시스템

오늘날 현대호텔의 프런트 오피스 운영에 있어서 컴퓨터 시스템의 활용은 필수적이다. 새로 건립되는 호텔의 경우 컴퓨터 시스템은 모든 설비의 표준이 되고 있으며 기존의 호텔에서는 보다 신속한 고객서비스를 위해 기존의 컴퓨터 시스템들을 하나의 통합체로 운영하고 있다.

하나의 통합체로 운영되는 컴퓨터 시스템은 일상적인 예약업무의 처리뿐만 아니라 고객등록, 고객회계, 체크-아웃, 회계감사업무에 이르기까지 광범위하게 응용되고 있다. 호텔 프런트 오피스의 운영에 있어 모든 호텔들이 보편적으로 채택하고 있는 컴퓨터 응용프로그램이 바로 자산관리시스템(PMS : property management system)이다.

이러한 자산관리시스템은 고객에게 서비스를 제공하기 위해 필요로 하는 기능을 중심으로 설계되어 있으며 이 시스템의 중요 메뉴를 살펴보면 다음과 같다.

[그림 4-14] **자산관리시스템의 중요메뉴**

1. 예약(Reservation)	10. 백오피스(Back Office)
2. 수율관리(Yield Management)	11. 하우스키핑(Housekeeping)
3. 등록(Registration)	12. 식음료(Food and Beverage)
4. 객실현황(Room Status)	13. 유지관리(Maintenance)
5. 전기(Posting)	14. 안전관리(Security)
6. 전화(Call Accounting)	15. 마케팅(Marketing/Sale)
7. 체크아웃(Check-out)	16. 인사(Personnel)
8. 감사(Night Audit)	17. 전자우편(Electronic Mail)
9. 조회 및 보고서(Inquires/Reports)	18. 근무시간(Time Clock)

프런트 오피스의 모든 컴퓨터 시스템들은 동일하게 운영되고 있지는 않지만 가장 보편적으로 운영되고 있는 자산관리시스템은 프런트 오피스의 운영에 컴퓨터를 어떻게 응용하고 있는가를 잘 나타내 준다.

이러한 자산관리시스템은 프런트 데스크와 백오피스(back office)에서 일어나고 있는 다양한 항목들을 지원해 줄 수 있는 컴퓨터 소프트웨어 패키지들로 구성되어 있다.

프런트 오피스 소프트웨어 패키지들은 프런트 오피스 종사원들의 예약을 비롯한 객실판매와 회계업무와 백오피스의 일반관리업무를 원활하게 수행할 수 있도록 설계되었다. 프런트 오피스의 운영에 있어서 컴퓨터의 응용을 요약하면 다음 그림과 같다.

[그림 4-15] **프런트 오피스의 운영에 있어서 컴퓨터의 응용**

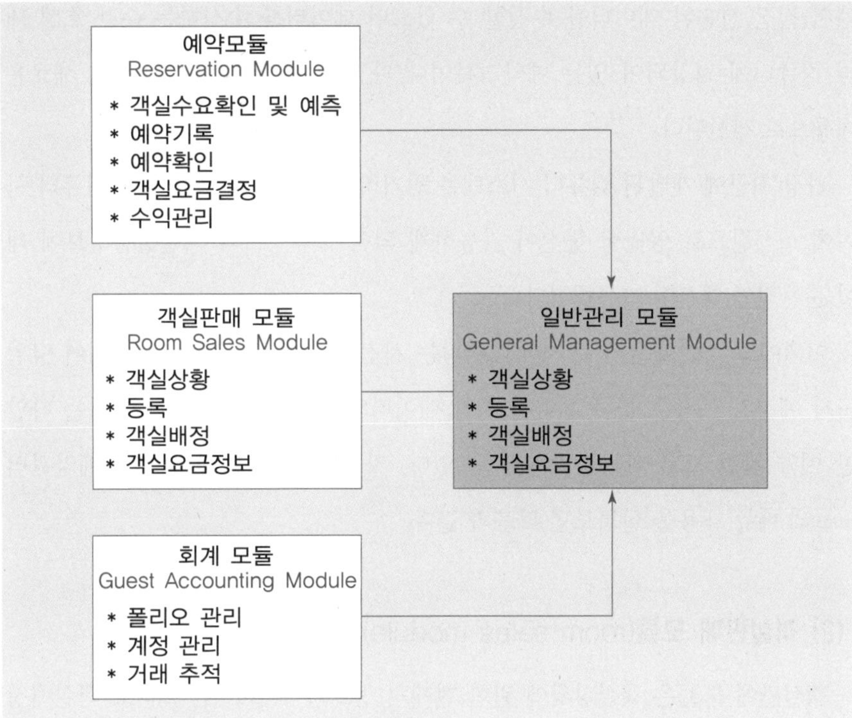

자료 : Michael L, Kasavana 외, 전게서, p. 123.

(1) 예약관리 모듈(reservation module)

컴퓨터를 이용한 예약 패키지(reservation package)는 호텔로 하여금 고객의 객실 요구를 신속하게 처리해 줄 수 있을 뿐만 아니라 정확한 객실상황이나 객실수입 그리고 객실 수요예측 보고서를 적시에 출력시켜준다.

오늘날 대부분의 체인 호텔들은 효율적인 예약업무 수행을 위해 컴퓨터를 이용한 광역배송시스템(global distribution system)과 중앙예약시스템(central reservation system)을 채택하고 있다.

인터넷 운용을 포함하는 광역배송시스템은 미래의 예약정보를 신속하게 획득하고 처리하며 중앙예약시스템은 예약 데이터의 저장, 예약된 객실의 추적, 객실형태나 요금에 의한 예약통제 그리고 접수된 예약의 수를 조정하게 된다.

프런트 오피스 컴퓨터 시스템을 이용하고 있는 호텔은 원거리 예약 네트워크에서 직접 전송된 데이터를 수신할 수 있으며 데이터를 수신하는 순간 호텔 내의 컴퓨터에 저장되어 있는 예약기록이나 파일, 수익예측 내용은 즉시 새로운 내용으로 갱신된다.

가장 최근에 개발된 컴퓨터 시스템은 원거리 예약 네트워크와 호텔 컴퓨터 사이에 실시간으로 양방향 통신이 가능하게 되어 고객정보와 객실상품정보에 대한 순간적인 갱신이 가능해졌다.

이외에도 사전에 접수된 예약데이터는 사전등록 자료로 자동 전환되어 당일 도착 예정자 목록은 물론 요약된 예약 데이터와 고객체재정보를 포함하는 다양한 예약 관련 보고서를 출력시킬 수 있다. 자산관리시스템의 상세한 예약관리 모듈의 메뉴 내용을 살펴보면 다음과 같다.

(2) 객실판매 모듈(room sales module)

객실판매 모듈은 객실상황에 관한 현재의 정보와 객실요금, 그리고 객실배정에 관한 정보를 제공하여 프런트 오피스 종사원이 고객서비스를 조정하는데 도움을 준다. 또한 이 모듈은 예약이 진행되고 있는 과정에서도 이용가능 객실을 신속하게 파악할 수 있도록 해주기 때문에 단기예약확인이나 객실수입예측을 가능하게 하는 장점을 가지고 있다.

이렇게 컴퓨터화된 시스템에서는 프런트 오피스 담당자가 컴퓨터 시스템 터미널에 고객의 이름만 입력하게 되면 현재의 모든 객실상황이 컴퓨터 터미널의 스크린에 나타나게 된다. 한편 객실정비가 완료되어 판매할 준비가 되었을 때는 하우스키핑 담당자는 하우스키핑에 설치되어 있는 터미널이나 전화 또는 텔레비전 인터페이스(interface)를 통해 객실상황을 통신할 수가 있다.

컴퓨터 시스템으로 운영되는 호텔에서는 객실상황의 변화에 대한 프런트 데스크와 즉시 통신할 수 있으며, 이외에도 프런트 데스크 담당자는 고객의 특별 요구사항들을 컴퓨터에 입력함으로써 고객이 사용하고 있는 객실에 대한 고객 만족도를 확인할 수도 있다.

[그림 4-16] **예약관리 모듈**

1. 고객 데이터(Guest Data)	7. 출발(Departures)
2. 객실현황(Room Inventory)	8. 중요고객(VIP)
3. 예약금(Deposits)	9. 예상점유(Projected Occupancy)
4. 특별요구사항(Special Requests)	10. 여행사(Travel Agents)
5. 블로킹(Blocking)	11. 고객 메시지(Guest Message)
6. 도착(Arrivals)	12. 보고서(Reports)

더욱이 최근에 개발된 객실판매관련 모듈에서는 유지관리나 고객의 특별요구사항을 신속하게 처리해 줄 수 있는 내용들을 포함하고 있다. 예를 들면 냉방장치에 문제가 있는 객실이나 엑스트라 타월을 필요로 하는 객실이 있을 경우 이러한 내용을 컴퓨터에 입력시키게 되면 유지관리부서의 기술자나 하우스키퍼는 즉각적으로 고객의 요구사항을 해결해 줄 수가 있다.

객실판매 모듈의 보다 상세한 메뉴 내용은 다음과 같다.

[그림 4-17] **객실판매 모듈**

1. 예약(Reservation)
2. 고객데이터/등록(Guest Data/Registration)
3. 객실현황(Room Inventory)
4. 객실현황(Room Status)
5. 이용가능객실(Room Availability)
6. 안전(Security)
7. 보고서(Reports)

(3) 고객 회계처리 모듈(guest accounting module)

고객 회계처리 소프트웨어는 고객의 회계처리 업무에 대한 통제력을 한층 더 강화시켰으며 전통적인 회계감사 업무를 크게 개선시켜 주었다. 고객회계는 전자회로를 통해 처리되므로 수작업이나 반자동화 시스템의 회계처리에서 필요로 하는 고객 폴리오, 폴리오 트레이, 금전등록기와 같은 장비들은 더 이상 필요가 없게 되었다.

고객 회계처리 모듈은 미리 설정된 고객신용 한도액을 조정하고 다중 폴리오 포맷(multiple folio format)을 통해 회계처리의 융통성을 제공한다. 체크-아웃 시점에서는 이미 승인된 미결계정잔액은 지속적인 청구와 회수를 위해 외상매출금 계정에 자동적으로 이체된다.

그리고 호텔 영업부문의 모든 업장들은 프런트 오피스 컴퓨터 시스템과 연결되어 고객의 거래내용이 원거리 전자 현금등록기를 통해 프런트 오피스에 전달되며, 거래내용은 전자고객 폴리오에 자동적으로 전기(posting)된다. 이러한 자동전기는 고객이 출발한 후에 고객의 계정에 전기되는 누락된 거래의 수를 최대한 줄일 수 있다. 위의 내용에서 보는 바와 같이 컴퓨터를 이용한 회계 관리능력은 자산관리시스템의 가장 큰 장점 중의 하나이다.

자산관리시스템의 상세한 회계처리 모듈의 메뉴는 다음과 같다.

[그림 4-18] **고객 회계처리 모듈**

1 .판매시점(Point-of-Sale)	6. 지불완료(Paid-out)
2. 객실(Room)	7. 기타수입(Miscellaneous Charges)
3. 세금(Tax)	8. 전화(Phone)
4. 이체(Transfer)	9. 폴리오 조회(Display Folio)
5. 조정(Adjustment)	10. 보고서(Reports)

(4) 일반관리 모듈(general management module)

일반관리 소프트웨어는 프런트 오피스 소프트웨어 패키지와 분리되어 독립적으로 운영될 수 없다. 일반관리 소프트웨어는 예약관리나 객실판매 그리고 회계관리프로그램을 통해 수집되는 데이터를 기초로 하여 필요로 하는 각종 보고서를 생성시키는 패키지를 말한다. 즉 다시 말하면 일반관리 소프트웨어는 예약과 객실판매 소프트웨어에 기록된 자료를 기초로 하여 도착예정 고객과 판매가능 객실에 대한 보고서를 생성시킬 수가 있다.

일반관리 모듈은 이러한 보고서의 생성 이외에도 프런트 오피스와 백오피스 컴퓨터시스템 사이의 접속이 정상적으로 이루어져 작동될 수 있도록 일련의 연결고리 역할을 수행하기도 한다. 일반관리 모듈의 메뉴를 상세하게 살펴보면 다음과 같다.

[그림 4-19] **일반관리 모듈**

1. 외상 매입금(Account Payable)
2. 외상 매출금(Account Receivable)
3. 급여(Payroll)
4. 예산(Budgets)
5. 총계정원장(General Ledger)
6. 보고서(Reports)

제3절 프런트 오피스 구성원의 업무

1. 프런트 오피스 매니저(front office manager)

- 영업수입 예상(revenue forecasting)
- 프런트 종업원 채용, 승진 등의 인사 관련 업무 결정
- 예약 업무의 총괄 조정
- 컨벤션 개최에 따른 객실부문 총괄지휘
- 타 부서와의 업무협조 및 관계유지
- 간부회의 참석
- VIP고객 서비스(영접, 객실점검 및 제반 업무 확인)

- 고정고객의 영접 및 환송
- 캐셔 데스크의 시재금 관리
- 사내 공문(memorandum)의 작성 및 처리
- 비용 절감노력(인건비, 제 경비, 기타 경비 등)
- 고객 불평처리
- 프런트 오피스 종업원의 업무지도 교육
- 종업원의 근무 스케줄 감독(특히 휴일, 공휴일)
- 일일 보고서 검토
- 객실 마스터 키(master key)통제
- 판매촉진 활동 참여
- 각종 회의 참석
- 부서 내 회의 주재 및 지시사항 전달
- 각종 업무 감독(프런트, 예약, 벨 데스크, 교환, EFL 등)
- 업무의 능률 극대화를 위해 양식 및 절차에 대한 연구

2. 객실지배인(assist front office manager)

- 객실과 종업원 업무 점검
- 근무 태도 및 복장 관계 점검
- 근무 스케줄 점검
- 예약 업무 조정
- 객실 배정 및 점검
- 프런트 데스크의 업무 협조
- 카지노 고객 및 단체 예약 조정
- 객실 판매촉진 협력

- 일일 보고서 검토
- 청소 및 정돈 상태 점검
- 각종 업무 지시 및 협조
- 고객의 불평 접수 및 처리
- 고객의 영접 및 환송
- 단체고객의 체크인 및 체크아웃 업무 통제

3. 게스트 릴레이션 오피서(guest relation officer)

- 호텔 내외의 모든 상황들에 관한 충분한 정보의 파악
- 호텔 내 업장, 서비스, 경영방침의 숙지
- 최신 안내 책자나 잡지들의 확인 및 점검
- 메시지, 우편물, 팩스 등의 전달 확인
- 고객의 영접 및 환송
- 고정고객이나 귀빈의 안내

4. 치프 프런트 클럭(chief front clerk)

- VIP처리 업무
- 1차 고객 불평 처리
- 당일예약 통제
- 객실 통제
- 단체 업무
- 고객 이력관리
- 사내문서 관리
- 메일, 텔렉스 및 팩스문서의 관리
- 객실 키 관리

- 클럭의 부재 시 업무 대행
- 각종 보고서 관리
- 전산 업무 관리
- 근무 계획서 작성

5. 프런트 데스크 클럭(front desk clerk)

- 객실 배정(room assignment)
- 객실 블록(room blocking)
- 등록 업무(registration)
- 객실 변경(room change)
- miscellaneous 처리
- 객실 키 점검
- 객실 정비 상태 확인
- 텔렉스, 우편 및 팩스의 처리 업무
- 분실물 및 습득물의 처리 업무
- 뉴 어라이벌(new arrival)의 확인
- 노쇼 및 취소의 확인
- 일일 객실 영업보고서 작성
- 귀빈 목록 작성
- 하우스 지불(house pay) 및 하우스 유스(house use) 작성
- 단체고객 목록(group in house) 작성

호텔리어의 눈으로 바라본 호텔 이야기 4

호텔이 에어비앤비보다 좋은 10가지 이유

에어비앤비 Airbnb
기성 숙박시설들이 제공하지 못했던 새로운 무언가로 무장한 신개념 스테이,
호텔의 밥그릇에 주걱만 한 숟가락을 난데없이 걸친 어마무시한 경쟁자...
동의하시나요?

엄청난 덩치의 호텔 산업 전체와 자웅을 겨루고 있는 에어비앤비... 태어난 지 갓 7년 된 '영(young)' 한 서비스임을 감안하면 그 위상은 정말 엄청난 겁니다.

호텔리어들에겐 두려움과 질시의 대상, 여행자들에겐 신선한 매력으로 어필해 왔죠. 그렇지만 호텔과 여행자에게 던진 그 날카로운 충격만큼이나 말도 많고 탈도 많았어요. 지금도 치열하게 진행 중입니다.

호텔이 에어비앤비보다 좋은 이유...

달리 볼 부분들도 많지만 오늘은 '호텔이 좋은 이유'에만 충실할 작정입니다. 늙은 몽돌은 호텔리어의 한 사람으로써 당연히 편파적이니 잘 가려 읽으시고요,ㅋ

사실 저도 알아요. 에어비앤비가 선사하는 그 매력들....

저렴한 가격에, 미지에서 느끼는 새로운 경험, 호스트와의 긴밀한 소통이 언뜻 언뜻 파생하는 인간적 교감과 여운 그리고 여행지 군상들의 진솔한 삶을 여과 없이 느낄 수 있는 환경... 하지만 에어비앤비의 그 진한 매력에도 불구하고 호텔리어들은 할 말이 많아요. 따지고 보면 앞에서 열거한 것들 외 나머지는 대부분 부정적인 것들입니다. 그 새로운 존재 자체가 핀스팟을 받고 있는 상태라 이면에 감춰진 모습들이 잘 노출되지 않았던 것 뿐이죠.

에어비앤비가 가진 부정적인 면들은 곧 호텔의 장점입니다. 에어비앤비가 흉내낼 수 없는 호텔의 장점, 한 외국 칼럼에서 열 가지나 꼽았군요. 저자인 그 외국인 머시기는 저보다 훨씬 편파적인 듯 보이는데, 아마도 호텔에 직간접적으로 몸담고 있는 분일까요?

선뜻 동의하기 힘든 부분도 있어 보이는데, 너무 심각하게 보지 마시고 가볍게 읽어 주시기 바랍니다.

"여행을 망치지 않는 퀄러티"

미지의 길로 한 발짝만 나서면 수많은 경험들을 하게 되죠. 기대해 마지않았던 유쾌한 것들이 대부분이지만 더러는 예기치 않았던 당혹스런 것일 수도 있습니다.

이들은 종종 여행 자체를 망치기도 하는데, 하룻밤을 보내야 하는 숙소도 예외일 순 없죠. 호텔로 들어오면 일단 기본적인 서비스는 담보됩니다. 청소나 객실 사이즈, 서비스 퀄러티 등등... 그것이 뉴욕이거나 혹은 아프리카 오지이거나, 투숙자의 기대를 저버리는 그런 당혹함은 경험하지 않아요.

"미지로의 여행, 불안한 나..."

미지로의 여행, 하지만 불안한 나.... 익숙지 않은 곳으로의 여행은 언제나 '안전'의 희생을 요구하죠. 이 불안감은 어쩌면 흥미로운 경험을 가능케 하는 원천일 수도 있지만 종종 다시 생각하고 싶지 않은 기억들을 강요하기도 해요.

에어비앤비에서 겪게 되는 험악한 경험들은 이미 새삼스런 것이 아닙니다. 몰래 카메라에 대한 뉴스도 있었고요, 돼먹지 못한 호스트의 성희롱도... 에어비앤비가 안전을 보장하지는 않아요. 그래서 더 매력적인지도 모르지만 일단 호텔로 들어오는 순간 안전합니다.

"올인원 서비스"

다양한 어메니티를 갖춘 호텔은 올인원 서비스를 제공합니다. 등급이나 브랜드에 따라 제각각이지만 일반적으로 와이파이가 가능하고요, 수영장과 체련장, 번듯한 식당, 룸서비스, 세탁 서비스와 객실 내 화장실/욕실이 모두 갖춰져 있죠.

"믿고 의지할 수 있는 곳"

티비가 나오지 않나요? 모바일폰 충전기가 필요하신가요? 혹 객실 키를 분실하셨나요? 컨시어지나 프런트로 전화 한 통이면 해결됩니다. 전문가들이 24시간 대기하고 있으니까요.

"전문성"

어디서 식사하는 게 좋을지, 원하는 곳을 가기 위해 어떤 교통편을 이용해야 하는지... 궁금하시면 역시 컨시어지에 여쭈시기 바랍니다. 안성맞춤 전문가의 조언을 들을 수 있어요.

"로열티 맴버십"

등급에 따라 무료 식사가 제공되기도 하고요, 업그레이드가 가능하기도 하죠. 와이파이는 당연히 무료일 뿐더러, 다음 투숙을 위해 포인트까지 적립해 줍니다.

"번듯하고 편안한 식사"

생소한 곳에서 퀄러티 담보된 번듯한 식사를 하기란 쉽지 않아요. 호텔에서는 잘만 하면 무료로 끼워주는 조식부터 룸서비스, 그리고 파인다이닝(fine dining)까지 즐길 수 있죠. 에어비앤비 숙소에는 DIY 해야 합니다. 물론 저렴하긴 하겠지만...

"만남의 장"

바와 로비, 미팅룸, 그랜드볼룸...호텔엔 다른 세계에서 온 이들과 함께 섞이고 네트워킹할 수 있는 장소가 많습니다. 흠... 이건 10개를 맞추기 위해 인위적으로 끼워 넣은 냄새가 좀 나긴 하네요.ㅋ 시장 바닥에서 만나는 촌부들, 길거리에서 만나는 여행객들과의 조우 역시 흥미롭고 신선하지요...

"신뢰성"

종종 투숙이 임박한 시점에 확정된 예약이 호스트 임의로 취소되는 경우도 있다는군요. 여행자는 생소한 곳에 홀로 남겨져 아무런 도움도 받지 못한 채 잠잘 곳을 혼자 찾아 헤매야 합니다. 호텔에선 상상할 수도 없는 일이죠. 이런 경우가 종종 실수에 의해 생기더라도 대체 숙박 시설을 마련해줍니다(turn away).

"좋은 위치"

호텔은 일반적으로 경제와 문화생활의 대부분이 발생하는 도시 중심부에 입지해요. 반면 에어비앤비의 숙소들 중 74%는 외곽에 위치하고 있다는군요. 종종 대중교통이 미치지 않는 변두리에 있기도 하지만 도착해서야 비로소 알게 되는 황당한 경우도 있습니다. 따지고 보면, 위 10 가지는 단어 하나로 요약될 수 있을 듯 하군요. '안전 Safety'...

이는 사실 에어비앤비가 영원히 풀지 못할 수도 있는 숙제나 마찬가지죠. 에어비앤비는 호스트들과 여행객 사이의 중계 매체입니다. 호텔처럼 숙박 시설을 소유하거나 경영하는 형태가 아니므로 서비스는 호스트의 성향에 따라 제각각일 수밖에 없어요. 호텔에서 기대할 수 있는 스탠다드란 에어비앤비에 없습니다. 하지만 동전의 양면이기도 해요. 호텔의 천편일률적인 서비스 스탠다드에 싫증을 느낀 여행자들이 에어비앤비를 키운 것이나 마찬가지이니까...

'너의 불행은 곧 나의 행복',,, 위에 열거된 호텔의 장점은 에어비앤비의 단점입니다. 하지만 에어비앤비의 그 까칠한 매력은 호텔이 원해도 갖기 힘든 것들이죠. 전혀 상반된 면들을 가진 숙박 형태들입니다.

호텔의 매력과 에어비앤비의 매력은 뚜렷이 구분됩니다. 어떤 숙박 형태가 더 어울릴지는 여행자 스스로가 자신의 성향이나 여행 성격, 버짓 등을 고려해 맞게 선택하면 될 것이고요, 오늘의 포스트는 에어비앤비의 매력에 가려진 호텔의 매력을 환기시키는 정도로 봐 주시면 좋겠군요.

■이미지 : 에어비앤비

참고한 글
10 Reasons Why a Hotel Is Better Than Airbnb
by Jessica Montevago
February 16, 2016

자료 : 늙은 호텔리어 몽돌의 호텔이야기 2016. 02. 26일

연습문제

1. 프런트 오피스의 기능과 범위를 설명하시오.

2. 프런트 데스크(front desk)의 기능을 설명하시오.

3. 프런트 서비스(front service)의 업무기능을 설명하시오.

4. 프런트 오피스 종사자들의 고객 사이클 상의 4단계 업무내용을 설명하시오.

5. 컴퓨터를 이용한 완전자동화 시스템에서의 프런트 오피스 설비의 종류는?

6. 자산관리시스템(PMS)이란 무엇인가?

7. 자산관리시스템에서 객실판매 모듈의 주요 메뉴 내용은 무엇인가?

8. 프런트 오피스 매니저의 업무를 설명하시오.

9. GRO란 무엇인가?

10. serviced residence란 무엇인가?

11. 세계적인 호텔인 '포시즌'의 직원을 위한 12단계 교육이란?

제5장

객실예약업무

제1절 객실예약업무의 개요

1. 객실예약의 개념

객실상품은 타 상품과는 달리 예약을 거치지 않고는 거의 판매가 불가능하다. 일반상품의 경우 대부분이 직접 그 상품을 보고 구매하지만, 호텔상품 중 객실상품은 과거의 구매경험을 바탕으로 하거나 아니면 구전과 명성 및 인터넷상의 여러 자료를 통해 구매가 이루어진다. 특히 호텔의 좋은 평판과 신용, 편리한 시설 및 훌륭한 인적서비스 등은 예약에 의해 구매가 이루어지게 하는 중요한 요인이라 할 수 있다.

호텔의 객실예약은 주로 전화, 서신 등을 통하여 접수되기 때문에 제반사항을 정확하게 접수 · 기록 · 정리 · 보관하여 고객이 투숙하는 과정에서 불편한 상황이 발생하지 않도록 세심한 주의를 기울여야 하며, 특히 객실상품에 대한 풍부한 사전 지식은 물론, 경쟁력 있는 인적 서비스가 가미되어야 하며 호텔 주변의 매력적인 관광지 · 쇼핑가 · 음식점 · 공연장 등에 대한 기본적인 정보도 가지고 있어야 한다. 이렇게 함으로써 고객에게 적정한 객실가격을 제공하여 신속 · 정확한 객실예약을 받아야 한다.

고객 측면에서 보더라도 호텔의 객실상품은 예약을 거치지 않고서는 객실사용의 보장을 받기가 어렵기 때문에 미리 예약을 함으로써 객실을 확보하고자 하는 것이며, 호텔의 입장에서도 예약에 의한 판매를 통하여 최대수익을 올림으로써 지속적인 호텔 영업과 운영을 하기 위한 것이라 할 수 있다. 그렇기 때문에 책임 있고 정확한 예약처리가 반드시 필요하다.

따라서 객실예약이란 '호텔의 객실을 이용하고자 하는 고객이, 호텔에 도착하기 전에 여러 가지 예약 경로를 통하여 계약조건을 형성하여, 고객과 호텔 간의 객실이용과 사용에 대한 보장을 약속하는 것' 이라 할 수 있다. 즉 '고객과 호텔 간의 숙박시설 이용에 대한 상호계약' 의 의미라고 할 수 있다.

2. 객실예약의 중요성

호텔은 이용하려고 하는 여행자들에게 예약은 필수적인 사항이며 고객이 신청한 예약은 호텔의 중요한 마케팅 도구로 활용된다. 이러한 예약은 고객과 호텔 간의 거래의 시작을 의미하며 이 시점에서 객실유형이나 요금 그리고 이용시설들이 모두 결정되기 때문에 호텔의 전체 매출액(total revenue)에 지대한 영향을 미치게 된다.

호텔객실 예약을 위한 고객과의 전화 통화 접점에서 모든 전화 고객의 니즈(needs)를 준비된 고객정보를 활용하여 one-stop으로 언어장애 없이 신속하고 능동적으로 컨설팅함으로써 고객가치(lifetime value) 증대 및 연계 매출을 창출하여, 고객만족과 호텔 이윤극대화에 기여한다.

따라서 예약업무를 취급하는 예약담당자(reservation clerk)의 능력에 따라서 호텔 전체 매출액이 좌우될 수 있기 때문에 오늘날 예약 담당자의 역할이 그만큼 중요시되고 있다.

대부분의 예약은 고객과 직접 대면하지 않고 주로 통신수단을 통해 이루어지기 때문에 예약 담당자는 우선 고객에게 신뢰감과 만족감을 줄 수 있어야 하며 고객에게 호감을 줄 수 있는 언어사용 능력이나 훌륭한 화술이 필요하며, 정확한 업무처리 능력, 해박한 상품지식(product knowledge)을 통한 고객 설득력과 충분한 외국어 구사능력은 예약담당자가 갖추어야 할 필수 요건이다.

3. 객실예약직원의 사전지식

호텔의 객실은 연중무휴로 운영되기 때문에 지속적인 영업운영을 위해서는 책임 있고 정확한 예약처리가 필요하다. 호텔의 심장부이며 영업의 성패를 좌우하는 중요한 부서로서의 인식을 게을리하지 말아야 하며, 만족스럽고 예절이 바르며 정확하고 세련되고 신속한 서비스가 가능하도록 교육하고 훈련되어야 한다.

(1) 호텔상품에 대한 풍부한 지식

호텔의 예약담당직원은 고객의 만족과 호텔 이미지의 중요한 핵심역량임을 명심하고 제반 예약절차에 따라 효율적인 업무를 수행하여야 한다. 특히 고객이 선호하는 객실을 원하는 시기에 제공함으로써 고객과의 관계를 두텁게 유지해 갈 수 있을 뿐만 아니라, 고객의 불만이나 불평을 사전에 줄이기 위해서는 호텔 상품 전반에 대한 폭넓은 지식을 가지고 있어야 한다. 호텔 객실예약부서 직원들이 원활한 업무수행을 위하여 사전에 숙지하고 있어야 할 사항은 다음과 같다.

- 호텔의 전반적인 안내사항
- 호텔 객실의 수와 종류
- 호텔 객실의 요금 및 객실 내의 시설물
- 호텔의 식당의 종류와 영업시간 및 상품
- 호텔의 부대시설의 종류와 영업시간 및 상품
- 여행사 · 항공사 · 기업체 등과의 객실이용에 관한 계약사항

(2) 업무의 정확성

예약담당업무의 정확성을 높이기 위해서는 예약처리 과정의 일관성과 고객에 대한 정확한 커뮤니케이션은 무엇보다도 중요하며, 절대적으로 요구된다고 할 수 있다.

호텔 내 · 외의 여러 가지 시장 환경과 여건에 대한 충분한 정보와 사전지식을 바탕으로 고객에게 효과적으로 서비스할 수 있어야 하며, 늘 최선을 다함으로써 밝고 명랑한 태도로 고객을 응대하여야 한다.

(3) 경쟁사의 상품에 대한 분석과 이해능력

경쟁호텔의 객실상품은 물론 제반 상품에 대한 내용을 숙지하고 있어야 하며, 언제든지 고객의 질문에 명쾌한 답을 내려서 고객 스스로가 당해 호텔상품의 우수성을 인정하고 신뢰할 수 있도록 해야 한다. 따라서 경쟁사의 상품에 대한 분석능력과 충분한 이해능력을 가지고 있어야 한다.

(4) 고객설득력

고객에게 객실을 판매할 경우에 강압적인 방법으로 객실을 판매한다는 인상을 심어 주지 않도록 하기 위해서는 고객의 욕구를 파악한 후 부드럽게 설득할 수 있는 기술을 습득해야 한다. 그리하여 고객이 불쾌감을 느끼지 않고 기쁜 마음으로 상품이나 서비스를 구매할 수 있도록 설득력 있는 판매 전략을 구사해야 한다.

(5) 일반관광에 관한 정보 숙지

고객이 예약접수과정에서 일반적인 관광에 관해 정보를 얻고자 할 경우, 즉 도시 및 지역사회에 관한 정보, 호텔 주변관광지와 교통편에 대한 정보, 국가에 관련된 소개 등 다양하고 유용한 정보를 제공할 수 있도록 하여야 한다.

4. 객실예약부서의 주요업무

호텔의 객실예약부서는 고객들의 객실상품에 대한 예약요구를 접수하고 처리하는 업무를 담당하는 부서로서 조직구조로는 마케팅부서에 속한다. 일반적인 경우 프런트 오피스에 속할 수 있으나 예약업무의 경우, 마케팅 업무와의 직접적 관계를 이유로 마케팅 팀장의 직접적인 관할 아래에 있다는 것 외에는 프런트 오피스와의 연계된 업무는 상호 견제와 협조를 통하여 그대로 원활하게 이루어지고 있다.

따라서 고객이 객실을 사용하기를 원할 때 고객의 요구조건이나 가격에 부합되는 최적의 객실을 제공해야 하며, 가능한 한 호텔의 수입을 최대한 올리기 위해 노력하여야 한다. 이것은 고객의 요구에 맞는 객실을 판매할 수 있도록 호텔 전반에 걸친 지식과 정확한 정보전달 및 수행절차에 대해 숙지하여야 한다.

예약은 고객과 호텔 사이에 이뤄지는 중요한 첫 번째 접촉이며 업무를 수행하는데 있어서 특별한 목표를 가지고 있다. 호텔 객실예약부서의 목표는 호텔이 보유하고 있는 객실을 효율적으로 조절하여 수입을 극대화시킬 수 있도록 노력해야 하며, 또한 고객이 호텔에 도착하자마자 객실에 대한 보장을 확신시키는 일이다.

객실예약은 대부분 전화로 이루어지므로 얼굴을 볼 수 없는 고객에게 호텔 서비스 상품을 설명하고 매출로 직결시키는 능력을 갖고 있어야 한다. 예약직원들의 능력에 따라 호텔객실뿐만 아니라 호텔 서비스품질과 이미지를 고객에게 잘 알릴 수 있는 기회를 갖게 됨은 물론 식음료업장, 연회 및 부대시설 등의 매출을 동반 상승시키는 효과가 있으므로 책임 있는 업무수행이 필수적이다.

객실예약직원들은 객실예약을 주 업무로 하고 있고, 개인예약(FIT)과 단체예약(group)에 대한 예약 등 프런트 오피스의 모든 통계자료와 타 경쟁호텔과의 비교분석의 업무를 담당한다. 객실예약과 관련된 전화문의 및 팩스 등을 통해 최대의 매출을 꾀함과 동시에 효율적인 시장관리를 위한 판매조정과 호텔의 이미지 홍보에 그 일익을 담당하고 있다.

〈그림 5-1〉은 예약 서비스의 흐름을 나타낸 것이다.

[그림 5-1] **예약 서비스의 흐름도**

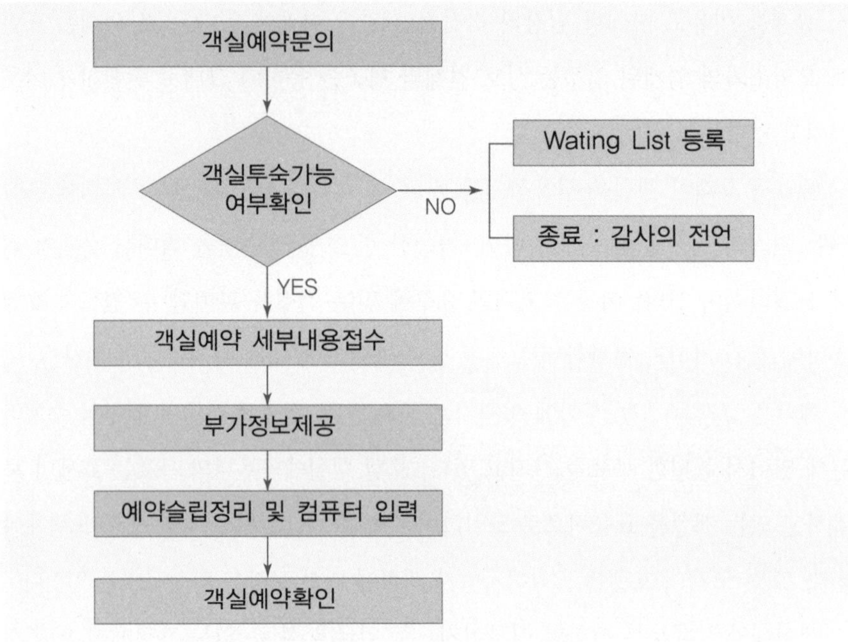

자료 : 송대근 · 강용관, 호텔객실서비스실무, 대왕사, 2011년, p.125

이처럼 객실예약 서비스의 전체적인 흐름을 통해서, 객실예약부서의 주요한 업무내용을 정리해 보면 다음과 같다.

❶ 전화, 팩시밀리, 편지, 인터넷, 직접방문 등을 통해 고객이 요청하는 예약 문의에 답하며 적극적으로 예약을 성사시키기 위한 제반 활동을 이행한다.

❷ 예약접수대장을 작성하여 도착일별, 알파벳순으로 보관한다. 최근의 경우는 거의 대부분 컴퓨터 예약 시스템(CRS : computer reservation system)을 이용하여 관리하고 있다.

❸ 예약확인서를 발송한다. 특히 최근에는 휴대폰 문자 메시지를 통하여 예약 확인사실을 알린다.

❹ 당일 변경 또는 수정사항은 즉시 이행하고 프런트에 통보하여 이용 고객의 불편을 최소화하고 불평이 발생하지 않도록 한다.

❺ 예약상황과 판매가능객실을 수시로 파악하여 담당자와 협의한다.

⑥ 예상객실 점유율과 예상매출액을 주기적으로 작성하여 관련부서에 제공하고 업무 협조를 구한다.

⑦ VIP 고객관리 및 예약 거래선 관리에 만전을 기한다.

⑧ DB구축을 통하여 고객이력관리에 만전을 기하며 마케팅업무자료로 활용한다.

⑨ 프런트 데스크 및 고객서비스 부문과 예약상황에 대한 정보를 교환하는 등 원활한 커뮤니케이션이 이루어지도록 한다.

⑩ 숙박등록업무를 보조한다.

특히, 예약지배인(reservation manager)은 호텔 전체 객실을 판매, 통제, 고객관리, 수익관리, 단기 · 장기 전략을 세우고 예상되는 객실판매에 만전을 기해야 한다. 숙박예약의 접수 성립을 독려하고, 객실상품의 Yield Point 최대화를 위하여 효율적이고 체계적인 운영을 구축, 유지 및 성장시키는 일을 수행해야 한다.

또한 예약부지배인(reservation assistant manager)은 예약 지배인 부재 시 업무를 대행하고 예약실의 지속적인 현장 밀착 교육을 통한 예약 성공률을 관리하여 객실 매출의 최대효과를 내도록 한다.

제2절 객실예약의 신청 경로와 유형

1. 객실예약의 신청 경로

호텔은 매우 다양한 경로를 통해서 예약을 접수하게 된다. 다양한 호텔의 다양한 예약신청 경로를 그림으로 요약하면 다음과 같다.

[그림 5-2] **예약신청 경로**

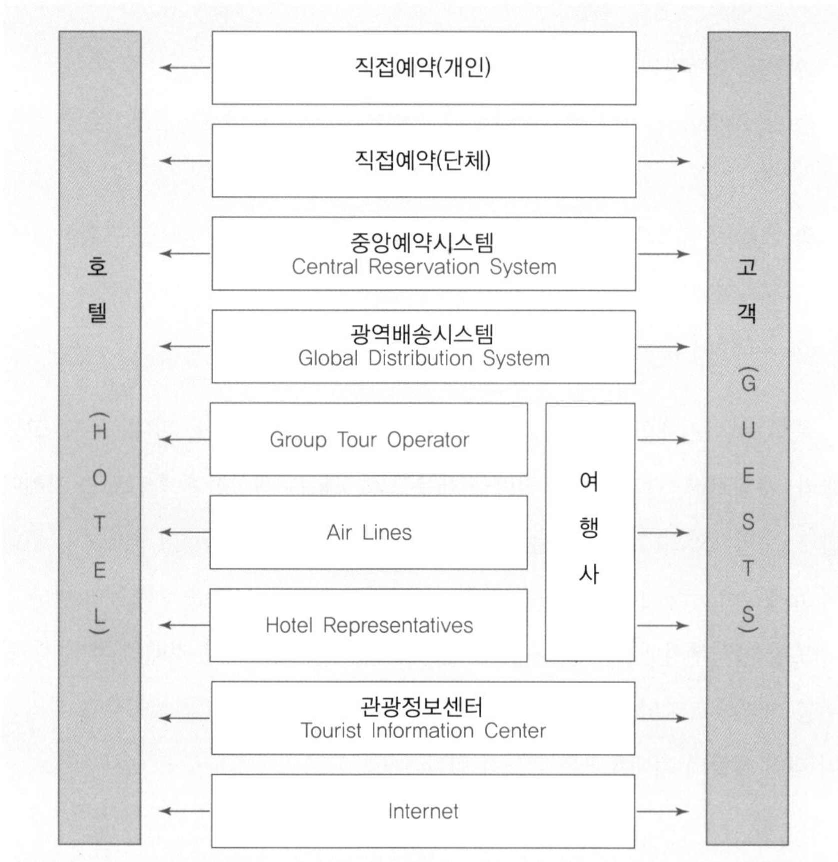

(1) 직접예약(property direct)

직접예약 방법은 통신수단에 의하거나 또는 고객이 직접 호텔을 방문하여 예약 담당직원과 상담을 하고 객실과 부대시설을 확인한 다음 예약을 하는 경우를 말한다. 직접예약을 위해 이용되는 통신수단은 주로 전화, 우편, 팩스, 전자우편 등이 주로 이용된다.

그리고 직접예약을 위해 호텔을 방문하는 경우 국내·외의 대규모 행사나 단체의 의전담당자나 행사 주관자 등이 호텔의 객실 및 부대시설 등을 사전답사하고 호텔의 예약 담당직원과 수용능력, 가격, 이용시설 등을 결정하게 된다.

1) 전화 예약(telephone reservation)

전화를 통한 예약은 현대의 호텔에 있어서 가장 많은 부분을 차지하고 있으며, 신속하고 직접적인 대화를 하기 때문에 상호 간에 신뢰할 수 있다는 장점이 있으나, 의사소통의 문제, 시차, 전화비의 과다 등 단점이 있다. 기본적인 업무 흐름을 살펴보면,

- 고객 환대 및 기본 예약정보 접수 : 친절하고 정중하게 감사 인사를 전하고 예약담당자 본인의 성명을 밝힌다. 또한 예정 체크-인, 체크-아웃 날짜와 희망 객실 형태 등 기본 예약정보를 받는다. 그리고 객실요금 등 고객 요구 시 필요한 정보를 제공한다.
- 객실 투숙 가능 여부 확인 : 객실 예약 현황을 확인하여 예정 기간 내 투숙 가능 여부 및 희망 객실 이용 가능 여부를 확인한 후 고객에게 알려 주어야 하며, 불가능할 경우 가능한 대안을 제시하여 예약을 유도하나, 고객이 대안을 거절할 경우 감사 인사와 재이용을 부탁한다.
- 부가 예약정보 접수 및 기타 정보 제공 : 고객의 예약 결정이 이루어지면 부가 예약정보를 받고, 고객에게 필요한 정보 및 공지사항을 전달한다.
- 예약사항 확인 및 예약파일 작성 마감 : 고객에게 전체 예약사항에 대해 다시 한 번 확인한 후 예약번호를 알려주고 감사인사를 한다.

2) 우편 예약(mail reservation)

과거의 투숙경험이 있는 고객이 호텔에 비치되어 있는 엽서나 편지를 이용해 개별적으로 예약을 하는 경우로 편지를 받은 예약 담당자가 성심성의껏 예약내용과 조건의 수용에 대해 답장을 보냄으로써 충성도 높은 고객의 확보에 도움을 준다.

3) 팩스 예약(fax reservation)

팩스를 통한 예약은 전화상의 예약에 비해 시간, 공간, 언어 등의 단점을 극복할 수 있는 장점을 가지고 있으며, 보다 구체적이고 정확한 예약이 가능하며, 많은 내용을 한꺼번에 처리할 수 있다. 업무 내용을 좀 더 구체적으로 살펴보면,

- 예약 내용 확인 : 수신된 예약 내용을 확인한다. 특히, 투숙 예정 고객 성명, 예정 체크-인, 체크-아웃 날짜, 희망 객실 형태, 투숙 시 요청 서비스, 요금 지불 방법, 발신자 연락처 등을 확인한다.
- 객실 투숙 가능 여부 전송 : 객실 예약 현황을 확인하여 예정 기간 내 투숙 가능 여부 및 희망 객실 이용 가능 여부를 확인한 후 가능 여부를 전송한다. 또한 불가능할 경우 가능한 대안을 제시하여 예약을 유도하나, 대안 거절 시 감사 인사와 재이용 부탁 내용의 팩스를 발송한다.
- 예약확인서 및 기타 정보 발송 : 고객의 예약 결정이 이루어지면 예약확인서 및 기타 정보, 공지사항 등을 발송한다.
- 예약파일 작성 마감 및 관련 서류 정리 : 예약파일 작성을 마감한 후 관련 부서에 공지하며, 예약확인서 및 예약과 관련하여 팩스로 발·수신된 모든 서류 사본을 정리하여 보관한다.

4) 전자우편 예약(email reservation)

최근 정보통신의 발달로 인하여, 호텔 홈페이지상의 전자우편을 통하여도 예약이 활발하게 이루어지고 있다. 예약의 성사 여부는 고객의 여유로운 시간을 통하여 확인할 수 있다는 장점이 있다.

5) 직접방문 예약

규모가 큰 예약이나 식음료·부대시설과 함께 이루어지는 객실예약은 확실함과 정확함을 기하기 위해 행사관련담당자들이 직접 호텔예약담당자를 만나 예약을 하게 된다. 또한 사전에 답사를 해야 할 필요가 있을 시에도 직접방문을 하여 예약을 하게 된다. 이때 제반 조건들을 협의하여 결정하고 결과를 문서화하여 보냄으로써 내·외부적으로 행사에 차질이 없도록 한다.

〈그림 5-3〉은 사례호텔의 예약 신청서를 나타낸 것이다.

[그림 5-3] **사례호텔의 예약 신청서**

RESERVATION REQUEST

ARRIVAL DATE		G.R.N		DATE :	
ARRIVAL TIME		NAME (PERSONS)			
DEPARTURE DATE					
GUEST TYPE					
ROOM TYPE	ONDOL		TWIN	/ SUITE	OTHERS
NO.OF ROOM					
ROOM RATE					
BOOKED BY		PHONE :			
COMPANY					
SPECIAL REQUEST			METHOD OF PAYMENT		
			RECEIVED BY		
			CONFIR MED BY		

733 - 18 5,000/07/99

PARADISE

(2) 중앙예약시스템(central reservation system)

중앙예약시스템에는 가맹예약망(affiliate reservation network)과 비가맹예약망(non-affiliate reservation network)이 있으며 대부분의 호텔기업들은 1개 이상의 중앙예약시스템과 업무를 제휴하고 있다.

가맹예약망은 체인호텔 예약시스템으로서 이 시스템의 운용은 참여하고 있는 모든 호텔 간에 상호계약에 따라 이루어진다. 체인 호텔 간에 상호 연계되어 운용되는 예약시스템은 예약절차를 간소화시킬 뿐만 아니라 전반적인 시스템 운영비용을 절감시킬 수 있으며 단체예약의 경우 자동화된 프로그램을 통해 가맹호텔 사이의 모든 정보가 공유되기도 한다.

비가맹예약망은 독립경영호텔이나 비가맹호텔을 연결시키기 위해 설계된 예약시스템으로서 체인호텔 예약망과 거의 동일한 편리성을 가지고 있다.

중앙예약시스템은 거의 대부분 무료전화(toll-free telephone)를 통해 이용되며 시스템 관리자는 각 가맹호텔의 컴퓨터 터미널을 통해 모든 가맹호텔의 객실정보를 총괄적으로 신속하게 갱신해서 전송해 주기 때문에 예약담당자가 자기 호텔의 예약 자료를 정기적으로 갱신할 필요가 없다.

(3) 광역배송시스템(global distribution system)

광역배송시스템은 항공사나 항공사 컨소시움이 소유하고 있는 예약시스템으로서 전 세계 호텔의 예약정보를 온-라인으로 제공해 줄 뿐만 아니라 항공예약시스템과 연결된 각 호텔예약시스템을 통해 전 세계의 호텔예약을 신속하게 처리해준다.

CRS가 컴퓨터화된 예약시스템으로 판매와 경영을 목적으로 하는 호텔예약시스템이라면 GDS는 광역배송시스템으로 세계 각국에서 사용되고 있는 네트워크의 제공 상품과 기능의 유통을 위한 한 개 이상의 CRS 체제를 말한다.

전 세계적으로 가장 잘 알려진 광역배송시스템은 샤브레(SABRE), 갈릴레오(GALILEO), 아바쿠스, 유텔 인터내셔날(Utell International), 아마데우스(AMADEUS) 그리고 월드스판(WORLDSPAN) 등을 들 수 있다.

[그림 5-4] **컴퓨터 예약스크린**

```
RESERVATION #: 002115     CONFIRMED? Y    GUARANTEED? Y

01-ARRIVES:     10/6/XX MONDAY            05-ROOM TYPE:   KING
02-DEPARTS:     10/7/XX TUESDAY           06-ROOM BLOCK:
   NIGHTS:      1                         07-ROOM RATE:   72.00
03-# ROOMS:     1
04-PERSONS:     1
------------------------------------------------------------------------------
08-NAME:        TRAVELER, JAMES MR        15-PAYMENT:     CREDIT CD
09-COMPANY:     CAPITAL MANUFACTURING     16-CARD TYPE:   VISA
10-ADDRESS:     733 LINCOLN BLVD          17-CARD #:      1234 5678 9098 7654
11-CITY:        HASLETT                   18-EXP DATE:    11/XX
12-STATE:       MI    13-ZIP:   48840     19-D/B ACCT:
14-PHONE:       517 555-1234                 TOTAL DEP:
------------------------------------------------------------------------------
20-GROUP:
21-TRVL AGENT:  ARCADIA
22-SPECIAL
   NEEDS:       MODEM
23-VIP:         YES
24-COMMENTS:    MEETING/CONVENTION PLANNER
                FIRST VISIT
                CONCERNS: CONFERENCE ROOM SECURITY; FIRE SAFETY SYSTEM
```

자료 : Charles E. Steadmon 외, 전게서, p.181.

(4) 인터넷을 통한 예약(reservation though the internet)

오늘날 많은 호텔기업뿐만 아니라 항공사들이 인터넷 사이트를 통해 온라인 예약 서비스를 제공하고 있다. 인터넷을 이용한 예약시스템은 다양한 시장으로부터의 고객들로 하여금 자신들의 개인용 컴퓨터를 이용해 호텔 객실 예약뿐만 아니라 항공사와 렌터카 예약을 매우 쉽고 편리하게 처리해준다.

따라서 모든 개별여행자(FIT : free independent traveler)들은 전 세계적으로 구축되어 있는 웹사이트를 이용해 자신들의 숙박문제를 쉽게 해결할 수 있게 되었다. 이러한 현상은 특히 모든 호텔기업들로 하여금 더욱더 이용이 간편하고 이용자가 사용하기에 편리한 예약절차를 개발하도록 재촉하는 계기가 되었다.

다음은 세계적인 인터넷 예약서비스 기업 중의 하나인 TravelWeb은 여행자들로 하여금 호텔의 중앙예약시스템에 직접 접속하게 하여 객실상황은 물론 신용카드를 이용해 온-라인 보증예약 서비스를 제공받도록 하고 있다. 또 다른 세계적인 인터넷 서비스 회사인 Travelocity는 항공예약시스템을 통해 호텔은 물론 렌터카, 유람선 예약까지 가능한 광역배송시스템을 구축하고 있다.

(5) 객실판촉직원에 의한 예약

주로 객실판촉직원에 의해 예약이 이루어지는 경우를 말한다. 회사별로 계약된 요금이 있어서 호텔과 거래처 간 상호이익을 위하여 예약이 형성된다. 때로는 행사에 따라 유치의 목적으로 특별한 요금이 제공되기도 한다.

이외에도 해외예약사무소나 승무원 레이오버에 의한 예약 등이 있다.

[그림 5-5] TravelWeb의 인터넷 예약서비스

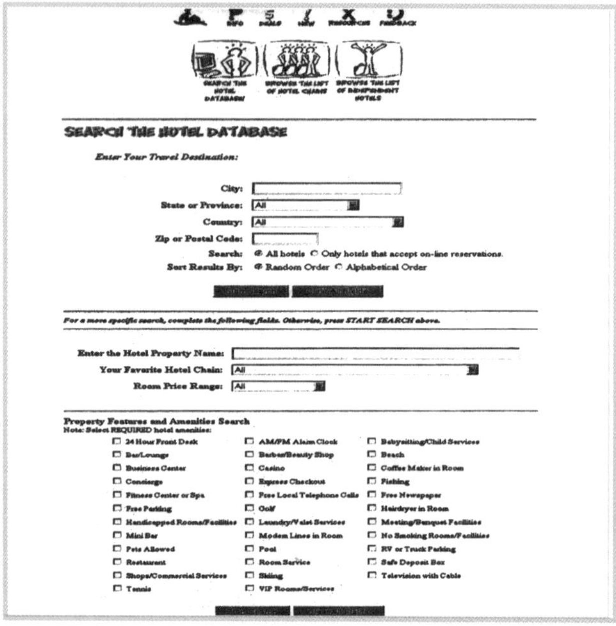

자료 : Michael L, Kasavana 외, 전게서, p.150

[그림 5-6] Travelocity의 인터넷 예약서비스

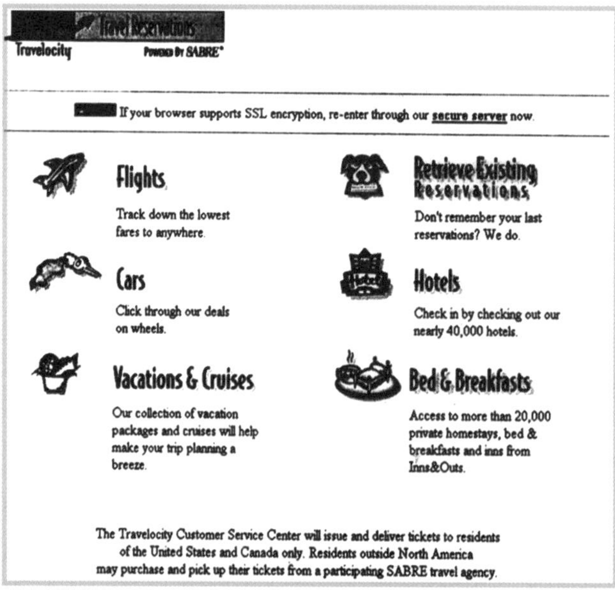

자료 : Michael L, Kasavana 외, 상게서, p. 151

세계적인 체인호텔인 Holiday Inn의 예약시스템을 살펴보면 다음과 같다.

[그림 5-7] Holiday Inn의 예약시스템

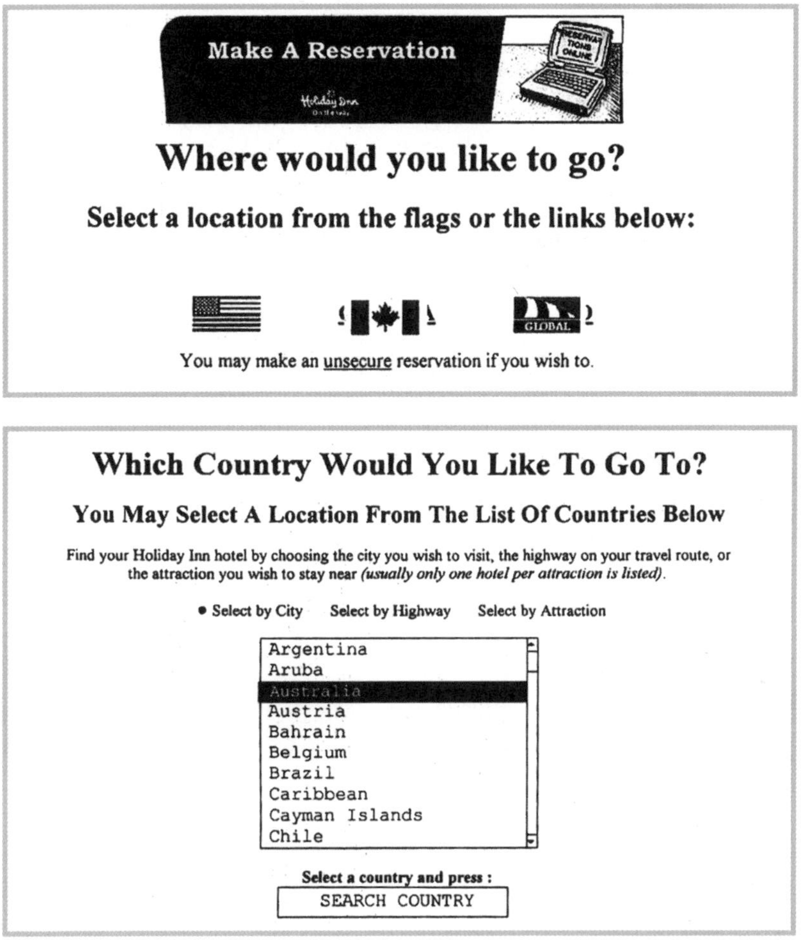

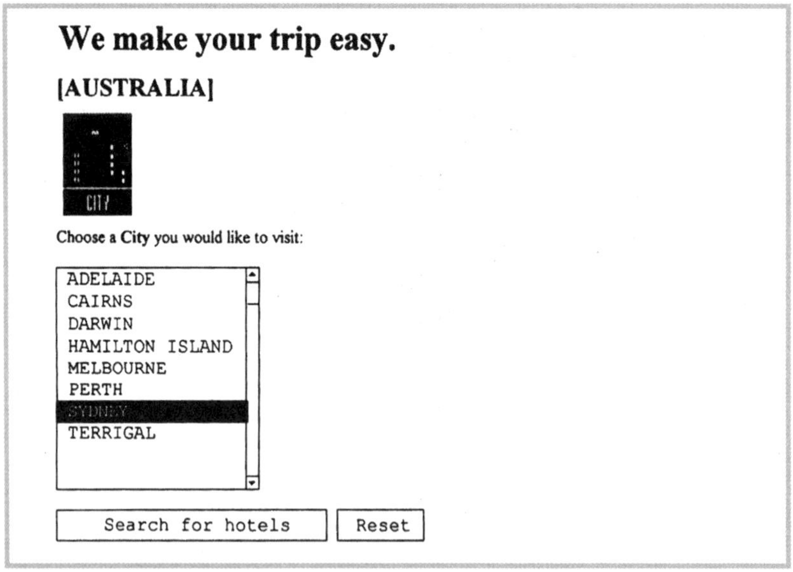

We make your trip easy.

[AUSTRALIA]

CITY

Choose a City you would like to visit:

ADELAIDE
CAIRNS
DARWIN
HAMILTON ISLAND
MELBOURNE
PERTH
SYDNEY
TERRIGAL

Search for hotels | Reset

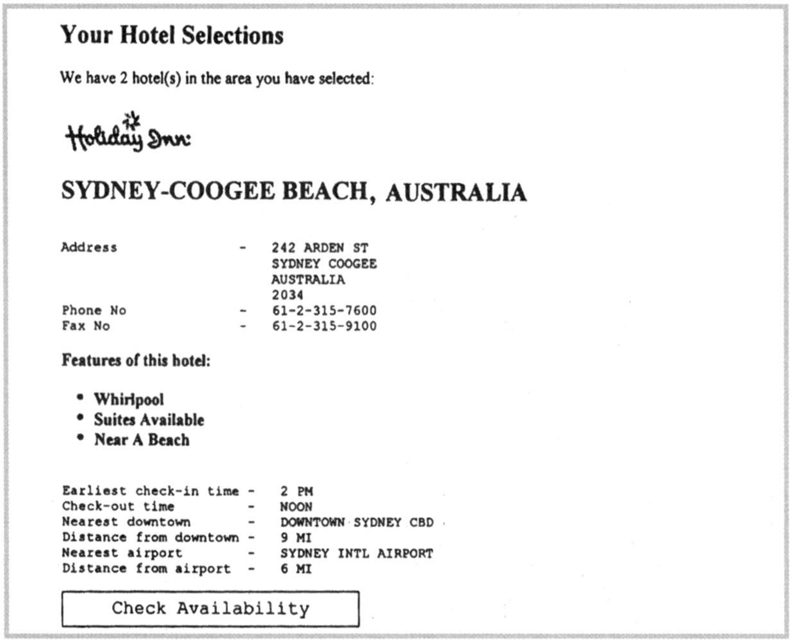

Your Hotel Selections

We have 2 hotel(s) in the area you have selected:

Holiday Inn

SYDNEY-COOGEE BEACH, AUSTRALIA

Address	-	242 ARDEN ST SYDNEY COOGEE AUSTRALIA 2034
Phone No	-	61-2-315-7600
Fax No	-	61-2-315-9100

Features of this hotel:

- Whirlpool
- Suites Available
- Near A Beach

Earliest check-in time	-	2 PM
Check-out time	-	NOON
Nearest downtown	-	DOWNTOWN SYDNEY CBD
Distance from downtown	-	9 MI
Nearest airport	-	SYDNEY INTL AIRPORT
Distance from airport	-	6 MI

Check Availability

What Are Your Availability Requirements?

SYDNEY-COOGEE BEACH, AUSTRALIA

Arrival date: [December ▾] [11 ▾]

(Only 50 weeks in advance booking is allowed)

Number of nights:	● 1	2	3	4	5	6	7	8	9	
Number of rooms:	● 1	2	3	4						
Number of adults:	● 1	2	3	4	5	6	7	8	9	10

Room Preference: ● Nonsmoking
Smoking

You may optionally enter a Priority Club number and one of the following two:

(Valid ID will be required at time of check-in)

Priority Club Membership Number [ ]
Worldwide Corporate Account Number [ ]
Alumni Mature Traveler Program [ ]

[Check Availability] [Reset]

Book Your Room Online

Booking Information

```
Hotel Selected         : SYDNEY-COOGEE BEACH,AUSTRALIA
Book from              : December  11
Number of Days         : 1
Room Preference        : Nonsmoking
Number of rooms        : 1
Number of adults       : 1
```

Rate and Availability Details

Rate is quoted for 1 person in DOLLAR (AUSTRALIA) per room no tax included.

```
Available Room Types:
Type of Room           Arrival Rate
● KNG LEISURE            215.00
  2 DBL BEDS             215.00
  2BD POOLSIDE           265.00
  2BD VIEW               265.00
```

Extra person(s) charge: 35.00 DOLLAR (AUSTRALIA) for each adult over 2 person(s).
Persons 19 and under stay free.
Cancellation Policy: Must be cancelled prior to 6pm hotel time on December 11 or your credit card will be billed for 1 night.

Please enter the following information :

First Name :

Last Name :

Address(Apt/Home/Street) :

City :

District/State/Province :

Zip/Postal Code :

Country :

Phone Number :

Please choose Guarantee Method:

Guarantee to Travel Agency

Travel Agency IATA/ARC Number :

- American Express
- Master Card
- Carte Blanche
- Air Canada
- Visa
- Diners Club
- Discover
- JCB Card

Credit card # :

Expiration date : /

To make the Booking click =========> Book

To clear what you entered click ===> Reset

You can also call **1-800-HOLIDAY** if you are calling from the US, Canada, Puerto Rico or the US Virgin Islands. Elsewhere, call your nearest Holiday Inn Reservation Office.

자료 : Michael L, Kasavana 외, 전게서, pp.152-155

2. 객실예약의 유형 및 방법

대부분의 대규모 호텔들이 채택하고 있는 객실예약의 유형 및 방법에는 다음과 같이 크게 보증예약과 비보증예약이 있다.

(1) 보증예약(guaranteed reservation)

보증예약은 호텔의 정당한 예약취소(cancellation)절차에 따라 취소된 예약을 제외하고 고객이 호텔투숙에 관계없이 예약된 객실에 대해서는 객실요금지불을 보장하는 예약 형태를 말한다. 즉 호텔상품을 구매하겠다고 상품구매에 따른 지급보증을 하는 것으로 늦은 체크-인이나 초과예약 등 만일의 사태에 대비해 선입금 형식으로 호텔상품에 대한 구매를 확정하는 것이다. 이러한 예약방법은 계절이나 날씨의 영향을 많이 받는 리조트 호텔이나 객실 공급이 원활하지 못한 비즈니스호텔에서 노-쇼를 최대한 방지하여 만실(full-house)을 달성하기 위한 수단으로 효율적인 예약관리와 함께 고객서비스 강화의 효과를 얻을 수 있는 방법으로 활용된다. 일반적으로 이용되는 보증예약 수단은 아래와 같다.

1) 요금 선불(prepayment 또는 paid-in-advance-PIA)

고객이 예약을 신청할 때 요금전액을 미리 납부하는 형태이며 만약 선불고객이 천재지변으로 호텔에 투숙하지 못했을 경우 호텔은 고객에게 환불책임을 지지 않는다.

2) 신용카드(credit card)

예약 시에 고객의 신용카드 정보를 획득하여 둠으로써 만약 예약고객이 노-쇼를 발생시켰을 경우 신용카드 회사에 해당 객실 요금을 청구하게 되며 신용카드 사용이 보편화된 오늘날 가장 일반적인 예약보증수단이 되고 있다.

3) **보증금**(advance deposit)

고객이 호텔 예약 시에 해당객실요금의 일부 금액을 미리 예치해두는 것을 말하며 단기 투숙일 경우 주로 1박에 해당하는 객실 요금을 예치하게 된다.

4) **여행사**(travel agent)

고객이 여행사를 통하여 보증예약을 하였으나 고객이 노-쇼를 발생시킨 경우 호텔은 여행사에 요금을 청구하게 되며 여행사가 지급보증을 서는 것으로 호텔과 여행사 간의 사전계약에 의해 이루어진다.

5) **거래기업체**(corporate)

거래기업체와 호텔 간에 사전 계약에 따라 이루어지는 예약 보증수단으로써 비즈니스 중심부에 위치한 호텔에서 많이 이용된다. 거래 기업체가 호텔에 의뢰한 예약내용 중 노-쇼 발생부분에 대해서는 거래기업체가 재무적 책임을 지게 된다.

6) **호텔의 바우처**(in-house voucher)

호텔의 바우처는 재방문 고객을 늘리고 새로운 비즈니스 여행객 등을 유인하기 위해 호텔과 호텔 간에 매우 다양하게 쓰이고 있는 방법이다.

(2) **비보증예약**(non-guaranteed reservation)

비보증예약인 경우에는 예약자가 예약을 할 경우 아무런 지급보증을 하지 않는 것으로서 호텔에서 제시한 도착예정시간 또는 체크-인 시간에 고객이 도착하지 못할 경우 예약은 자동으로 취소되며 walk-in guest나 당일예약고객에게 객실을 판매할 수 있다. 이때에는 고객에게 도착예정 시간까지 도착하지 않으면 예약이 취소된다는 사실을 반드시 사전에 주지시켜야 한다.

제3절 객실예약 처리과정 및 실무

1. 예약접수 및 예약기록의 확인

호텔 객실예약에 대한 문의가 들어오면, 호텔에서 운영하는 여러 전산자료를 활용하여 예약가능성을 신속하게 판단하여 친절하게 고객에게 알려주어야 하며, 항상 예약절차기준에 따라 예약을 접수받아야 한다.

그리고 객실예약이 성립되었을 경우 예약번호(reservation no.)를 알려주며, 주의해야 할 점은 특별한 경우가 아닌 이상 고객에게 객실번호를 지정해 주어서는 안 된다.

한편, 예약접수 시에 결정해야 할 사항들이 있는데, 이것이 예약기록이다. 이러한 예약기록은 고객이 호텔에 도착하기 이전에 고객의 투숙에 필요한 사항들을 확인시켜주는 자료가 될 뿐만 아니라 수준 높은 고객서비스를 제공하기 위한 종업원의 근무일정계획에도 영향을 미치게 된다. 이러한 예약기록은 고객에 대한 다양한 정보를 포함하고 있기 때문에 중요한 경영보고서 작성에도 참고가 된다. 예약담당자가 예약접수 시에 획득해야 하는 고객의 정보는 다음과 같다.

- 고객의 성명 또는 단체명(guest name or group name)
- 고객의 주소(guest's home or billing address)
- 고객의 근무처(company's name, address, telephone number)
- 예약자의 성명과 연락처(name of and pertinent information about the person making reservation, if not the guest)
- 동반자 수(name of people in the party, and perhaps the ages of any children)
- 도착일자와 시간(arrival date and time)
- 체재기간 또는 출발예정일자(length of stay or expected departure date)

- 예약의 형태 : 보증예약 또는 비보증예약(reservation type-guaranteed or non-guaranteed)
- 특별요구사항 : 유아, 장애자, 금연객실(special requirements-infant, disabled or non-smoking rooms)
- 기타사항 : 교통편(other informations-transportation/flight number)

그리고 고객의 기본적인 정보에 이어, 더더욱 중요한 것은

- 예약 객실 수
- 투숙객 인원수
- 객실의 종류와 요금
- 지불 수단 및 방법
- 기타 호텔의 숙박약관에 대해서 충분히 설명을 하도록 한다.

특히, 비보증예약(non-guaranteed reservation)고객인 경우는 예약기록의 접수와 동시에 호텔의 정규예약 최소시간을 반드시 고객에게 통보해야 하며, 보증예약(guaranteed reservation) 고객은 신용카드나 선불 또는 예약금에 관한 정보를 추가적으로 획득해야 한다.

신용카드에 관한 정보는 카드의 종류, 카드번호, 유효기간, 카드소지자의 성명 등이며 선불 또는 예약금은 입금일자를 고객에게 통보하고 지정한 입금일자에 입금되지 않으면 비보증예약으로 처리한다.

2. 개별예약(FIT reservation) 절차

개별예약은 보통 일반예약이라고도 하며, 단지 한 명의 고객이 예약하는 경우뿐만 아니라 호텔에서 정한 단체예약 이외의 예약을 모두 칭한다.

FIT 고객의 객실요금은 보통 단체객의 요금보다 높으며, 호텔의 평균객실료를 증가시키는 데 많은 기여를 하기 때문에 각 호텔에서는 FIT 고객을 더 많이 확보하려고 노력하고 있다.

보통 다음과 같은 절차에 의하여 예약을 받는다. 물론 고객기록(guest history)을 확인하여 과거의 투숙기록이 있으면, 변경 여부를 체크한 후 변경된 사항만 수정하여 예약을 받으면 된다.

(1) 투숙객 성함

(2) 도착일자 및 출발일자

(3) 객실 타입

(4) 예약객실 수

(5) 투숙객 인원수

(6) 객실 요금

(7) 예약자명, 회사명, 연락처

(8) 지불방법

1) 본인 지불 : 투숙하는 당사자가 모든 비용을 지불(direct pay)

2) 타인 지불 : R/O(Room Only) ~ 객실요금만 지불

RM & BK ~ 객실요금과 조식요금만 지불

RM & Meal ~ 객실요금과 3식 식사요금 지불

All Bill to Co ~ 호텔에서 이용한 모든 요금을 지불

RM & 선택 ~ 객실요금과 선택한 항목만 지불

(9) 고객요구사항

(10) 예약받은 날짜

(11) 예약번호와 예약담당직원의 이름 부여

3. 단체예약(group reservation) 절차

일반적으로 단체고객의 예약은 여행사를 통해 이루어지는 경우가 대부분이며, 객실형태 · 객실가격 · 식사비용 및 여러 가지 부대비용이 발생하기 때문에 대부분의 호텔에서는 단체고객의 예약을 접수하는 경우에 예상되는 문제점을 파악하여 사전에 문제발생소지를 차단하려고 노력하고 있다.

단체예약에서 단체의 기준은 여행사의 경우 15개의 객실을 기준으로 하지만 단체의 특성이나 종류에 따라 호텔마다 조금씩 달리 적용하고 있다.

FIT 고객의 예약 절차와 비슷한 절차를 거치지만, 특히 예약접수 시 어디서 지급하며, 지급범위는 어디까지인가를 분명히 해 놓아야 한다. 단체예약 절차는 다음과 같다.

(1) 도착일자 및 출발일자
(2) 단체명, 인원수, 국적
(3) 객실 타입과 객실 수
(4) 객실 요금
(5) 예약자명, 회사명, 연락처
(6) 식사의 종류와 가격 및 장소
(7) 지불조건
(8) 판촉직원 이름 부여

특히, 단체예약이 여행사를 통한 경우, 국제행사, 정부 의전행사인 경우에 주최 측에 객실 직원이 예약 확인 후 변경이나 수정되는 내용이 있을 경우, 또는 부가적인 서비스를 희망하는 경우 등에 반드시 내부 영업 담당직원에게 통보하여 창구의 일원화 및 내부 의사소통에 문제가 발생하지 않도록 해야 한다.

4. 객실예약 관리업무와 객실예약보고서의 작성업무

오늘날 많은 호텔들이 컴퓨터 시스템을 이용하여 예약고객들을 관리하지만, 예약 슬립을 사용하는 호텔의 경우는 예약접수대장을 작성하여 도착일자별과 예약고객의 이름을 알파벳순으로 보관 관리한다.

그리고 효율적인 객실예약체계를 확립하여 객실예약 및 객실판매현황을 정확히 파악하여 객실판매수입을 예상하고 객실판매를 극대화시켜 나갈 수 있도록 객실예약보고서를 작성해서 관리해야 한다.

또한 객실판매에 차질이 발생하지 않도록 정확한 객실 현황을 유지하며 예약 상태를 확인하여 적정 예약률을 유지함으로써 no-show 또는 예약취소에 따른 손실을 최소화한다.

따라서 체크-인, 체크-아웃 객실 현황, 객실정비 현황, 판매 불가능한 객실 처리 현황, 판매 가능 객실 현황, no-show 발생 현황, turn-away 발생 현황, 객실요금 변경 현황 등 정확한 객실 현황을 파악하여 유지하는 것이 우선이 되어야 하며, 투숙 전 고객에게 예약 사항을 재확인(reconfirm)하여 예약변경 사항을 확인하고 관련 부서에 공지하며, 정정된 예약기록 등을 유지할 수 있도록 해야 한다.

무엇보다도 고객의 정보를 정확히 파악하여, 고객접점지역 직원들의 대고객 서비스에 만전을 기하고 예약정보를 면밀히 분석함으로써 객실예약현황에 도움을 주며, 향후 호텔 마케팅의 중요한 자료로 활용해야 한다.

5. 객실예약 확인과 조정업무

(1) 객실예약 조정업무

객실예약조정(reservation control)은 객실현황을 정확하고 효과적으로 판매하기 위한 업무로 객실의 현황을 정확히 이해하고 고객의 요구를 파악하여 매출을 극대화하기 위한 수단이라고 할 수 있다.

그리하여 적정 예약률을 유지하고 예상객실점유율, 예상매출액을 작성하여 관련부서에 제공하는 등 체계적인 관리방안을 모색하여야 한다.

호텔의 객실은 당일에 판매를 하지 못할 경우 영원히 판매할 수 없기 때문에 큰 손실을 가져온다. 객실의 노-쇼(no-show)나 예약의 취소, 조기 체크-아웃, 또는 도착이 연기되기도 하는데, 이를 조정하기 위하여 초과예약(over-booking)은 불가피한 것이다. 일률적으로 적용되는 것은 아니지만 일반적으로 초과예약은 5~10% 정도로 받고 있다. 다음은 초과예약의 처리요령이다.

- 수준이 비슷한 호텔에 알선하고 고객 대신 객실료를 지불한다.
- 다른 호텔에 안내를 해주고 교통비를 대신 지불한다.
- 공식적인 사과공문을 우송한다.
- 가능한 최상의 호텔에 안내하고 객실요금을 고객 대신 지불한다.
- 기타 우대하는 의미에서 초대하여 객실을 무료로 제공한다.
- 예약된 고객에게 객실이 없어 다른 호텔에 주선(turn-away service)해 준다.

또한 no-show의 처리요령은 아래와 같다.

- 신용카드 번호를 알고 있을 경우 신용카드 또는 회사계정에 추징한다.
- 지불청구 서신을 발송한다.
- 보증이 없는 한 앞으로 고객의 어떠한 예약신청도 거절한다.
- 수금대리 용역업체에 넘겨 위임한다.
- 소액재판소에 청구하여 소송을 제기한다.

(2) 객실예약 변경업무

고객의 업무일정변경, 비행기예약문제, 교통체증, 천재지변 등과 같은 여러 가지 이유 등으로 인해 고객요청에 따른 예약 변경(reservation change) 시 고객의 입장에서 최대한 예약 변경 가능성을 확인한 후 즉시 수정 및 컴퓨터 입력을 하며, 관련 부서에 신속히 공지함으로써 예약 변경에 따른 문제가 발생하지 않도록 한다.

(3) 객실예약 확인업무

예약 확인(reservation confirmation)이란 고객의 요구와 객실예약에 대한 정보를 전화, 이메일, 팩스 등 여러 가지 방법으로 확인하는 것이다. 예약이 완료되면 예약담당자는 예약확인서(letter of confirmation)를 발급해야 하며 예약 확인서에 포함되는 내용은 다음과 같다.

- 고객의 성명과 주소(name and address of guest)
- 도착일자와 시간(date and time of arrival)
- 체재기간(length of stay)
- 동반자 수(number of person in party)
- 예약구분 : 보증 또는 비보증(reservation classification-guaranteed or non-guaranteed)
- 예약확인 번호(reservation confirmation number)
- 특별요구사항(special requests)

예약확인 절차의 한 부분으로서 예약담당자가 지정하는 예약확인 번호는 고객의 입장에서 신청한 예약이 유효하다는 의미뿐만 아니라 예약내용의 수정이나 예약의 취소 시에도 유용하게 활용할 수 있다.

(4) 객실예약 취소업무

예약 취소(reservation cancellation)는 도착예정일 이전에 연락받는 경우와 도착당일에 취소하는 경우가 있는데, 예약된 고객의 일정이나 사정에 의해 예약이 취소되는 경우 정확한 상황을 파악하고 기록하여 사후에 발생할 수 있는 문제를 해결할 수 있도록 대비하여야 한다. 또한 친절한 응대로 향후 잠재고객으로서의 가치를 인지하고 신속한 처리절차를 수행하여야 한다.

예약취소 번호의 발급은 고객과 호텔 모두를 보호해 주는 수단이 된다. 왜냐하면 보증예약이나 선불예약에 있어 예약취소 번호의 발급은 예약취소가 정당한 절차를 거쳐 이루어졌다는 것을 의미하며, 보증예약의 경우 예약취소 후에 발생할 수 있는 요금부과에 대해 고객의 책임을 면하게 하는 증거가 되기 때문이다.

6. 예약보증금(advance deposit) 처리업무

호텔 규정에 따른 예약금 수령 및 현황 기록을 유지하여 노-쇼(no-show) 발생 및 예약취소율을 감소시키고 이후 고객계정을 처리할 때 근거자료로 활용한다.

(1) 예약 선수금 처리

예약 선수금이란 호텔을 이용할 고객이 예약을 할 때, 객실예약보증을 위하여 호텔에 미리 예약금을 지불하는 것으로서 호텔의 통장계좌로 입금시키는 경우와 본인이 직접 호텔에 예탁하는 경우가 있다.

호텔의 모든 예약금은 Income Auditor가 항목별로 일괄적으로 Deposit 관리대장에 기록하여 예약금을 관리하게 된다.

(2) 예약 선수금의 환불처리

호텔과 고정고객과의 기존관계를 판단, 차후 호텔영업을 고려하거나 예약자의 불가피한 사정에 의할 경우 예약금을 환불해 주게 되는 것이 통례이다.

다음은 예약보증금 처리과정을 나타낸 것이다.

1) 예약금 수령

예약된 고객으로부터 예약금을 수령하며, 예약금 관련 규정을 반드시 고객에게 예약 당시 사전 통보하고 수령 후 재확인한다.

2) 예약정보 변경

- 고객 예약파일을 검색하여 접근한다.
- 예약금 수령 내용을 예약파일에 기록한다.
- 부가적인 기록 양식이 있을 경우 추가 기록한다.

3) 관련부서 통보

예약파일 및 기록 양식을 마감한 후 관련 부서에 통보한다.

7. 예약업무의 실제

자산관리 시스템에서 활용되고 있는 소프트웨어들은 매우 다양하지만 소프트웨어의 운영방법이나 내용들은 거의 대동소이하다. 다음은 자산관리시스템에서 활용하고 있는 소프트웨어 중의 하나인 CLS(computerized lodging system)를 이용한 예약절차를 살펴보자. 아래 그림에서 보는 바와 같이 기본 예약메뉴에서 16개의 기능에 접속이 가능함을 알 수 있다.

[그림 5-8] **예약을 위한 메뉴스크린**

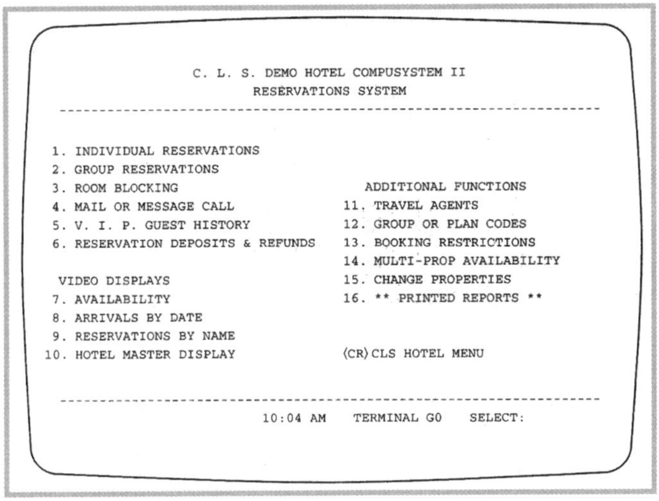

자료 : Linsely T, Deveau 외, 전게서, p.209

(1) **개별예약**(individual reservation, FIT reservation) **절차**

실제 예약업무의 수행에 있어서 개별예약의 절차를 요약하면 아래 그림과 같다.

[그림 5-9] **개별예약 수행절차**

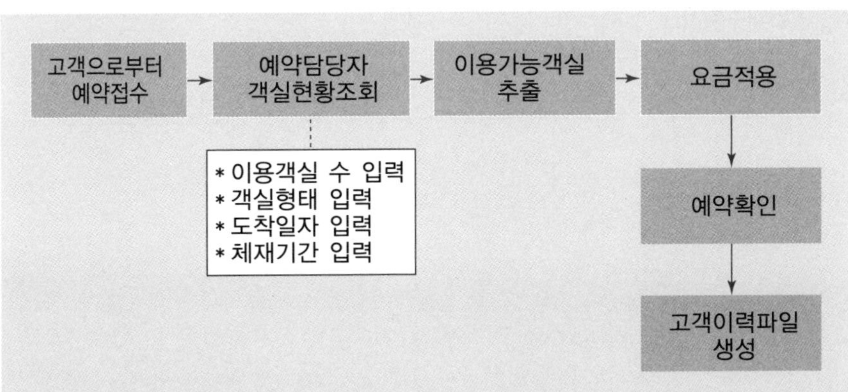

[그림 5-10] **개별예약을 위한 메뉴**

```
               C. L. S. DEMO HOTEL COMPUSYSTEM II
                      RESERVATIONS REPORTS
-----------------------------------------------------------------
  PRINTED REPORTS                        13. TRANSACTION REGISTER
 1. ROOM AVAILABILITY                    14. PICKUP LIST BY GROUP MASTER
 2. ARRIVALS / DEPARTURES
 3. SPECIAL ARRIVALS LISTING
 4. GUEST LIST/DEPARTURES ANY DATE
 5. GROUP STATUS REPORT
 6. BLOCKED ROOMS
 7. AVAILABLE ROOM DETAIL REPORT
 8. OVERRIDDEN BLOCKED ROOMS
 9. CURRENT DEPOSIT LEDGER                  SPECIAL FORMS
10. RESERVATIONS MASTER LIST             15. CONFIRMATIONS
11. V. I. S MAILING LABELS               16. DUPLICATE CONFIRMATIONS
12. RESERVATIONS CHANGE REGISTER         17. REGISTRATION CARDS
                                         〈CR〉 RESERVATIONS SYSTEM
-----------------------------------------------------------------
                     10:10 AM    TERMINAL GO    SELECT:
```

자료 : Linsely T, Deveau 외, 전게서, p.210.

(2) **단체예약**(group reservation) **절차**

단체예약 업무 수행절차를 요약하면 아래 〈그림 5-11〉과 같다.

[그림 5-11] **단체예약 수행절차**

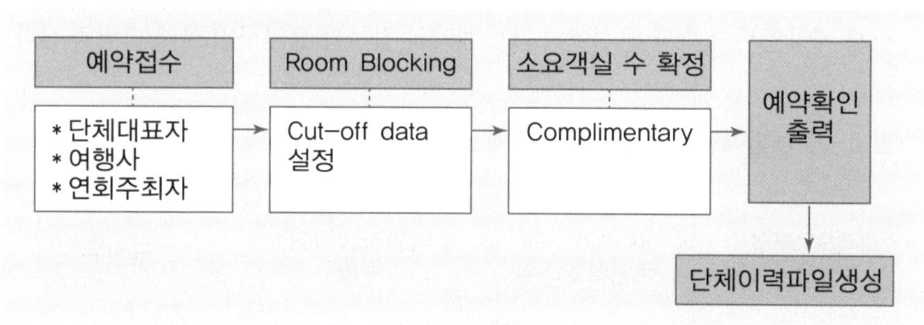

(3) 객실현황 점검(room availability)

컴퓨터로 운용되는 자산관리시스템에서는 컴퓨터 스크린에서 다양한 방법으로 객실현황을 점검할 수 있도록 해준다.

[그림 5-12] **객실현황 점검화면**

```
-------- ROOMS AVAILABLE FOR 12-05-86 ----FRIDAY    -- 1:16 PM-----
        TIER PRICING IN EFFECT:  TIER 3  RATE RANGE:  100-130
---------------------------------------------------------------------
     TOTAL ROOMS:          86          ---TYPE-----000-AVAIL-RS-G RSNG SOLD
     SOLD/RESERVED         85          KING    ( 22)        8-  20    2    8
     AVAILABLE:             1          QUEEN   ( 17)        9    1    0    7
     % OCCUPANCY:          99 %        DBDB    ( 22)       13-   1   30    4
                                       PRLR    ( 12)        3    5    2    2
     OUT OF ORDER:          1          EXEC    ( 13)       10    1    0    2
     DUE TO DEPART         12          BLK     (   )        0    0    0    0
     ROOMS TO SELL         12- *       WAIT    (   )        0    0    0    0
                                                           ---  ---  ---  ---
                                       SUMMARY              1   28   34   23
----------------------------------------
-* HOUSE COUNT *          (PLANNED)  (ACTUAL)-
- ARRIVALS TODAY              7           0 -
- WALK-INS                    -           1 -
- DEPARTURES                 12           0 -
- DEPARTURES-UNEXPECTED      00           0 -
- STAYOVERS                  24          36 -
- OUT OF ORDER                -           1 -
- VACANT ROOMS               55          48 -
    <CR>=CONTINUE  <P>=PRINT  SCREEN:
```

자료 : Linsely T, Deveau 외, 전게서, p.214.

당일 객실현황에서는 판매된 객실 수, 점유율, 고장난 객실 수, 퇴숙예정 객실 수, 판매가능 객실 수와 같은 당일의 상세한 점유현황을 점검할 수 있으며 객실배정현황에서는 객실번호, 객실의 형태, 특정 일자에 배정된 객실상황 등을 상세하게 점검할 수 있기 때문에 객실의 이중예약이나 판매를 사전에 예방할 수 있다.

(4) 예약보고서(reservation reports)

자산관리시스템의 예약모듈을 통해서 다양한 보고서의 출력이 가능하다. 예약메뉴에서 출력이 가능한 보고서들을 살펴보면 아래 화면과 같다.

[그림 5-13] **예약보고서 메뉴**

```
              C. L. S. DEMO HOTEL COMPUSYSTEM II
                     RESERVATIONS REPORTS
 -------------------------------------------------------------------
 PRINTED REPORTS                      13. TRANSACTION REGISTER
1. ROOM AVAILABILITY                  14. PICKUP LIST BY GROUP MASTER
2. ARRIVALS / DEPARTURES
3. SPECIAL ARRIVALS LISTING
4. GROUP STATUS REPORT
5. GUEST LIST/DEPARTURES ANY DATE
6. BLOCKED ROOMS
7. AVAILABLE ROOM DETAIL REPORT
8. OVERRIDDEN BLOCKED ROOMS
9. CURRENT DEPOSIT LEDGER                SPECIAL FORMS
10. RESERVATIONS MASTER LIST          15. CONFIRMATIONS
11. V. I. S MAILING LABELS            16. DUPLICATE CONFIRMATIONS
12. RESERVATIONS CHANGE REGISTER      17. REGISTRATION CARDS
                                      〈CR〉 RESERVATIONS SYSTEM
 -------------------------------------------------------------------
                   2:19 PM     TERMINAL GO     SELECT:
```

자료 : Linsely T, Deveau 외, 전게서, p.216

(5) 돌발 상황 대처요령

1) 예약 담당직원이 없을 때 고객이 예약에 관해 문의를 할 경우

예약 담당 직원의 출근 전이나 급한 용무로 인해 자리를 비웠을 경우에 발생할 수 있는 상황으로써 본인이 대처 가능한 상황이면 본인이 처리하고 만약 대처하기 어려운 상황이라면 부서장에게 위임하여 처리하거나 고객에게 양해를 구한 뒤 예약 확인 및 문의 사항에 대한 신속한 피드백(feedback)을 약속한 후 담당자가 돌아오면 인수인계한다.

2) 예약 당시 부정확한 정보 제공으로 인해 고객의 불만이 발생할 경우

고객에게 정중히 사과하고 다시 한 번 정확한 정보를 설명한 후 부서장의 승인을 얻어 최초 전달된 정보 내용과 동일한 객실, 서비스, 요금을 제공한다. 만약 부서장의 승인이 없을 경우 미리 준비된 상황별 보상 조치 내용에 의거하여 고객 불편에 대한 적절한 보상 조치를 한다.

3) 명확한 예약 내용에 대해 고객이 약속되지 않은 사항이나 과도한 요구를 할 경우

예약 일시, 예약자 성명, 예약 내용을 자세히 설명한 후, 고객의 요구에 부응할 수 있는 사항은 부서장의 승인 하에 요구를 수용하고 무리한 요구일 경우에는 호텔 측의 잘못이 아님을 다시 한 번 설명하고 고객을 이해시킨다.

4) 예약파일 분실, 시스템의 오류 등으로 인해 고객 정보가 입력되지 않은 경우

명백히 호텔의 실수일 경우, 호텔의 잘못임을 인정하고 정중히 사과한 후 부서장에게 인계하여 고객의 요구를 최대한 수용함과 동시에 적절한 부가 서비스(과일바구니, 무료 식사권 등)를 제공한다.

5) 예약담당직원의 퇴근 이후에 객실예약 팩스(Fax)가 올 경우

다음 근무자와 업무를 인수인계할 때 이 사항을 알리고 다음날 객실예약 직원이 출근하였을 때 다시 한 번 확인 전화를 한다. 예약건에 대한 팩스가 올 경우 반드시 그 내용을 끝까지 읽어보고 급한 내용이면 거기에 맞게 처리한다. 예약건을 잘못 처리할 경우 고객에게 호텔에 대한 불신감을 남길 수 있으므로 정확히 처리해야 한다.

(6) 객실예약관련 체크리스트(check list)

	항목 내용	상	중	하	비고
전화 예약	친절한 목소리로 감사인사를 하는가?				
	고객에게 기본 예약 정보를 접수하고 예약현황을 확인하는가?				
	고객에게 필요한 정보 및 공지 사항을 정확히 전달하는가?				
	고객에게 전체 예약사항을 재확인한 후 감사인사를 하는가?				
팩스 예약	수신된 예약 내용을 정확히 확인하는가?				
	고객에게 투숙 가능 여부와 희망 객실 여부 등의 내용을 전송하는가?				
	예약확인서 및 기타 정보와 함께 감사인사를 전송하는가?				
	예약 관련 발 · 수신된 모든 서류의 관리가 잘 이루어지는가?				

항목 내용		상	중	하	비고
단체 예약	친절하고 정중한 태도로 고객에게 응대하는가?				
	단체 예약 정보를 접수하고 예약현황을 확인하는가?				
	단체 고객의 인솔자에게 전체 예약 사항을 재확인하는가?				
	예약파일 작성을 마감한 후 관련 부서에 공지하는가?				
인터넷 예약	접수된 예약 내용을 확인하고 투숙 여부와 희망객실을 확인하는가?				
	객실 이용에 대한 보증금 처리 절차를 정확히 수행하는가?				
	보증금 처리가 마무리되면 예약 확인 메일을 인터넷 예약 고객에게 정확히 전송하는가?				
	예약 내용을 호텔 예약파일 양식으로 재작성하고 관련 부서에 해당 사항을 공지하는가?				
객실 현황 관리	정확한 객실현황을 확인하여 유지하고 있는가?				
	예약변경 및 취소 사항을 확인하고 관련 부서에 공지하는가?				
	현재 적정 예약률을 유지하고 있는가?				
예약 변경	예약변경이 요청된 고객의 기존 예약사항을 확인하는가?				
	예약 변경사항 및 객실이용 가능 여부를 고객에게 알리는가?				
	변경된 예약정보를 확인하고 추가정보를 제공하는가?				
	예약변경에 따른 기록 정정과 관련 부서 공지를 하는가?				
예약 취소	기존 예약정보를 확인하는가?				
	예약취소 사항을 접수하고 예약취소 사유를 확인하는가?				
	고객에게 예약취소 여부를 확인하고 처리결과를 통보하는가?				
	예약파일 삭제 및 예약현황을 정정하는가?				
초과 예약	적정 초과예약률을 유지하고 있는가?				
	초과예약 접수 및 예약사항을 확인하는가?				
	초과예약 기록 유지 및 지속적인 현황 확인은 하는가?				
	처리결과를 사전 통보하고 사후처리를 실시하는가?				
이중 판매 방지	객실 및 예약 현황에 대한 최신 기록을 유지하고 있는가?				
	관련 부서 간 의사 전달 과정에 있어 누락 및 오류는 없는가?				
	다음 근무자와의 업무 인수인계는 정확히 이루어졌는가?				
예약금 기록	규정된 절차에 따라 예약금(Deposit) 수령을 하는가?				
	예약금 수령내용을 예약파일에 기록하는가?				
	수령된 예약금에 대한 기록을 관련 부서에 통보하는가?				

호텔이 브랜드를 바꾸면 어떤 효과가 있을까?

호텔 브랜드 컨버젼(Hotel Brand Conversion)

가슴에 차고 있던 그 고귀한 명찰을 바꾼다.

수십 년 애지중지 가꾸던 정체성을 가차 없이 버리고, 채 검증되지 않은 위험한 변화를 모색한다. 본고장 말로는 Brand Conversion, 더러는 Reflagging 혹은 Re-branding이라고도 불리는 것…

호텔 브랜드 컨버젼(Hotel Brand Conversion)

호텔 브랜드 컨버젼은 시장이 제대로 성숙하지 않은 우리나라의 호텔산업, 그리고 호텔리어를 비롯한 대부분의 시장 참여자들에게 비교적 생소한 개념으로 필자 역시 예외가 아니었다. 말 그대로 호텔의 '개명'을 말한다.

혈혈단신 독립호텔이 인터내셔널 체인 브랜드(이하 '브랜드'라 칭한다. I2B : Independent to Brand)를 빌려 달거나 혹은 한 브랜드에서 다른 브랜드(B2B : Brand to Brand)로 옮겨 타거나 심지어는 브랜드 명찰을 떼고 고고한 독립호텔로 돌아가는 경우(B2I : Brand to Independent) 모두를 포함하는 개념이다.

■http://blog.cetrain.isu.edu/

호텔 산업에서 브랜드가 지니는 의미는 결코 간단치 않다. 무형의 서비스를 판매하는 호텔에서 오랜 기간 각고의 노력으로 형성되는 브랜드 이미지는 많은 걸 함축한다. 고객은 브랜드만으로도 호텔의 퀄러티를 유추하고 그 가치를 판단하게 된다. 튼튼히 구축된 브랜드를 빌려 달기만 해도 큰 마케팅 노력 없이도 고객에게 어필할 수 있다.

브랜드가 의미하는 것

브랜드가 선사하는 무형의 효과 외에도, 로열티 프로그램과 예약망 등 마케팅 자산이 기여하는 매출 효과, 호텔 운영 노하우 및 경영 자문 그리고 호텔리어를 위한 다양한 교육 프로그램 등, 호텔 운영 전반에 영향을 미치는 중요한 경영 자원들을 지원한다. 휘황찬란한 시설을 갖춘 수많은 독립 호텔들이 추가 비용을 감수하며 굳이 브랜드를 고집하는 배경이다(호텔의 이름값, 호텔 프랜차이즈 피와 여러 가지 의미/Hotel Franchise Fee Guide).

그렇지만 중차대한 영향력을 행사한다는 그 브랜드가 느닷없이 버림받는 사례도 드물지 않게 눈에 띄는 걸 보면 마냥 전가보도인 양 떠받들어 모실 건 아닌 모양이다. 브랜드 컨버젼은 본고장 미국의 호텔들이 비교적 심심찮게 채용하는 경영 수단의 하나이며, 심지어 브랜드를 아예 지우고 독립호텔의 신분으로 되돌아가는 경우도 종종 눈에 띈다(브랜드의 향방/눈여겨봐야 할 2016년 호텔산업 동향).

우리에겐 그야말로 그림의 떡이었다랄까? 아주 전례가 없었던 건 아니지만 브랜드 컨버젼이란 용어가 생소하게 들릴 정도로, 브랜드를 바꾸는 건 우리나라 호텔들에서 좀처럼 구경할 수 없던 의사결정이었다. 우리나라 호텔 산업이 몇 개 대형 브랜드에 편중되어 성장해 온데다, 그다지 크지 않은 시장 규모로 인해 브랜드 경쟁이 제한적이었을 뿐더러, 산업 역사 역시 상대적으로 짧았기 때문이다.

하지만 바야흐로 때가 무르익은 것일까?

한 브랜드에서 다른 브랜드로 갈아타는 전형적인 컨버젼이 아닌 다소 원시적인 형태이긴 하지만, 최근 우리나라 일부 호텔에서도 적극적인 브랜드 컨버젼의 움직임들이 포착되고 있다. 더플라자는 메리어트의 소프트브랜드 컬렉션 오토그래프를 도입하며 이름을 추가했고, 더팔레스 호텔은 쉐라톤 간판으로 바꿔 달 준비를 마쳤으며, 나름 인지도 있는 독립호텔 두어 곳 역시 인터내셔널 체인의 명찰을 달기 위해 물밑 작업 중인 것으로 알려지고 있다.

이와는 반대로, 벨레상스는 오랫동안 달고 있던 르네상스 명찰을 떼어낸 채 고고한 독립호텔의 신분으로 돌아갔으며, 또 다른 특1급 호텔 한 곳 역시 달고 있던 인터내셔널 체인 브랜드를 버리기로 내부 결정한 것으로 알려졌다.

왜 그들은 그동안 고이 달고 있던 그 애지중지 브랜드를 왜 교체하려 하는 것일까?

브랜드 컨버젼을 추구하는 이유는 도대체 무엇일까?

브랜드를 바꾸는 이유

그것이 여하한 형태이든 브랜드 컨버젼을 추구하는 오너의 노림수는 명료하다. 브랜드가 선사하는 파워에 의지해 더 많은 매출을 올리는 것... 그것이 객실가동율(Occupancy %)에 의한 것일 수도 있고 혹은 ADR에 의한 것일 수도 있으며, 양자가 모두 작용한 RevPAR에 의한 것일 수도 있다. 더불어, 레스토랑 등 부대시설에 의한 매출 기여 또한 무시할 수 없다. 그 만만치 않은 대가에도 불구하고 브랜드가 선사하는 효용은 지금까지 아주 선명해 보였다.

그렇지만 유명 체인의 브랜드를 달고 있으면서도 오너의 기대를 충족시키지 못한다면 비싸기만 하고 효과 의문스러운 브랜드를 굳이 거추장스럽게 달고 있어야 할 이유가 없다. 이럴 경우 브랜드를 버리는 의사결정을 하게 되는데, 아주 흔하지는 않아도 이 역시 브랜드 컨버젼의 한 형태이다.

브랜드 컨버젼을 모색하는 우리나라 호텔들의 사정은 그다지 복잡해 보이지 않는다. 긴 호시절 끝에 찾아온 카오스, 독립호텔로써의 한계를 절감하고 유명 인터내셔널 체인의 우산 아래로 들어가 소나기를 피해 가려는 경우가 대다수이겠지만, 드물게는 브랜드의 이름값에 미치지 못하는 효과에 실망해 독립호텔로 마이웨이하고자 한다. 달고 있던 브랜드에 대한 애정이 식어 '체인징 파트너' 하는 전형적인 브랜드 컨버젼 형태는 아직 한 손에 꼽을 정도이다.

앞에서 간단히 언급했지만, 우리나라의 경우 최근에서야 일부 특급 대형 호텔에서 이런 움직임이 나타나고 있다. 하지만 오늘 소개할 보고서에 의하면 미국의 경우 무려 30%에 이르는 호텔들이 개관 이후 브랜드를 바꾼 적이 있다고 한다. 꽤 놀라운 수치인데, 그만큼 대안도 풍부할 뿐더러 이런 시장 환경이 오너나 경영자의 사고를 유연하게 만들기 때문인 것으로 추정된다.

브랜드를 바꾸면 효과가 있을까?

그렇다면, 브랜드 컨버젼을 통해 과연 원하는 효과를 거둘 수 있을까?

만약 그러하다면, 어떤 형태의 브랜드 컨버젼이 가장 효과적일까?

코넬 호텔 스쿨(Cornell University School of Hotel Administration/Prof. Chekitan S. Dev)이 'Hotel Brand Conversion : What Works and What Doesn't' 라는 연구보고서를 통해 브랜드 컨버젼에 관련된 여러 경영 효과를 본격적으로 분석했으며 2015년 말 이를 발간했다. 보고서에 따르면, 복잡한 변수들이 뒤섞여 작용하므로 브랜드 컨버젼이 빈번한 미국에서조차 이 부분에 대한 조사는 제대로 이뤄진 적이 없었다고 한다(Hotel Brand Conversions – What Works and What Doesn't.pdf).

보고서의 중반부까지는 조사를 구성하는 추정과 그 배경을 설명했는데 좀 복잡하다. 평소 관심 있었던 내용이라 포기하지 않고, 간신히 읽었지만 늙은 CPU로 돌리기엔 시간이 너무 걸린다.

브랜드를 바꾸어 달면 그렇지 않았을 경우에 비해 경영이 개선될까?

어떤 형태의 컨버젼이 가장 좋은 결과를 가져오는 것일까?

적지 않은 비용을 들여 큰 맘 먹고 결정한 브랜드 컨버젼, 혹여 역효과가 발생할 가능성은 없을까?

조사대상은 1996년부터 2010년 사이 브랜드 컨버젼을 수행한 적이 있는 260개 미국의 호텔이다. 이들 호텔의 1994년부터 2012년까지 영업실적을 토대로, 동일 입지 권역에서, 컨버젼한 적이 없는 2,750개 호텔의 실적을 비교했다. 보고서는 위에 기술된 2, 3가지 관점을 토대로 작성되었는데 그 결과는 대충 아래와 같다.

1. 브랜드 컨버젼을 한 호텔의 경우 Occupancy가 평균 6% 증가한다.
2. 평균 4%의 매출 증가 효과가 있으며 ADR은 9달러, 그리고 GOPPAR(Gross Operation Profit Per Available Room)는 3% 정도 증가한다.
3. 브랜드에서 또다른 브랜드로 (B2B : Brand to Brand), 혹은 독립호텔에서 브랜드(I2B : Independent to Brand)로 컨버젼하는 경우 객실가동률이 증가한다.
4. 하지만 브랜드를 떼어내고 독립 호텔로 돌아가는 경우(B2I : Brand to Independent), Occupancy %이 오히려 하락하는 역효과가 발생한다. 260개 표본 중 대부분인 219개 호텔은 브랜드 간 컨버젼(B2B) 형태를 취했지만, 브랜드에서 독립호텔로 컨버젼(B2I) 하는 형태도 15개 케이스도 볼 수 있었으며, 26개 케이스는 독립호텔에서 브랜드로의 컨버젼(I2B) 형태를 띠었다. 의미 있는 결과로 보기엔 표본 수가 불충분하지만 일단 B2B의 경우는 6.96%, I2B의 경우는 6.74%의 객실가동율 개선효과가 보고되었다. 하지만 예상되었던 대로 B2I의 경우는 다소 다른 양상을 띤다. ADR이 상승하는 반면 Occupancy는 5.04% 감소되는 것으로 나타났다.

역효과도 발생한다

5. 컨버젼 효과가 가장 큰 형태는 다운스케일링(down scaling, 예를 들어 업스케일(upscale) 브랜드에서 미드스케일(midscale) 브랜드로 하향 전환)이며, 동일한 스케일로 브랜드를 바꾸었을 때는 컨버젼 효과는 미미하다. 하지만 흥미롭게도, 업스케이링 컨버젼(upscaling, 예를 들어 미드스케일 브랜드에서 업스케일 브랜드 상향 전환)을 채택하는 경우 오히려 부정적인 효과가 발생한다. 표본 260개 호텔 중 43개 호텔은 다운스케일링, 109개 호텔은 업스케일링 컨버젼을 채택했다. 다소 의외의 결과가 나타났는데, 업스케일링 컨버젼의 경우 효과가 부정적이었던 반면 다운스케일링 하는 경우에만 긍정적인 효과가 있는 것으로 보고되었다. 아마도 소비자에게 이미 인지된 이전 브랜드가 영향을 미치는 상태에서 새로운 브랜드 스케일에 대한 기대심리가 함께 작용한 때문으로 추정된다.
6. 다른 호텔 그룹의 브랜드로 갈아 탈 경우(예를 들어, 스타우드의 포포인츠에서 힐튼의 햄튼인으로 바꾸는 형태) 긍정적인 효과가 있지만, 동일 호텔 페밀리 그룹 내

다른 브랜드로 바꾸는 컨버젼(예를 들어, 스타우드의 포포인츠에서 스타우드의 쉐라톤으로 바꾸는 형태)는 그 효과가 미미하다. 260개 조사대상 호텔 중 29%는 동일한 호텔 그룹의 브랜드로 컨버젼 한 케이스이다. 이 형태는 마케팅 자산과 예약망, 운영시스템 등을 바꾸지 않아도 되는 장점을 갖고 있지만 동일한 브랜드 그룹 내 다른 브랜드를 채용하게 되므로 컨버젼 효과가 제한적일 수 있다. 보고서에 따르면 이 경우 컨버젼 효과가 거의 없는 것으로 나타났다. 아예 다른 호텔 그룹의 브랜드로 바꾸어 다는 컨버젼 형태의 효과가 보다 큰 것으로 드러났는데, 이미 브랜드에 만족하지 못해 변화를 모색하고 있는 상태에서, 기존의 브랜드가 제시하는 엇비슷한 성향의 대안 보다는 다른 호텔 그룹의 브랜드에서 호텔의 입지나 물적 특성에 더 어울리는 대안을 찾는 때문인 것으로 추정된다.

■ 이미지: http://stock-clip.com/video-footage/tax+collection

가장 효율적인 브랜드 컨버젼

보고서의 결과를 다시 간추리면,

i) 독립호텔이라면 인터내셔널 브랜드를 채용했을 때 모든 객실 경영지표가 개선되는 효과를 기대할 수 있으며(그렇지만 프랜차이징 비용과의 상관관계, 즉 득실을 따지는 부분은 조사 범위에 포함되지 않았다),

ii) 이미 브랜드를 달고 있는 곳이라면 다른 호텔 그룹의 하위 스케일 브랜드로 갈아타는 다운스케일링 down-scaling 컨버젼 형태를 가장 우선적인 대안으로 제안한다고 할 수 있다.

조사 결과와는 별개로 이 조사 보고서는 각 시장 참여자에게 여러 가지 시사점을 제공한다.

a. 호텔을 소유한 오너가 브랜드 채용을 고려할 경우, 급변하는 시장 상황을 브랜드 컨버젼으로 대응할 수 있도록 프랜차이즈(혹은 경영위탁) 계약의 기간을 가급적 짧게 가져갈 것을 제안하는 반면,

b. 브랜드에 속한 브랜드 관리자에겐 더욱 긴 계약이 체결될 수 있도록 노력하되, 이를 유도하기 위해 장기 계약을 채택하는 오너에게 인센티브를 제공할 것을 충고한다.

c. 아울러 호텔 개발자에게는 추후 브랜드 컨버젼이 용이할 수 있도록 호텔을 디자인하고 건축할 때 가급적 표준형을 적용할 것을 제안하고 있다.

d. 이에 더해, 각 브랜드에서는 해당 브랜드로의 컨버젼을 유도하고 장려하기 위해 브랜드 RevPAR 등 브랜드 실적자료 Hotel Brand Index를 구축해 정기적으로 발행할 필요도 있다.

브랜드 컨버젼이 비교적 흔히 발생하는 미국 호텔 산업의 예이니 시장상황과 산업 저변이 판이하게 다른 우리나라 호텔들의 의사결정에 이 조사 결과를 반영하기엔 무리가 따를 것으로 보인다.

하지만 수요와 공급시장이 한층 확대되면서 시장 환경이 점차 복잡하게 얽히고 있는 우리나라에서도 앞으로는 더 빈번하게 볼 수 있지 않을까? 호텔의 경영 사정이 만족스럽지 않아 여러 대안을 모색할 때 이 브랜드 컨버젼 역시 유력하게 검토될 수 있는 환경이 점차 마련되고 있다.

자료 : 늙은 호텔리어 몽돌의 호텔이야기 2016. 05. 16일

연습문제

1. 객실예약직원이 사전에 갖추어야 할 지식은 무엇인가?

2. 객실예약지배인의 주요업무는 무엇인가?

3. 객실예약의 신청 경로 중 직접예약에는 어떠한 것이 있는가?

4. CRS와 GDS를 비교 설명하시오.

5. 객실예약의 유형 및 방법 중 보증예약이란 무엇이며, 그 종류를 설명하시오.

6. 예약담당자가 예약접수 시에 반드시 획득해야 할 고객의 정보는 무엇인가?

7. 개별예약(FIT reservation)의 지불방법에 대해서 설명하시오.

8. 초과예약(over-booking)의 처리요령에 대하여 설명하시오.

9. 노-쇼(no-show)의 처리요령에 대하여 설명하시오.

10. yield management system에 대하여 설명하시오.

제6장

프런트 데스크 업무

제1절 등록 업무

호텔투숙을 위한 등록 업무는 우선 고객을 친절하고 따뜻하게 맞이하는데서부터 시작된다. 프런트 데스크 종사원은 고객의 예약 상황을 먼저 확인한 후에 등록 업무를 진행하기 때문에 신속·정확한 등록업무의 처리를 위해서는 예약과정에서 획득한 고객의 정보가 대단히 중요한 역할을 하게 된다.

일반적으로 프런트 데스크에서 등록 업무를 취급하는 종사원을 룸 클럭(room clerk)이라고 하며 호텔에 따라서는 리셉션 클럭(reception clerk) 또는 프런트 클럭(front clerk)이라고도 한다. 룸 클럭 또는 데스크 클럭의 관점에서 개인고객을 위한 등록 업무의 수행절차는 다음과 같이 5단계로 나눌 수 있다. 다만, 객실변경이 있을 경우에는 객실배정 단계에서 처리되는 것으로 본다.

1. 개인고객의 등록절차

[그림 6-1] **개인고객의 체크-인 절차**

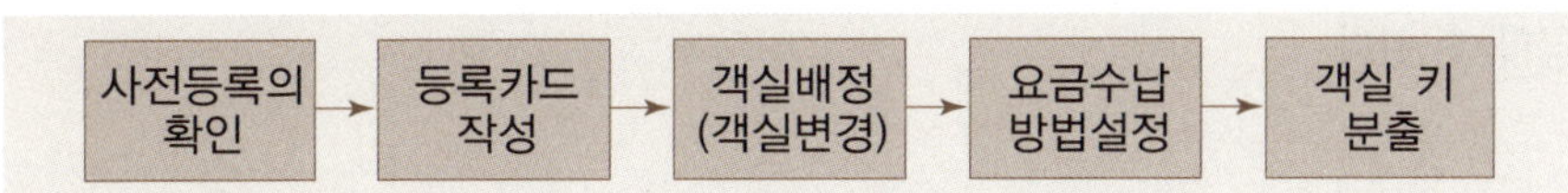

(1) 사전등록의 확인(pre-registration activity)

사전등록은 고객이 호텔에 도착하기 전에 미리 등록하는 절차로서 예약과정에서 예약담당자에 의해 이루어진다. 사전 등록한 고객의 경우는 자신이 원하는 객실형태나 요금, 객실번호 등이 이미 확정되어 있기 때문에 호텔에 도착하여 별도의 등록카드를 작성할 필요가 없으며 룸 클럭은 단지 이러한 내용을 고객에게 확인시키고 서명만 받으면 된다.

그러나 프런트 오피스 매니저들은 사전 등록한 객실이라 할지라도 갑자기 취소되거나 수정되는 경우가 종종 있기 때문에 고객이 도착하기 전에 특정객실을 고객에게 미리 배정하는 데는 신중을 기해야 한다. 왜냐하면 사전에 특정객실을 미리 배정하는 것은 최종순간에 예약상황이 변경될 경우 객실수요의 조정에 상당한 혼란을 가져올 수 있기 때문이다.

이외에도 고객이 도착하기 전에 대량의 객실을 미리 배정하는 것은 사전에 등록하지 않은 고객에게 배정되는 객실 수를 제한시킬 뿐만 아니라 이러한 불균형은 결국 등록절차를 지연시키게 되어 고객에게 호텔에 대한 부정적인 인상을 심어줄 수도 있다.

따라서 호텔은 여러 가지 운영경험을 바탕으로 하여 사전등록 방침을 설정해야 하지만 사전등록은 특별히 지정한 VIP고객이나 아니면 특정단체에 한정시키는 것이 바람직하다.

수작업이나 반자동화 시스템으로 운영되는 프런트 오피스 시스템에서 이러한 사전등록 업무는 모두 수작업으로 진행되지만 컴퓨터시스템으로 운영되는 프런트 오피스 시스템에서는 예약과정에서 획득한 고객정보를 컴퓨터가 등록카드로 자동 전환시켜 주기 때문에 모든 도착예정고객에 대해서 사전등록 서비스를 제공할 수 있다.

[그림 6-2] **사전등록카드의 예**

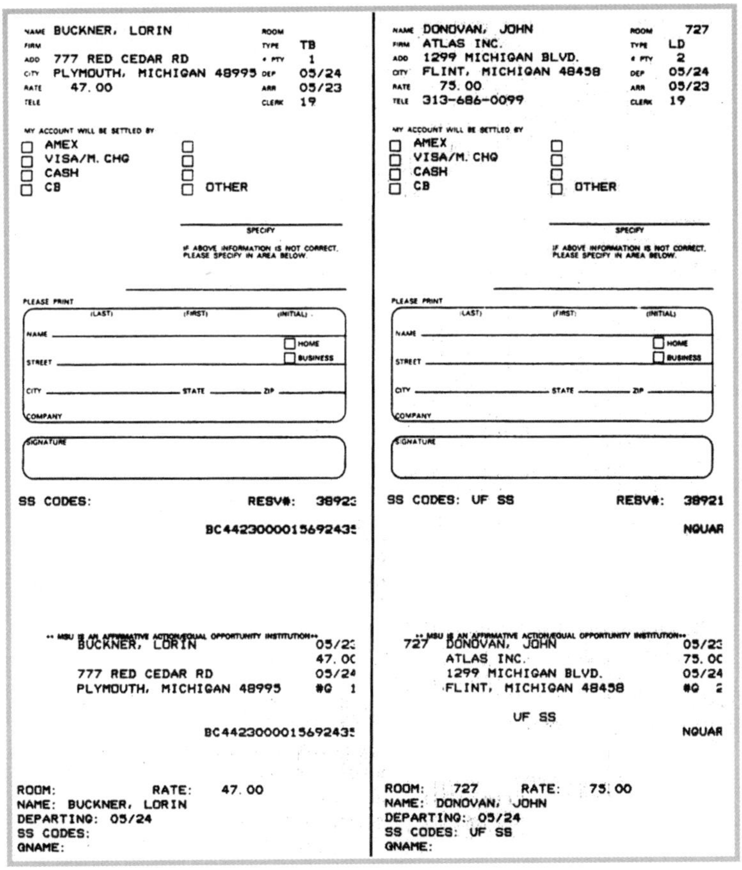
NAME BUCKNER, LORIN ROOM
FIRM TYPE TB
ADD 777 RED CEDAR RD # PTY 1
CITY PLYMOUTH, MICHIGAN 48995 DEP 05/24
RATE 47.00 ARR 05/23
TELE CLERK 19

MY ACCOUNT WILL BE SETTLED BY
AMEX
VISA/M. CHG
CASH
CB
OTHER

SPECIFY

IF ABOVE INFORMATION IS NOT CORRECT, PLEASE SPECIFY IN AREA BELOW.

PLEASE PRINT (LAST) (FIRST) (INITIAL)
NAME HOME
STREET BUSINESS
CITY STATE ZIP
COMPANY
SIGNATURE

SS CODES: RESV#: 38923
BC4423000015692435

** MSU IS AN AFFIRMATIVE ACTION/EQUAL OPPORTUNITY INSTITUTION**
BUCKNER, LORIN 05/23
47.00
777 RED CEDAR RD 05/24
PLYMOUTH, MICHIGAN 48995 #G 1

BC4423000015692435

ROOM: RATE: 47.00
NAME: BUCKNER, LORIN
DEPARTING: 05/24
SS CODES:
GNAME:

NAME DONOVAN, JOHN ROOM 727
FIRM ATLAS INC. TYPE LD
ADD 1299 MICHIGAN BLVD. # PTY 2
CITY FLINT, MICHIGAN 48458 DEP 05/24
RATE 75.00 ARR 05/23
TELE 313-686-0099 CLERK 19

MY ACCOUNT WILL BE SETTLED BY
AMEX
VISA/M. CHG
CASH
CB
OTHER

SPECIFY

IF ABOVE INFORMATION IS NOT CORRECT, PLEASE SPECIFY IN AREA BELOW.

PLEASE PRINT (LAST) (FIRST) (INITIAL)
NAME HOME
STREET BUSINESS
CITY STATE ZIP
COMPANY
SIGNATURE

SS CODES: UF SS RESV#: 38921
NGUAR

** MSU IS AN AFFIRMATIVE ACTION/EQUAL OPPORTUNITY INSTITUTION**
727 DONOVAN, JOHN 05/23
ATLAS INC. 75.00
1299 MICHIGAN BLVD. 05/24
FLINT, MICHIGAN 48458 #G 2

UF SS

NGUAR

ROOM: 727 RATE: 75.00
NAME: DONOVAN, JOHN
DEPARTING: 05/24
SS CODES: UF SS
GNAME:

자료 : Michael L, Kasavana 외, 전게서, p.185.

(2) 등록카드 작성(registration record)

고객이 호텔에 도착하게 되면 룸 클럭은 고객의 중요한 정보가 담긴 등록카드를 작성하게 된다. 등록카드에는 고객의 성명, 주소, 전화번호, 근무처, 그리고 기타 필요한 개인정보가 기록되며 고객의 귀중품 보관에 관한 호텔의 책임을 명시해준다.

등록카드를 작성하는 주요 목적은 객실이용에 관한 고객과의 약속과 고객관리차원 등 각종 통계목적으로 작성하며, 스키퍼(skipper) 발생 시에 문제를 해결할 수 있는 자료가 된다. 수작업시스템이나 반자동화 시스템으로 운영되는 프런

[그림 6-3] **사례호텔의 등록카드**

Sheraton Walker Hill HOTEL & TOWERS SEOUL

ROOM NO :	
ROOM RATE :	
ARRIVAL DATE :	
DEPARTURE DATE :	

IF THERE IS ANY CHANGE TO THE INFORMATION, PLEASE NOTIFY FRONT DESK IMMEDIATELY.
10% SERVICE CHARGE & 10% TAX WILL BE ADDED.
CHECK OUT TIME 12 NOON

Sheraton Walker Hill HOTEL & TOWERS SEOUL

REGISTRATION CARD

LAST NAME (姓名)	FIRST NAME	□MR □MS □MRS □MISS	BOOKED BY	ROOM NO.
ADDRESS (住所)			ARRIVAL DATE (到着日)	DEPARTURE DATE (出発日)
			PHONE (電話)	DATE OF BIRTH (生年月日)
PASSPORT NO (旅券番号) (주민등록번호)	NATIONALITY (国籍)		PURPOSE OF TRAVEL (旅行目的) □TOUR □BUSINESS □OTHERS	
NAME OF COMPANY (會社名)	OCCUPATION & TITLE (職業)		SIGNATURE (署名)	

ROOM TYPE	GUESTS	NIGHTS	ROOMS	DAILY RATE	CO./GRP CODE	G R N

PAYMENT
□CASH □VOUCHER □BILL TO
□CREDIT CARD □DEPOSIT □OTHERS

※ REMARKS

DEP. FLT. NO.
CHECK OUT TIME

TAX	HB	LB	GT	SB	PF	LC	CLERK

NOTICE
貴重品은 必히 후론트에 保管해 주십시오. 客室内에서 貴重品의 紛失等에 對하여 호텔은 責任을 負担치 않으니 諒知바랍니다.
貴重品は必ずフロントにお預け下さい 客室内での紛失等について、ホテルは責任を負担かねますのでご了承下さい。
SHERATON WALKER HILL WILL NOT BE LIABLE FOR LOSS OF MONEY OR VALUABLES UNLESS THEY ARE PLACED IN THE SAFE DEPOSIT BOX AT THE FRONT OFFICE CASHIER
THE SHERATON WALKER HILL IS OWNED BY WALKER HILL LIMITED AND OPERATED UNDER A LICENSE ISSUED BY SHERATON INTERNATIONAL INC

HISTORY

GRN :

C/O DATE	ROOM NO.	NIGHTS	ROOM REVENUE	TOTAL REVENUE	COMMENTS

* SERVICE INFORMATION

트 오피스 시스템에서는 고객이 호텔에 체재하는 동안 고객의 등록카드는 룸 랙이나 첨부된 고객폴리오에 보관되어 폴리오트레이에 놓이지만 컴퓨터시스템으로 운영되는 호텔에서는 모든 고객의 등록카드 정보는 자동적으로 컴퓨터 파일에 저장된다. 고객등록정보의 흐름을 도식화하면 다음 그림과 같다.

[그림 6-4] **고객등록정보의 흐름**

자료 : Michael L, Kasavana 외, 전게서, p.187.

체크-아웃 시점에서 고객의 등록카드에 수록된 정보는 고객이력카드의 작성을 위한 주요자료로 활용되며 호텔의 미래 판촉활동을 위한 자료로서 이용되기도 한다. 그리고 고객이력 카드에 수록된 정보는 마케팅 전략의 개발이나 추후 재방문하였을 시에 고객에게 보다 나은 서비스를 제공할 수 있는 자료로 활용된다.

(3) 객실배정 업무(room assignment)

객실배정 업무는 등록업무의 중요한 부분으로서 만실(full house)이 될 때까지 판매가능 객실을 특정객실의 범주에서 찾아 고객에게 배정하는 절차를 의미한다. 이러한 객실배정은 예약에 의한 당일도착예정 고객에게 객실을 배당하거나 당일 예약된 고객이 도착하기 전에 객실을 미리 배정해 둠으로써 고객이 호텔에 도착하여 신속하게 객실에 투숙할 수 있도록 하기 위함이다.

따라서 프런트 데스크의 객실배정 담당자는 호텔 전 객실의 형태와 특징, 그리고 해당객실요금을 파악하고 있어야 하며, VIP나 지체장애자의 예약처럼 특별한 요구사항이 있는 고객의 경우 모든 조건에 적합하도록 합리적으로 객실을 배정해야 한다.

프런트 데스크의 객실배정담당자의 객실배정 업무를 세분하여 설명하면 다음과 같다.

① **객실현황**(room status) **확인**

현재의 객실상황이 어떤가를 명확하게 파악하는 것은 효율적인 객실배정을 위해서 필수적이다. 이러한 객실현황은 일반적으로 거시적인 측면에서는 예약상황, 그리고 미시적인 측면에서는 하우스키핑 정비보고서를 통해 정확히 파악할 수 있다. 객실현황을 파악하기 위한 수단으로 룸 랙 슬립과 컴퓨터 시스템이 일반적으로 이용된다.

룸 랙 슬립을 이용하는 경우는 수작업 시스템이나 반자동화 시스템으로 운영되는 프런트 오피스 시스템에서 주로 이용된다. 프런트 데스크의 해당 객실의 룸 랙에 슬립이 꽂혀 있는 경우 객실이 현재 사용 중임을 의미한다. 그리고 고객의 체크-아웃과 동시에 이 슬립은 제거되며 객실상황은 정비를 필요로 하는 객실(on-change)상태로 변경하게 된다.

[그림 6-5] **객실정비 보고서의 예**

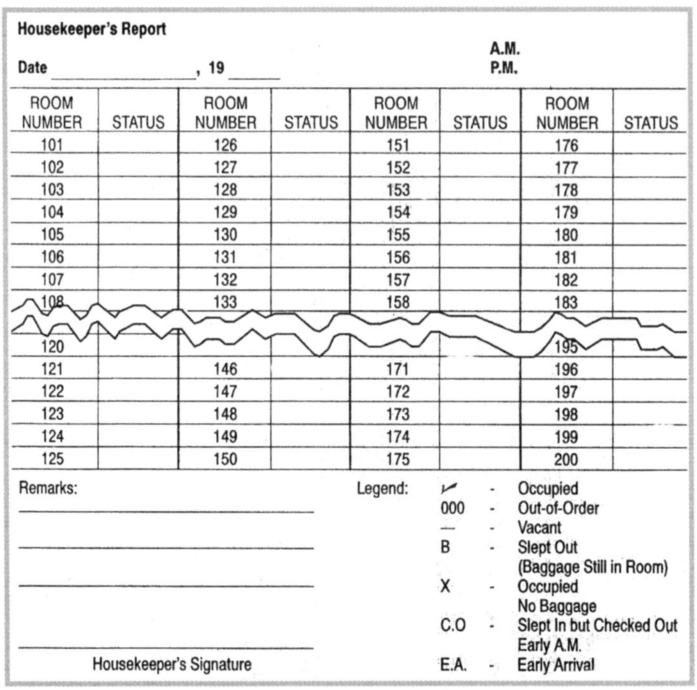

Housekeeper's Report

Date ______________, 19 ______ A.M. P.M.

ROOM NUMBER	STATUS	ROOM NUMBER	STATUS	ROOM NUMBER	STATUS	ROOM NUMBER	STATUS
101		126		151		176	
102		127		152		177	
103		128		153		178	
104		129		154		179	
105		130		155		180	
106		131		156		181	
107		132		157		182	
108		133		158		183	
120						195	
121		146		171		196	
122		147		172		197	
123		148		173		198	
124		149		174		199	
125		150		175		200	

Remarks:

Housekeeper's Signature

Legend:
✓ - Occupied
000 - Out-of-Order
— - Vacant
B - Slept Out (Baggage Still in Room)
X - Occupied No Baggage
C.O - Slept In but Checked Out Early A.M.
E.A. - Early Arrival

자료 : Michael L, Kasavana 외, 전게서, p.191.

컴퓨터시스템으로 운영되는 경우는 점유(occupied)에서 비어 있는 객실(vacant) 또는 정비를 필요로 하는 객실(on-change)로 자동 변경시켜주기 때문에 하우스키핑 담당자는 하우스키핑 사무실에 설치되어 있는 컴퓨터 터미널을 통해 정비를 필요로 하는 객실현황을 쉽게 파악할 수 있다.

그리고 또한 컴퓨터 터미널을 통해 자동 출력되는 객실점유보고서(room occupancy report)는 당일의 객실점유현황과 익일 체크-아웃 예정인 객실 수를 나타내주므로 하우스키핑담당자는 이 보고서를 토대로 객실정비 보고서(housekeeping status report)를 작성하게 된다.

만약 하우스키핑의 객실정비 보고서와 프런트 데스크의 객실현황이 서로 차이가 있을 경우는 고객의 욕구를 충족시킬 수 있는 호텔의 능력이나 객실판매의 극대화에 심각한 영향을 줄 수 있기 때문에 두 부문 간의 객실현황의 차이는 그 원인을 신속하게 규명하여 일치하도록 해야 한다.

② 객실배정 원칙

객실을 배정할 때는 호텔의 객실 평면도(floor plan)를 참고하여 각 층의 객실 배정 상황을 조절해 가면서 배정하는 것이 훨씬 능률적이다. 일반적으로 객실을 배정할 때에는 다음과 같은 예약조건에 따라 우선적으로 객실을 배정한다.

- VIP 예약
- 블록(block)이 설정된 예약
- 커넥팅 룸(connecting room)이나 인접객실(adjoining room)의 예약
- 특정 층이나 객실번호를 미리 지정한 예약
- 일행이 많은 고객이나 동일 층에 투숙하기를 원하는 고객
- 판촉부의 사전 요구가 있는 고객
- suite room이나 소수보유 객실의 예약
- 관광이나 컨벤션을 위한 단체고객
- 고객의 혼잡이 예상되는 주말이나 휴일 등의 초과예약

[그림 6-6] **사례호텔의 객실평면도**

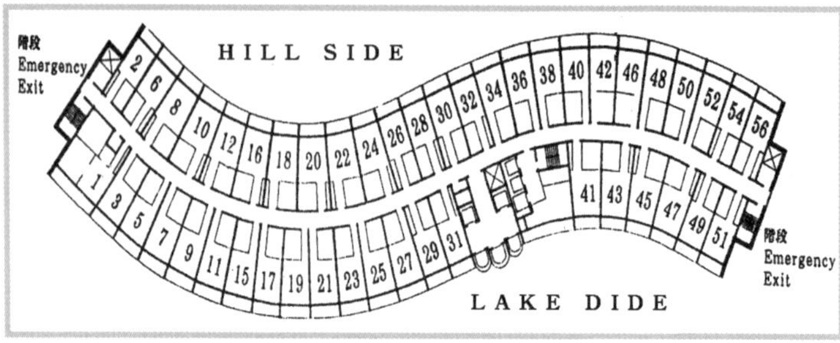

자료 : 경주 현대 호텔

(4) 객실변경(room change) 업무

고객이 요청했을 경우 또는 호텔 사정상 불가피하게 변경할 경우 객실변경이 발생하며, 호텔 사정일 경우 고객에게 양해를 구하고 그에 따른 요금할인, 객실 업그레이드(upgrade), 과일바구니 등의 적절한 보상을 제공한다. 변경 시 고객의 짐 운반, 메시지 전달, 요청 서비스 제공에 착오가 없도록 한다.

① 변경 객실 확인

- 객실 현황을 참고로 변경 가능 객실을 확인한다.
- 변경 가능 객실 중 고객이 선호하는 객실 형태를 결정한다.
- 변경 예정 객실의 정비 상태를 확인한다.

② 고객 통보

- 변경 객실에 대한 최종 점검 후 고객에게 원하는 객실 변경 시간을 확인한다.
- 가능한 고객이 원하는 시간에 객실 변경이 이루어지도록 한다.

③ 객실 변경

- 객실 변경 시간이 되면 고객이 불편이 없도록 신속히 객실 변경 업무를 수행한다.
- 등록카드, 객실현황 등 관련 파일과 서류상의 객실 번호를 정정하여 기록한다.

- 객실요금에 변동이 있을 경우 변동요금으로 기록한다.
- 관련 부서에 객실변경사항에 대한 정보를 전달한다.

④ 최종 확인

- 객실변경이 완료되면 고객 수하물 운반, 메시지 및 기타 전달물의 전달 등의 사항을 최종 확인한다.

(5) 요금수납방법 설정(method of payment)

고객이 현금이나 수표, 신용카드, 그리고 그 이외의 다른 방법으로 요금을 지불하든 간에 호텔은 요금지불을 보장하기 위한 예방적 수단을 강구해야만 한다. 따라서 효과적인 요금수납방법의 설정은 고객의 등록시점에서 결정해야 하며 그렇게 함으로써 추가적으로 발생하는 청구나 회수문제 그리고 고객의 체크-아웃 시에 요금정산과 관련된 분쟁을 미연에 방지할 수 있다.

① 현금(cash)

등록 시에 객실요금을 현금으로 지불한 고객에 한해서는 완불 고객 명부(paid-in-advance list)를 작성하여 각 업장에 통보하고 만약 이 고객이 업장을 이용할 시에는 판매시점에서 모든 계산을 완료하도록 한다.

② 수표(check)

객실요금을 수표로 지불한 고객의 경우 부도의 여부를 반드시 확인해야 할 필요가 있으며 수표의 뒷면에 고객의 주민등록번호, 주소 그리고 전화번호를 명기해 두어야 한다.

③ 신용카드(credit card)

고객이 사용하는 신용카드에 대한 조회와 승인절차는 다른 어떤 지불방법에 취해진 예방적 조치보다 더 중요하다. 신용카드 이용 시에는 카드회사, 유효기간을 확인하고 온라인 승인을 반드시 거쳐야 한다. 만약 거래승인이 거절되는 카드를 소지한 고객을 대할 때는 고객의 체면을 손상시키는 일이 일어나지 않도록 신중을 기해야 한다.

[그림 6-7] **신용카드 바우처**

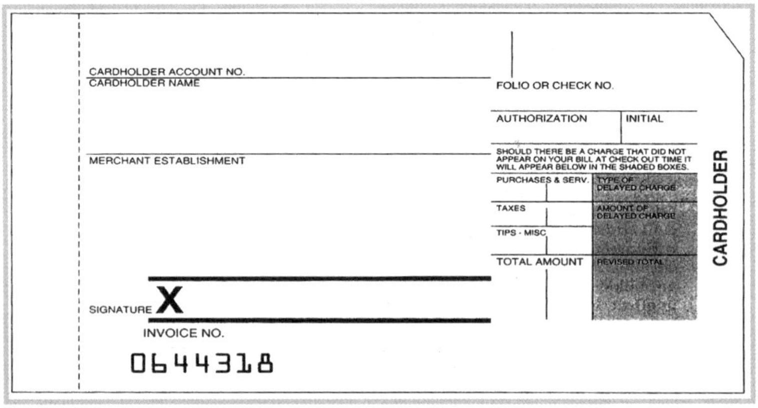
CARDHOLDER ACCOUNT NO.
CARDHOLDER NAME
FOLIO OR CHECK NO.
AUTHORIZATION
INITIAL
MERCHANT ESTABLISHMENT
SHOULD THERE BE A CHARGE THAT DID NOT APPEAR ON YOUR BILL AT CHECK OUT TIME IT WILL APPEAR BELOW IN THE SHADED BOXES.
PURCHASES & SERV.
TYPE OF DELAYED CHARGE
TAXES
AMOUNT OF DELAYED CHARGE
TIPS · MISC
TOTAL AMOUNT
REVISED TOTAL
CARDHOLDER
SIGNATURE X
INVOICE NO.
0644318

(6) 객실 키의 불출

객실 키를 고객에게 불출함으로써 프런트 데스크에서의 등록절차는 마감된다. 호텔의 객실 키는 고객안전을 보장하는 가장 기본적인 도구로써 고객의 체크-인과 동시에 객실 키를 고객 스스로가 통제할 수 있도록 키 시스템에 대한 구체적인 설명이 있어야 하며 체크-아웃할 때 반드시 반납하도록 해야 한다.

객실 키는 일반적으로 금속으로 제작된 키가 사용되어 왔으나 최근 대부분의 호텔들이 컴퓨터 시스템을 도입함에 따라 호텔 내부의 컴퓨터에 연결된 전자 키 통제시스템으로 운영하고 있다. 이러한 전자 키는 플라스틱 카드에 마이크로 테이프가 부착되어 고객이 보관하고 사용하는데 대단히 편리하다.

금속 키를 분실한 경우 이를 다시 제작하는 데는 많은 시간이 걸리는 단점이 있지만 전자 키 시스템은 컴퓨터의 조작으로 단 몇 초 만에 재발급할 수 있기 때문에 매우 편리한 점이 있으며 또한 고객의 안전도 향상시킬 수 있게 되었다.

호텔 컴퓨터시스템의 도입에 따라 대부분의 호텔에서 일반적으로 이용하고 있는 전자 키 카드의 종류를 살펴보면 다음과 같다.

[그림 6-8] **전자 키 시스템과 금속 키 시스템**

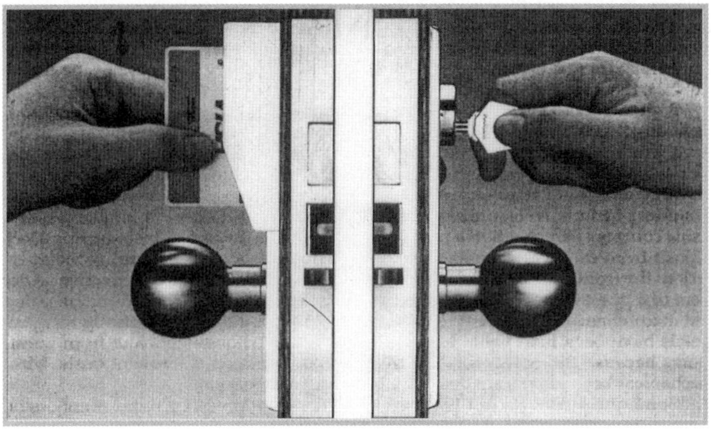

자료 : Michael L, Kasavana 외 전게서, p.244.

[그림 6-9] **전자 키 카드**

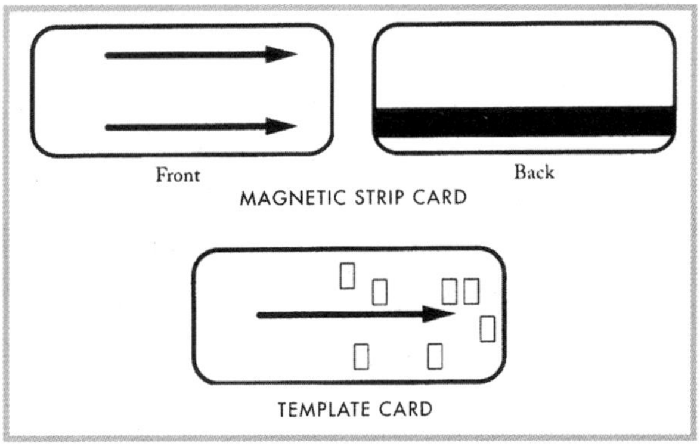

자료 : James A. Bardi, Hotel Front office Management, 2nd ed., 1996, p.236.

① **신규 고객 키**(new guest key)

고객이 등록한 후 프런트 데스크 종사원이 키 입력시스템을 이용해 고객에게 신규로 발급해 주는 키를 말한다.

② **복사 키**(copy key)

객실에 여러 명이 동시에 투숙할 경우 1개의 키로서는 사용이 불편하므로 고객의 요청에 따라 처음 발급했던 키와 동일하게 발급해주는 키를 말한다.

③ **1회용 키**(one shot key)

단 1회만 사용할 수 있는 키로서 시간제한이 있다. 객실의 점검(room inspection)이나 객실견학(room showing) 등을 위해 사용된다.

④ **시퀀셜 키**(sequential key)

키 발급 후 사용하지 않고 3회 이상 발급했을 경우 더 이상 사용할 수 없도록 되어 있는 키이다.

⑤ **층별 마스터 키**(floor master key)

해당 층의 모든 객실을 열 수 있는 키로서 주로 정비를 담당하는 룸 메이드(room maid)가 사용한다.

⑥ **블럭 마스터 키**(block master key)

해당 블럭에 속하는 객실을 모두 열 수 있는 키로서 주로 객실 점검자(room inspector)가 사용하는 키이다.

⑦ **구역 마스터 키**(area master key)

여러 개의 블럭 마스터 키 기능을 가지고 있는 키로서 객실정비 책임자(housekeeper)나 프런트 데스크의 당직지배인(duty manager)이 사용하는 키이다.

⑧ **그랜드 마스터 키**(grand master key)

호텔 전체의 객실을 모두 열 수 있는 키로서 화재와 같은 비상시에 사용하며 총지배인이나 부지배인이 관리하는 키이다.

객실 키는 고객의 신변안전은 물론 고객이 소지한 물품의 관리와 밀접한 관계가 있기 때문에 철저하게 관리해야 한다. 객실 키 관리에 대한 주의사항을 살펴보면 다음과 같다.

- 등록 완료 후에 객실 키를 고객에게 불출할 때는 주위의 고객이 객실번호를 알아차리지 못하도록 해야 한다.

- 객실 키에는 어떠한 경우를 막론하고 객실번호나 객실번호를 식별할 수 있는 숫자로 표시해서는 안 되며 당 호텔만이 사용하는 특별한 코드를 부여하여 관리해야 한다.
- 고객의 체크-아웃 시에는 객실 키를 반드시 반납하도록 고객에게 요청한다.
- 비상키를 포함한 모든 마스터 키의 사용은 반드시 키 관리 대장에 사용목적, 사용시간, 사용자 등을 기록해야 하며 사용 후에는 즉시 보관 담당자에게 반납하여야 한다.
- 객실 키를 발급할 때는 반드시 기록을 유지해야 하며 담당부서장의 주기적인 점검을 받아야 한다.
- 만약 고객이 키를 분실하였거나 종업원이 소지하고 있는 마스터 키를 분실하였을 경우는 즉시 시스템을 교체하여 다른 사람이 키를 사용할 수 없도록 조치해야 한다.
- 타 부서의 종업원이 객실 키를 호텔 내에서 발견하였을 경우 즉시 프런트 데스크에 반납해야 한다.

전술한 개인고객 즉 FIT고객에 대한 등록절차를 종합적으로 정리하여 보면 다음과 같다.

[그림 6-10] **FIT고객에 대한 체크-인 흐름도**

고객영접	벨 데스크 종사원의 안내에 따라 고객이 프런트 데스크로 올 경우 밝은 미소로 인사를 하며 최대한 관심을 보이도록 한다.
예약정보파악	예약 여부를 물어본 후 컴퓨터(CRT)상으로 고객의 예약상황을 파악한다.
등록카드작성	예약확인 후 등록카드(registration card)에 고객에 대한 신상을 기록해 달라고 부탁한다. 이때 꼭 서명(sign)을 받아 두어야 한다.
객실배정	고객이 등록카드를 작성하는 동안 프런트 데스크 종사원은 객실정비 유무를 확인한 후 만약 객실정비가 이루어지지 않았을 경우 빨리 다른 객실로 배정하도록 한다.
	가능하다면 프런트 데스크 종사원은 권유판매(up-selling)를 실시하여 객단가(average rate)를 높이도록 유도한다.
	고객이 예약한 객실과 동일하더라도 다시 한번 더 고객이 원하는 객실에 대한 재확인을 실시하여 룸 체인지(room change)를 하는 경우를 줄이도록 한다.
지불조건확인	고객에게 지불(payment) 방법에 대하여 여쭤본 후 스키퍼(skipper) 방지를 위해 현금을 예치(deposit)하거나 신용카드(credit card)로 지불 시 신용카드로 객실요금을 승인받아 놓는다. 이는 체크아웃 시 승인문제로 인한 불평을 줄일 수 있으며, 또한 신속한 체크아웃업무를 수행할 수 있다.
객실키 제공	고객에게 객실키를 제공한 후 감사의 말을 전한다.
등록카드 정리	등록카드 내용을 컴퓨터에 입력 및 수정을 한다.

자료 : 송대근 · 강용관, 호텔객실서비스실무, 대왕사, 2011년, p.78.

2. 단체고객의 등록절차

단체고객의 체크-인은 많은 사람들이 동시에 도착하기 때문에 프런트 데스크는 매우 혼잡하게 된다. 따라서 단체고객의 체크-인 시에는 단체고객을 인솔하는 여행사 직원이나 단체의 인솔자와 긴밀하게 협조하여 간략한 등록절차를 밟도록 해야 한다.

단체고객의 등록절차를 요약하면 다음과 같다.

[도표 6-11] **단체고객의 체크-인 절차**

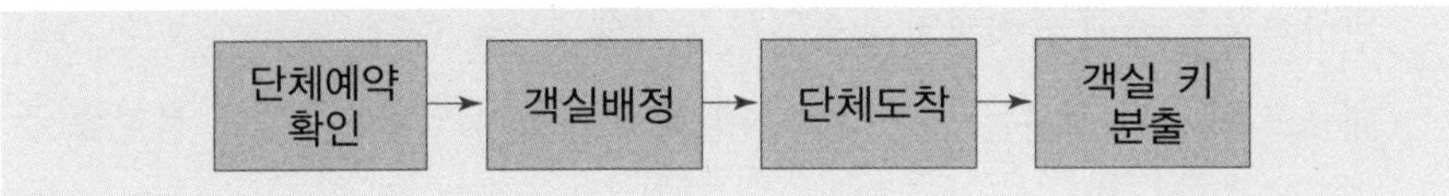

(1) 단체예약의 확인

당일도착예정 단체에 대하여 프런트 데스크 담당자는 관련단체의 인솔자나 거래처에 직접 확인한 다음 이용객실 수의 변경 유무, 객실형태, 인원수, 도착시간, 교통편, 식사, 수화물, 요금지불방법 등을 재확인하고 당일의 객실판매계획을 수립한다.

(2) 객실배정

단체고객의 객실배정은 가능하면 일반 개인고객과 분리하되 동일 층으로 배정하는 것이 효과적이다. 이때 단체고객들에게 호텔에서 차별대우를 한다는 느낌을 주지 않도록 세심하게 배려해야 한다. 객실배정 시에는 고객 간에 상호 연락을 취할 수 있도록 단체 투숙자 명부를 작성하여 나누어 주어야 하며 만약 고객들 간에 객실을 변경해야 할 경우가 발생하면 객실 내의 미니바(mini-bar)나 전화서비스 요금이 객실별로 부과된다는 사실을 주지시켜 체크-아웃 시에 마찰을 피할 수 있도록 조치해야 한다.

(3) 단체의 도착

단체고객의 체크-인 시는 혼잡을 피하기 위해 고객에 대한 구체적인 정보를 사전에 입수하여 등록시간을 최대한 단축할 수 있도록 해야 한다. 갑작스런 변경이나 즉흥적인 요구사항들이 발생할 수 있으므로 단체의 도착 예정시간에는 벨 맨이나 판촉부 담당자는 로비에 대기하여 이들을 영접토록 해야 한다.

- 당직지배인이나 단체고객 담당자가 그룹코디네이터(group coordinator)역할을 담당하여 단체에 대한 등록업무를 처리하고 단체인솔자들과 원활한 의사소통을 통해 합리적인 등록업무가 진행되도록 한다.
- 대규모 단체인 경우는 별도의 등록처를 마련하여 일반고객에게 불편을 주지 않도록 배려해야 한다.
- 프런트 데스크 담당자는 단체 인솔자에게 객실배정 현황과 고객명단을 제공하고 단체의 특기사항이나 모닝콜(morning call), 그리고 조식(breakfast) 등을 주문받아 기록한 후 관련 부서에 통보한다.

[그림 6-12] **사례호텔의 키 봉투와 키**

(4) 객실 키의 불출

객실명부(rooming list)에 기초하여 객실배정이 완료되면 키홀더(key holder)에 객실번호, 고객성명을 기입하여 고객별로 키를 나누어준다. 전자카드인 경우는 사용해 본 경험이 없는 고객이 있을 수 있으므로 벨 맨을 통해 단체 고객들에게 객실 키의 사용법을 알려주도록 해야 한다.

(5) 단체등록 시 확인사항

단체등록업무에 있어서 숙박비의 지불방법이 가장 중요한 사항이기 때문에 호텔이 규정하는 범위 내에서 고객이 원하는 지불방법을 정확하게 확인해야 한다.

- 객실료 및 식사요금을 일괄 지불하는 경우 : 단체 인솔자만 등록하게 하고 고객명단이 준비되지 않은 단체는 투숙과 동시에 인솔자가 개별고객의 정보를 기록하여 제출하도록 한다.
- 일부비용만 일괄 지급하는 경우 : 객실료와 식사대(조식)는 여행사나 단체인솔자가 일괄지불하고 개인서비스는 개인이 지불하는 경우이다.
- 아침식사 확인 : 단체인 관계로 많은 사람이 동시에 식사를 해야 하기 때문에 단체가 요구하는 식사의 종류, 인원, 시간 등을 등록이 종료됨과 동시에 식음료부서의 담당자에게 통보한다. 만약 추가적으로 변경사항이 발생할 경우는 적절한 절차를 거쳐 변경토록 하고 변경내용을 즉시 식음료부서에 통보해야 한다.

  일반적으로 단체의 등록 시에는 아침식사를 위한 쿠폰을 객실 키와 함께 고객에게 나누어준다.
- 모닝콜의 확인 : 모닝콜에 대한 정보를 컴퓨터에 입력하고 명단을 교환실에 통보하여 실수가 없도록 해야 한다. 단체는 여러 사람이 동시에 이동해야 하기 때문에 시간을 지켜주지 않으면 전체의 일정에 차질을 일으킬 수 있기 때문이다.
- 인솔자 식사 쿠폰발행 : 일반적으로 단체 인솔자에게는 호텔에서 무료로 식사를 제공하므로 경리부서에서 확인된 식사쿠폰에 인솔자의 성명, 단체명, 기간 등을 표기하고 반드시 무료라는 내용을 표시한 쿠폰을 인솔자에게 전달한다.

[그림 6-13] **사례호텔의 식사쿠폰**

Meal Coupon

Class FAMILY PKG. Room No.
Duration ~ Menu ☐ Buffet
Location 1F. COFFEE SHOP ☐ 해 장 국
Please present this coupon
before ordering
ご使用になる前に食堂の入口で係員にお渡し下さい
PARADISE
HOTEL & CASINO PUSAN

Meal Coupon

Class Room No.
Duration FAMILY PKG Menu ☐ Buffet
Location ~ ☐ 해 장 국
1F. COFFEE SHOP
Please present this coupon
before ordering
ご使用になる前に食堂の入口で係員にお渡し下さい
PARADISE
HOTEL & CASINO PUSAN

전술한 단체고객에 대한 등록절차를 종합적으로 정리하여 보면 다음과 같다.

[그림 6-14] **단체고객에 대한 체크-인 흐름도**

단체고객이 호텔에 도착하면 먼저 여행사 가이드와 함께 이미 예약된 객실 수와 고객 수 및 실제 필요로 하는 객실 수를 확인한 후 객실요금과 식사포함 유무 등 예약조건을 재확인한다.

↓

가이드의 인솔에 따라 단체고객들이 로비나 일정한 장소에 집결하면 프런트 데스크 종사원은 작은 단체일 경우 프런트 데스크에서 직접 체크인을 받고, 인원이 많은 단체일 경우 그룹 데스크(group deck)로 안내한다.

↓

예약카드를 확인하여 객실 수와 인원을 확인한 후 객실번호를 알려준다.

↓

가이드가 단체 리스트(rooming list)를 가지고 왔을 때는 그 리스트에 객실번호를 기입하고, 1부는 가이드에게 전달하며, 1부는 프런트 데스크에서 보관한다. 리스트가 없는 경우에는 출입국 카드를 복사해서 단체 리스트 대용으로 사용하기도 한다.

↓

모든 단체고객의 단체 리스트(rooming list)에는 반드시 여권번호와 생년월일이 기재되어 있는지 확인해야 하며, 만일의 경우를 대비하여 가이드 이름과 전화번호를 꼭 적어 놓는다.

↓

선불(직불)계약인 여행사의 경우 먼저 신용카드나 현금을 받고 객실 키를 가이드에게 넘겨주며, 후불계약인 여행사는 후불 바우처(voucher)를 받아둔다.

↓

조식이 포함된 단체일 경우 사전에 발행한 식권의 기재내용과 매수를 확인한 후 가이드에게 제공하며, 만약 예약시에 누락되었거나 특별한 사정으로 가이드가 조식 쿠폰을 요구할 시 식권을 발행한 후 해당업장에 식사의 종류와 인원 · 시간 등을 통보한다.

↓

객실배정이 끝난 후에는 벨 데스크 종사원에게 짐을 객실로 전달하게 하고, 가이드에게 식사장소와 시간 · 위치 그리고 호텔 제반정보를 설명하여 고객들에게 전달될 수 있도록 한다.

↓

프런트 데스크 종사원은 컴퓨터에 그룹 체크인시킨 후 단체 리스트(rooming list)에 의거하여 고객의 이름을 컴퓨터에 입력한다.

↓

단체 전체 고객의 in House Report를 출력하여 메인 룸(가이드 객실, 식권에 적혀 있는 객실 등)을 표시하고 리포트상의 객실 수와 객실요금을 확인한 후 폴리오 박스(forlio box)에 넣는다.

자료 : 송대근 · 강용관, 전게서, p.83.

3. 효과적인 객실판매 기법

만약 고객이 구매하는 객실상품의 가치에 대해 고객자신이 만족하지 못한다면 프런트 데스크 종사자들은 능률적이고 혁신적인 판매기법을 발휘할 기회를 상실하게 된다. 프런트 데스크 종사자들이 수행하는 중요한 직무 중의 하나가 바로 객실이나 시설 그리고 서비스와 같은 호텔 상품에 대한 소비자의 수용가능성을 창출하는 것이다.

일반적으로 숙박을 원하는 고객들의 주된 관심사는 상품의 질적인 수준보다는 가격수준을 먼저 염두에 두는 경향이 있기 때문에 우선 고객의 욕구를 정확히 파악하고 제공하는 서비스의 내용을 구체적으로 제시하여 고객이 예상하는 가격수준에 적합한 객실상품을 선택할 수 있도록 유도해야 한다.

그러나 경우에 따라서는 호텔을 찾은 고객에게 고객이 희망하는 객실수준보다 낮은 객실의 편의시설이나 제공되는 추가서비스를 설명하여 구매의욕을 자극시킴으로써 객실수입을 향상시킬 수 있는 기회를 포착하게 된다.

이러한 판매기법은 제안판매(suggestive selling)라고 하며 위에서 언급하였듯이 제안판매의 궁극적인 목적은 고객으로 하여금 고객이 예상하는 수준보다 한 단계 높은 객실상품을 제안하여 구매하도록 유도함으로써 객실 매출액을 증대시키는데 있다. 이러한 제안판매 기법을 도식화해서 설명하면 아래와 같다.

[그림 6-15] **제안판매 기법**

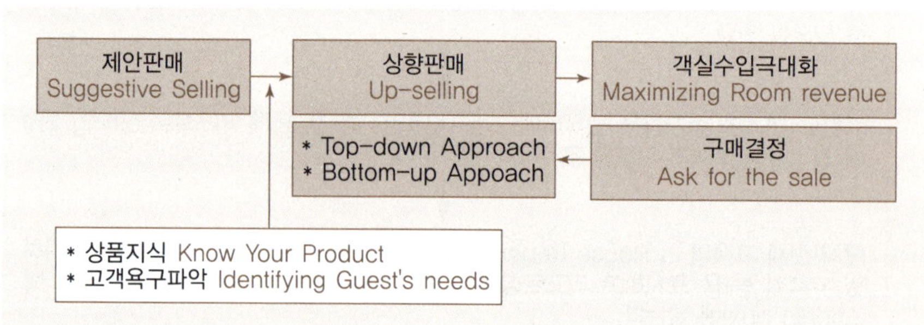

자료 : 논자 구성

고객에게 구매의욕을 자극시키기 위해서는 프런트 데스크 종사원은 사전에 판매하려고 하는 상품에 대한 완벽한 지식을 갖추고 있어야 한다. 일반적으로 프런트 데스크 종사원이 갖추어야 할 객실상품에 관한 지식은 객실의 종류(room type), 위치(location), 특징(features), 가격(price), 제공되는 용품 또는 부가서비스(amenities) 등을 들 수 있으며 이외에도 호텔에서 제공하고 있는 주변서비스에 대한 내용을 파악하여 고객의 문의에 언제라도 만족스럽게 대처할 수 있어야 한다.

고객의 구매 의도는 구체적인 질문을 통하여 파악하고 고객이 합리적인 수준에서 결정을 내릴 수 있도록 자문해야 한다. 즉 다시 말하면 보다 구체적이고 적극적인 질문으로 고객이 원하는 상품수준을 파악하고 구매결정을 할 수 있도록 유도해야 한다.

그렇지 않고 고객의 문의에 단답형의 사무적인 응대는 오히려 고객의 구매의욕을 상실시키게 될 우려가 있으므로 주의해야 한다. 고객이 원하는 수준의 객실보다 한 단계 높은 수준의 객실을 판매할 목적으로 고객에게 접근하기 위한 가격제시 방법은 2가지를 들 수 있다.

첫 번째 방법은 가격이 비싼 객실을 먼저 제시하여 고객이 선택하도록 하는 접근방법(top-down suggestive method)이다. 이 방법을 제시할 때는 고객이 너무 부담을 느끼지 않도록 하는 것이 대단히 중요하며 가격이 비싼 만큼 제공되는 서비스의 가치를 강조하는 것이 바람직하다.

두 번째 접근방법은 가격이 가장 저렴한 객실부터 제시하되 차츰 단계를 높여가면서 고객에게 접근하는 방법(bottom-up suggestive method)이다. 이 방법을 제시할 때는 가격이 저렴하니까 상품의 가치가 형편없다는 느낌을 주어서도 안되며 이 상품을 구매하는 고객의 지불능력을 낮게 평가한다는 느낌을 주어서도 안 되기 때문에 신중을 기할 필요가 있다.

top-down이든 bottom-up이든 어떤 접근방법을 이용하든 간에 어느 순간에서든 고객이 상품구매를 최종 결정하도록 유도해야 한다. 이때에는 고객에게 친절하면서도 단호한 어조로 판매를 매듭지어야 한다. 예를 들면 "고객께서 마음에 드셨다면 등록카드에 서명해 주시겠습니까?"라든지 "마음에 드시는 객실을 선택하시고 지금 등록카드를 작성해 주시겠습니까?"라는 표현들이 효과적이라 할 수 있다.

이상과 같은 객실 판매기법의 활용에 있어 고객에게 너무 강압적인 방법으로 객실을 판매한다는 인상을 주지 않기 위해서는 프런트 데스크 종사원들은 고객을 항상 부드럽게 설득할 수 있는 기술을 습득해야 할 필요성이 있다.

만약 고객의 입장에서 종업원의 강요에 의해 상품을 구매했다는 인상을 받게 되면 그 고객은 호텔을 다시 방문하지 않을 뿐만 아니라 오래도록 호텔에 대한 나쁜 인상을 지우지 못하게 될 것이 분명하다. 따라서 고객이 불쾌감을 느끼지 않고 종업원이 추천 또는 자문하는 상품이나 서비스를 기꺼이 구매할 수 있도록 설득력을 갖춘 판매 전략이 요구된다.

따라서 최근에 제안된 방법 중의 하나는, 프런트에서 게시된 가격표의 중간가격을 제시함으로써 심리적인 자극과 실제적인 이익을 제시하는 방법으로 쌍방에 도움이 되는 판매기법(win-win transaction method)이 활용되기도 한다.

제2절 고객서비스 업무

호텔의 프런트 데스크는 객실판매뿐만 아니라 계속적인 고객의 흐름과 고객의 활동을 세심하게 관찰하여 고객의 안전과 편의를 도모함으로써 호텔 마케팅 도구의 중요한 기능을 수행해야 한다. 따라서 프런트 데스크는 고객의 모든 서비스를 조정하고 통제하는 책임을 가지고 있다.

프런트 데스크에서의 고객서비스 업무는 각종 정보의 제공에서부터 사소한 소모품에 이르기까지 매우 다양하다. 호텔이 궁극적으로 추구하는 고객만족은 아주 사소한 것에서부터 시작되는 것이기 때문에 고객서비스에 있어서 고객 개개인에 대한 세심한 배려는 아무리 강조해도 지나치지 않는다. 프런트 데스크에서의 고객서비스 업무내용을 나열하면 다음과 같다.

1. 각종 정보의 제공

- 호텔이 갖추고 있는 각종 업장이나 시설에 대한 정보(각종 식당이나 스포츠시설 등)
- 호텔 주변의 도로, 오락시설, 향토음식, 여행안내에 관한 정보
- 항공, 선박, 기차 등 교통편에 관한 정보
- 각종 이벤트(event)에 관한 정보
- 기타정보

각종 정보 제공 시 대고객 관계

- 고객이 묻는 내용이 불합리한 내용일지라도 항상 정중한 관심을 보일 것
- 고객이 무리한 요구를 할지라도 자제할 것
- 알지 못하는 질문을 받았을 때는 냉정하게 잘라서 모른다고 대답하지 말고 가능한 방법을 찾아주는 성의를 보일 것
- 다른 직원과의 관련되는 사항일지라도 '내 소관이 아니다' 라는 표현보다는 친절하게 설명하여 안내할 것
- 복잡한 안내는 가능한 한 메모나 약도로서 설명해 줄 것
- 모든 정보의 제공은 호텔의 이익과 관련하여 처리할 것
- 노약자나 어린이 그리고 유아를 동반한 고객에게는 보다 깊고 자상한 성의를 보일 것
- 투숙객을 찾아온 방문자에게는 투숙객의 신상에 대한 이야기를 일체 금할 것
- 투숙객과 전화연결을 원하는 경우 방문자의 이름을 투숙객에게 먼저 알려 허락을 받은 후 연결시켜줄 것
- 고객이 알지 못하는 정보에 대해서는 자진해서 제공할 것
- 재방문 고객에 대해서는 고객을 기억하고 있음을 표현해 보일 것
- 고객에게 정보를 제공하면서 또 다른 새로운 정보를 얻는데 기민하고 재치가 있을 것

2. 고객의 각종 요구사항 처리

- 추가적인 침대의 배치(roll-away bed baby cribs)
- 추가적인 린넨류(pillow, towels, 이불 등)
- 다리미나 옷걸이
- 각종 사무용품
- TV 수신 상태나 비디오 작동상태
- 고객원장의 분리요구(특히 비즈니스 여행자의 경우)
- wake-up calls
- 교통편예약
- 영화나 오락과 같은 각종 entertainment의 예약
- 신문배달
- 각종 사무보조 서비스 등

3. 고객의 불평 · 불만의 접수 및 처리

(1) 고객 불평의 종류

1) 시설이나 설비와 관련된 불평(mechanical complaints)

객실 내의 냉 · 난방장치, 전기, 객실 내의 가구나 비품, 객실 키, 욕조, TV set, 엘리베이터 등의 작동과 관련된 불평

2) 종업원의 서비스와 관련된 불평(service related complaints)

- 서비스 상품에 대한 지식의 결여
- 서비스의 지연 및 약속 불이행
- 고객에 대한 무성의한 태도
- 무리한 판매 권유
- 일 처리의 미숙
- 고객에 대한 인종이나 국적의 차별

3) 종업원의 자세와 관련된 불평(attitudinal complaints)

- 종업원의 무례한 언어나 행동
- 고객을 불안하게 만드는 행위

4) 어쩔 수 없는 상황과 관련된 불평(unusual complaints)

- 갑작스런 일기불순(폭우, 폭설 등)
- 예기치 못한 상황으로 인한 업장의 폐쇄(수영장, 사우나 등)

5) 고객의 실수에 의한 불평(complaints from guest' s mistakes)

- 기억의 착오
- 서비스에 대한 잘못된 인식
- 요금할인을 목적으로 한 고의적인 불평

(2) 불평 접수 시 주의사항

고객이 불평을 제기할 때는 상황에 따라 정도의 차이는 있겠지만 대부분은 매우 흥분된 상태이기 때문에 고객을 이해하는 측면에서 대응하지 않으면 상황을 더욱더 악화시킬 염려가 있다. 따라서 불평을 접수할 때는 불평에 대한 내용을 평가하는 것은 금물이며 가능하면 고객의 입장에 동조하는 분위기를 조성해야 한다.

고객으로부터 불평의 접수 시에 주의해야 할 몇 가지 사항들을 요약하면 다음과 같다.

❶ 고객이 제기하는 불평사항에 대해서 변명을 하지 않는다.

❷ 고객은 항상 정당하다는 인식을 가져야 한다.

❸ 비록 타 부서에서 발생한 불평일지라도 고객의 면전에서 해당 종업원의 잘잘못을 따지지 않는다.

❹ 고객이 제기하는 불평사항에 대해 개인적인 감정을 표현하지 않는다.

❺ 항상 고객의 입장에 동조하고 이해하는 자세가 필요하다.

(3) 불평처리 요령

투숙객으로부터 불평을 접수했을 때 우선 고객의 불평내용을 경청하고 불평의 수준과 상황을 판단하여 적절한 조치를 취해야한다. 만약 불평의 정도가 심하여 조치가 곤란하다고 판단되면 프런트 데스크의 책임자나 필요한 경우 객실부문 책임자에게 보고하여 처리하도록 해야 한다.

불평처리가 잘되어 만족하게 된 고객은 오히려 호텔서비스의 구매력에 긍정적인 영향을 미칠 수 있을 뿐만 아니라 고객의 불만을 최선을 다해 처리해준 호텔기업은 신뢰도가 높아지게 되어 기존의 고객은 물론 다른 잠재적 고객에게도 긍정적인 영향을 미칠 수 있다.

따라서 이러한 불평의 처리는 반드시 고객이 호텔을 떠나기 전에 완벽하게 해결해 줌으로써 고객이 호텔을 떠날 때 좋은 인상을 가지고 떠날 수 있도록 하는 것이 대단히 중요하다.

일반적인 불평처리 절차를 요약하면 다음과 같다.

[도표 6-16] **불평처리 절차**

불평의 청취 Listen with Concern, Take note	* 다른 고객에게 영향을 미치지 않도록 불평고객을 분리 * 고객과 시선을 유지하면서 불평내용을 주의깊게 경청 * 가능하면 불평내용을 기록
고객의 입장에 동조 Empathize	* 고객의 입장에서 나도 그럴 수 있다는 동조입장을 취한다.
정중한 사과 Apologize	* 고객의 불평내용에 대해 정중하게 사과한다. * 사과는 고객이 명확하게 알아들을 수 있도록 1회에 한한다.
해결방안 제시 Offer Choices	* 권한 범위 내에서 해결방안 제시 * 불평상황에 따른 합리적인 보상
불평사항 시정 Corrective Action	* 고객이 제기하는 불평사항을 신속하게 시정조치 * 시정내용을 고객에게 확인
후속조치 및 감사 Follow up & Thanks	* 시정 조치된 불평사항에 대해 고객의 만족여부 확인 * 문제점 개선을 위한 기회를 제공해준 고객에게 감사 표시

(4) 불평처리에 대한 사후관리

호텔의 서비스에 대해 불만이 있는 고객이 불평을 제기하지 않고 그냥 돌아가는 고객의 경우는 단정적으로 호텔의 서비스를 낮게 평가하여 호텔을 다시 찾을 가능성이 희박하지만 불평을 제기하는 고객의 경우는 불평에 대한 처리결과가 고객이 요구하는 수준에 만족했을 때 이러한 고객은 오히려 호텔에 대한 충성도(royalty)를 향상시킬 수 있는 계기가 된다.

[그림 6-17] **사례호텔의 불편처리 대장**

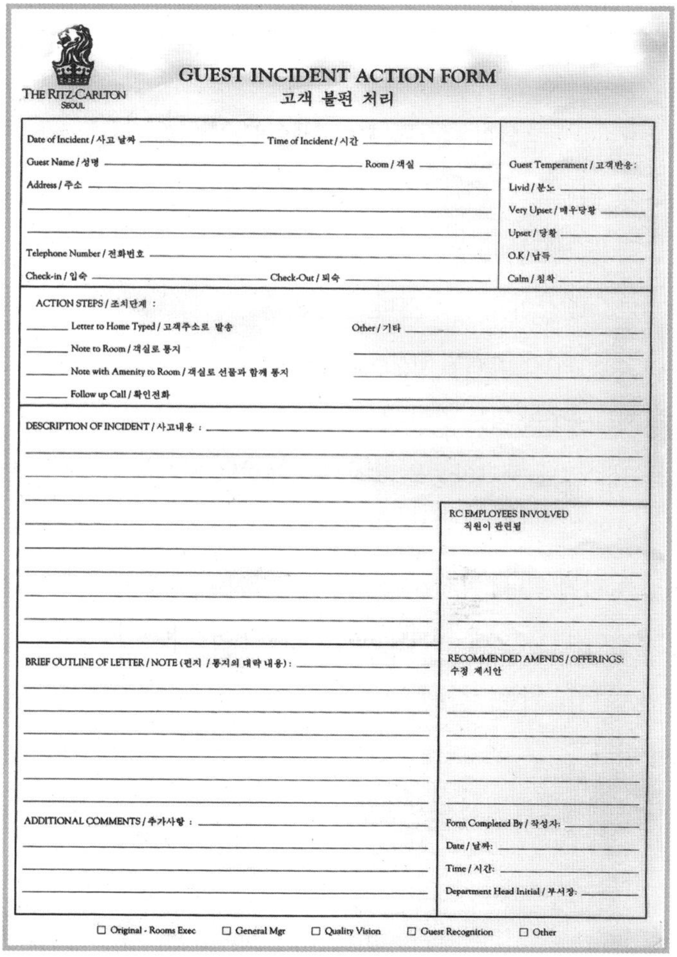
THE RITZ-CARLTON SEOUL

GUEST INCIDENT ACTION FORM
고객 불편 처리

Date of Incident / 사고 날짜 ______ Time of Incident / 시간 ______
Guest Name / 성명 ______ Room / 객실 ______
Address / 주소 ______
Telephone Number / 전화번호 ______
Check-in / 입숙 ______ Check-Out / 퇴숙 ______

Guest Temperament / 고객반응:
Livid / 분노 ______
Very Upset / 매우당황 ______
Upset / 당황 ______
O.K / 납득 ______
Calm / 침착 ______

ACTION STEPS / 조치단계 :
______ Letter to Home Typed / 고객주소로 발송
______ Note to Room / 객실로 통지
______ Note with Amenity to Room / 객실로 선물과 함께 통지
______ Follow up Call / 확인전화
Other / 기타 ______

DESCRIPTION OF INCIDENT / 사고내용 : ______

RC EMPLOYEES INVOLVED
직원이 관련됨

BRIEF OUTLINE OF LETTER / NOTE (편지 / 통지의 대략 내용) : ______

RECOMMENDED AMENDS / OFFERINGS:
수정 제시안

ADDITIONAL COMMENTS / 추가사항 : ______

Form Completed By / 작성자: ______
Date / 날짜: ______
Time / 시간: ______
Department Head Initial / 부서장: ______

☐ Original - Rooms Exec ☐ General Mgr ☐ Quality Vision ☐ Guest Recognition ☐ Other

따라서 고객의 불평은 겸허하게 수용하고 신속하게 처리해야 한다. 일반적으로 불평이 제기되면 아래와 같은 양식의 불평접수 대장에 기록하여 관리하게 된다. 이러한 대장의 기입 및 관리는 주로 당직지배인의 업무로서 어느 부서에서 어떤 형태의 불평이 제기되었는지를 파악하여 향후 서비스개선을 위한 자료로 활용할 수 있다.

제3절 체크아웃 업무

회계정산과 체크아웃업무는 고객 사이클의 마지막 단계에서 이루어진다. 고객이 투숙을 끝내기 위해 투숙 기간 중에 객실이나 호텔의 각종 부대시설을 이용하고 발생한 요금을 정산한 후 객실을 비워주는 것을 체크아웃이라 한다. 특별한 경우를 제외하고 정산이 끝난 고객이 프런트 데스크에 객실 키를 반납하고 프런트 캐셔(front cashier)가 고객원장(guest ledger)의 계정을 제로(zero)상태로 마감해야 비로소 체크아웃이 되는 것이다.

고객이 프런트 데스크에 체크아웃을 요청하면 프런트 캐셔는 컴퓨터에 입력되어 있는 현재까지의 고객 이용요금을 합계하여 청구서(bill)를 출력하고 고객의 확인을 거쳐 정산을 하게 된다. 이러한 과정에서 정산이나 체크아웃절차가 원활하지 못하거나 시간이 너무 오래 걸리게 되면 고객이 호텔에서 체재하는 동안 받은 좋은 인상을 흐리게 하는 결과를 초래할 수 있으므로 체크아웃 업무는 신속하게 처리해야 한다.

체크아웃에 대한 전체적인 흐름을 종합해 보면 다음과 같다.

[그림 6-18] **체크아웃 업무 흐름도**

단계	서비스 내용
체크-아웃 전 확인	• 당일 예정 체크-아웃 현황을 확인한다. - 예정 체크-아웃 고객 현황 확인 - 이른 혹은 늦은 체크-아웃 고객(Early or Late Check-Out Guest) 현황 확인 • 이른 체크-아웃(Early Check-Out) 고객이 있을 경우 요청 시간에 체크아웃 절차가 신속히 이루어질 수 있도록 사전 준비를 한다.
고객 환대	• 친절하고 정중하게 고객을 맞이하고 체크-아웃 여부를 확인한다. "안녕하십니까? 체크아웃 하시겠습니까?" • 고객 성명과 객실 번호를 확인한 후 등록파일을 검색한다.
객실 확인	• 관련 부서에 요청하여 신속히 객실을 확인한다. - 미니 바 확인 - 분실물 및 습득물 확인 - 비용 지불을 요하는 가구, 전자기기, 비품 등의 파손 유무
요금 확인	• 고객 계정을 마감하여 세금 포함 및 해당 할인율이 적용된 정확한 지불 요금을 산출한다. - 객실요금(예약금 차감) - 미지급 식음료 요금 - 미지급 부대시설 이용료 - 미니 바 이용 음료 및 주류 요금 - 기타 미지급 유료 서비스 이용료(유선영화, 인터넷 사용료 등) • 요금 지불 청구내역서를 출력하여 고객에게 확인한다. - 요금에 대해 의문 사항이 있을 경우 산출 내역을 재확인한 후 친절히 설명한다.
요금 수령	• 예약 및 등록 시 제시된 지불 방법에 따라 요금을 수령한다. (외국환으로 수령 시 해당일 환율을 적용하여 정확히 계산) - 신용카드 사용 시 해당 금액 승인 요청 후 발급된 영수증에 고객 서명을 받는다. - 현금 사용 시 예약금(Deposit)을 차감한 금액으로 수령한다. - 수표 사용 시 고객 성명 및 서명, 신분증 번호(여권, 주민등록증, 운전면허증 등) 등을 기입하도록 하고 신분증을 복사해 사본을 첨부한다. - 바우처(Voucher, 쿠폰) 사용 및 선지급이 되었을 경우 추가 이용료 부문에 대해서만 수령한다.
객실 키(Key) 수령	• 고객으로부터 객실 키(Key)를 수령하여 객실 번호와 일치 여부, 제공되었던 수량 회수 여부 등을 확인한다.

단계	서비스 내용
고객 의견 조사 및 환송	• 고객에게 투숙 기간 중 불편 사항 유무, 시설 및 서비스 이용 개선 필요 사항, 직원들의 태도, 기타 건의 사항 등에 관련된 의견을 조사한다. • 친절하고 정중한 태도로 호텔 이용에 대한 감사 인사 및 향후 재방문을 부탁하며 고객을 환송한다. "저희 호텔을 이용해 주셔서 감사드립니다. 저희 호텔을 찾아주시면 성심 성의껏 모시겠습니다."
↓	
체크-아웃 업무 정리 및 마감	• 체크-아웃 절차가 완료되면 관련 파일 및 서류를 정리하여 마감한다. - 고객 자료(Guest History) - 회계 처리 - 기타 관련 로그 북(Log Book) 정리 및 마감 • 관련 부서에 해당 정보를 전달한다.

1. 일반 고객의 체크아웃

일부호텔에서는 고객이 체크아웃 시점까지 이용한 서비스내역을 객실 내의 TV모니터를 통해 확인할 수 있도록 한 다음에 객실 내에서 체크아웃 절차를 밟을 수 있도록 하는 이른바 객실 내 체크아웃(in-room checkout)시스템을 도입하고 있는 호텔도 있는가 하면 상용고객이나 VIP고객을 위한 특별 층에 별도의 데스크를 설치하여 체크아웃 업무를 실시하기도 한다. 〈그림 6-19〉는 객실 내 체크아웃 스크린을 나타낸 것이며, 일반적인 고객의 퇴숙 절차를 요약하면 다음의 〈그림 6-20〉과 같다.

(1) 지불 및 정산 시 주의사항

고객이 체크아웃 할 때 이용한 상품이나 서비스에 대한 일반적인 정산수단으로 현금이나 수표, 신용카드 등을 이용하지만 경우에 따라서는 이용요금을 다른 객실로 이체시키거나 후불로 처리하는 경우가 발생한다.

[그림 6-19] **객실 내 체크아웃 스크린**

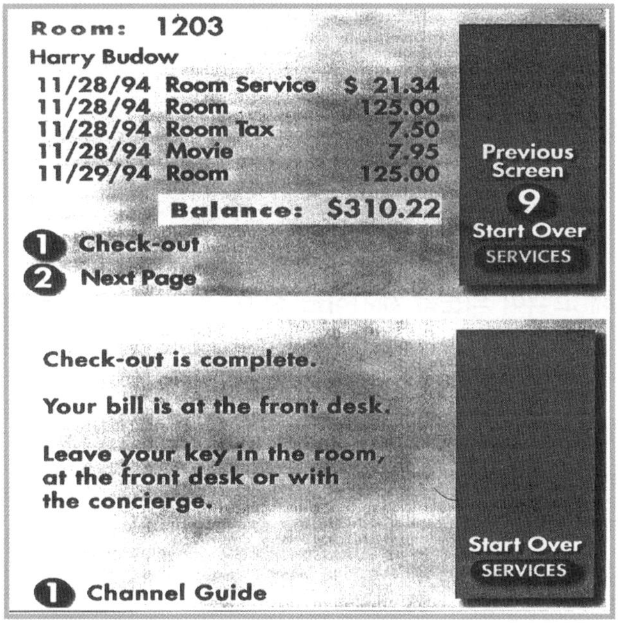

자료 : Michael L, Kasavana 외, 전게서, p.299

[그림 6-20] **일반 고객의 퇴숙 절차**

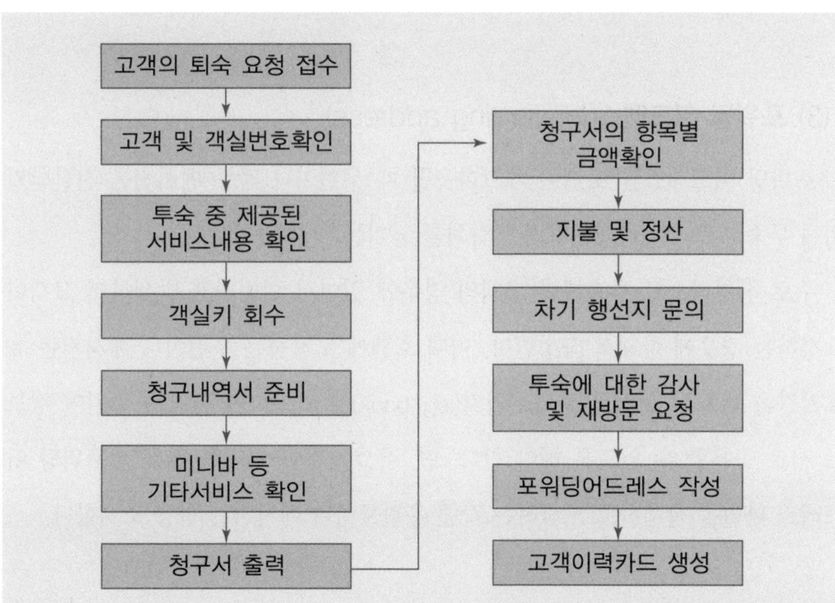

고객의 요구에 따라 청구서를 후불로 처리하고자 할 때는 객실부문 책임자와 여신부서의 담당자로부터 반드시 사전승인을 얻어야 한다.

그리고 호텔을 자주 찾는 단골고객에 대한 후불처리는 프런트 데스크 담당자의 재량으로 처리할 수 있지만 그 책임은 모두 담당자가 져야 하므로 신중을 기해야 한다.

(2) 청구서에 대해 고객이 의문을 제기하는 경우

- 청구내역에 대해 고객이 의문을 제기하는 경우 서비스내역의 항목별로 상세하게 설명을 하여 고객이 충분히 납득하도록 해야 한다. 이때 고객을 무시한다거나 아주 작은 금액을 가지고 왈가왈부한다는 인상을 주어서는 안 된다.
- 계산이 잘못된 부분이 발생하거나 수정해야 될 부분이 있으면 즉각적으로 처리하여 고객이 기다리는 시간을 최소화하고 아주 사소한 사항에 관한 문의에도 언제나 정중하고 진지한 태도를 보여야 한다.
- 고객이 제기한 의문사항이나 종업원의 실수에 대한 처리 결과는 상사에게 구체적으로 보고한다.

(3) 포워딩 어드레스(forwarding address)

포워딩 어드레스란 고객이 체크아웃할 때 우편이나 각종 메시지를 전달받기 위해 투숙고객의 차기행선지의 연락처를 남기는 것을 말한다.

주로 장기적으로 투숙했던 고객의 경우에 있어서 빈번하게 발생하며 고객이 요청하는 경우에 한해서 작성한다. 이때 호텔에 도착하는 우편이나 메시지는 유효기간을 반드시 설정하고 업무일지(log book)에 기록하여 관련 종업원이 정보를 서로 공유할 수 있도록 해야 한다. 단, 유효기간이 경과한 경우는 포워딩 어드레스 파일을 삭제하고 도착하는 각종 우편물이나 메시지는 반송 조치한다.

[그림 6-21] **사례호텔의 포워딩 어드레스 카드**

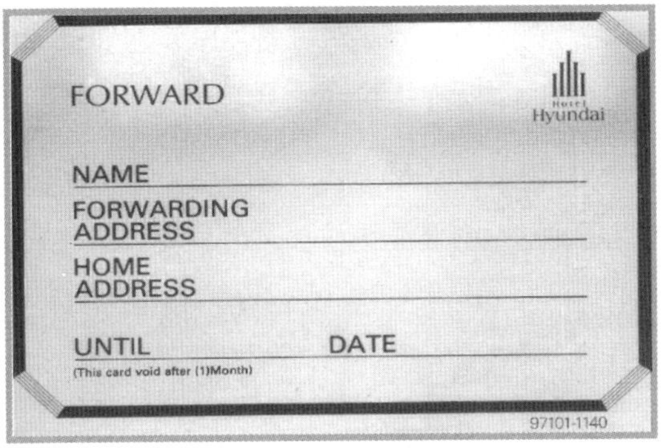

2. VIP고객의 체크아웃

VIP고객의 퇴숙 절차는 대부분 수행원이나 비서에 의해 이루어지게 된다. 이런 경우는 고객이 객실에 머물고 있는 상황에서 컴퓨터상으로 체크아웃 처리되기 때문에 전화연결이나 메시지전달도 불가능하게 된다.

따라서 VIP고객의 체크아웃은 고객이 객실에 체재하고 있는지의 유무를 직접 또는 간접적으로 확인하고 컴퓨터상의 체크아웃 절차를 실행하도록 해야 한다. 또한 객실에 키를 남겨두고 그냥 나가는 경우가 많기 때문에 이에 대비하여 벨 데스크로 하여금 사전에 철저하게 점검하도록 주지시켜야 한다.

3. 단체고객의 체크아웃

단체고객의 체크아웃 시에는 많은 고객이 동시에 체크아웃하기 때문에 시간이 많이 걸릴 뿐만 아니라 프런트 데스크가 매우 혼잡해질 우려가 있다. 따라서 프런트 데스크 담당자는 단체 인솔자와 상의하여 정확한 체크아웃 시간을 정하고 프런트 캐셔에 통보하여 사전에 만반의 준비를 갖추도록 해야 한다.

단체의 체크아웃 시에 흔히 발생하는 일이긴 하지만 단체고객이 이용한 객실의 미니-바(mini-bar)점검이 지연되어 출발이 늦어지는 경우도 있으며 단체고객

중의 개인고객이 이용한 서비스에 대한 계산이 누락되어 단체가 출발하고 난 후에 미수금이 발생하는 경우도 있다. 따라서 단체고객의 체크아웃 시에는 프런트데스크 담당자는 미수금이나 미회수 되는 객실 키가 없도록 단체인솔자와 사전에 충분히 협의하고 협조를 구해야 한다.

그리고 단체고객은 일반적으로 개별고객보다 호텔을 재방문할 기회가 적다고 보지만 단체고객의 체크아웃 시에도 개별고객과 마찬가지로 정중하고 친절하게 응대해줌으로써 단체고객 모두가 호텔의 좋은 이미지를 간직하고 떠날 수 있도록 최선을 다해야 한다.

4. 체크아웃의 연장

체크아웃이 연장되는 상황은 다음의 두 가지 경우에서 발생한다.

첫째는 호텔의 일반적인 체크아웃 시간은 보통 오전 12시까지이다. 그러나 항공편의 연결이 여의치 못하거나 개인적인 사정으로 인하여 부득이 퇴숙 시간 이후까지 호텔에 머물러야 하는 경우이다. 이런 경우 퇴숙의 연장이 예상되는 고객의 명단을 작성하여 객실별로 최종 확인하는 절차가 필요하며 체크아웃 시간 이후의 연장시간에 따라 호텔에서 규정한 추가요금을 부과한다.

둘째는 처음 계획은 당일 체크아웃 예정이었지만 고객의 사정상 투숙기간을 연장하는 경우이다. 이런 경우 우선 해당날짜의 예약상황과 판매가능객실 유·무를 점검한 후 가능 여부를 고객에게 통보해야 한다. 만약 연장이 불가능할 경우 예약현황을 상세하게 설명하여 고객이 불쾌감을 갖지 않도록 최선을 다해야 한다.

그러나 특별한 경우를 제외하고는 현재 투숙하고 있는 고객에게 연장의 기회를 우선적으로 부여하는 것이 일반적이다.

5. 익스프레스 체크아웃

정보기술의 발달과 더불어 호텔을 이용하는 고객들은 기존의 호텔체크아웃 절차보다 더욱더 신속하고 편리한 체크아웃 시스템을 요구하게 되었다.

고객의 입장에서는 기다리지 않고 신속하게 체크아웃할 수 있으며 호텔의 입장에서는 프런트 데스크의 업무를 조금이나마 경감시켜 줄 수 있는 시스템이 바로 정보기술을 이용한 익스프레스 체크아웃(express check out) 시스템이다.

익스프레스 체크아웃 절차는 고객이 체크인할 때 프런트 데스크에 비치된 익스프레스 체크아웃양식(express check out form)을 작성하여 프런트 데스크에 제출해야 한다.

익스프레스 체크아웃 양식의 작성과 동시에 고객의 모든 거래는 등록 시에 생성된 고객의 신용카드 바우처로 자동이체 되기 때문에 별도의 체크아웃 절차를 거치지 않고 신속하게 퇴숙할 수 있게 된다.

이러한 시스템을 이용하는 고객은 반드시 본인의 신용카드를 이용해야 하며 신용카드를 소지하지 않은 고객에게는 익스프레스 체크아웃 서비스를 제공할 수가 없다.

[그림 6-22] **익스프레스 체크아웃 양식**

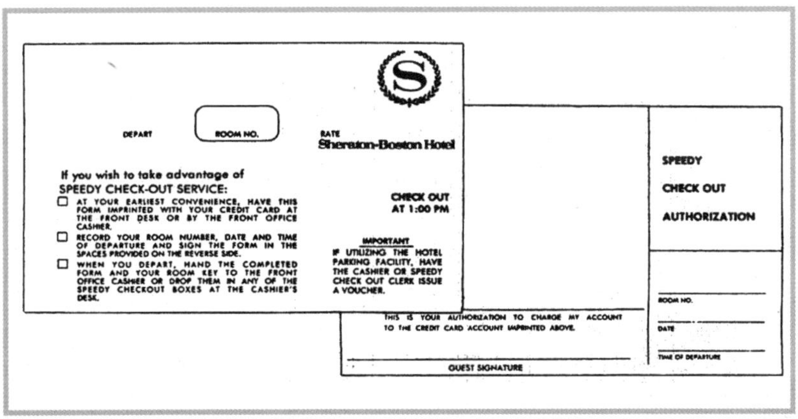
DEPART ROOM NO. RATE

Sheraton-Boston Hotel

If you wish to take advantage of
SPEEDY CHECK-OUT SERVICE:

- ☐ AT YOUR EARLIEST CONVENIENCE, HAVE THIS FORM IMPRINTED WITH YOUR CREDIT CARD AT THE FRONT DESK OR BY THE FRONT OFFICE CASHIER.
- ☐ RECORD YOUR ROOM NUMBER, DATE AND TIME OF DEPARTURE AND SIGN THE FORM IN THE SPACES PROVIDED ON THE REVERSE SIDE.
- ☐ WHEN YOU DEPART, HAND THE COMPLETED FORM AND YOUR ROOM KEY TO THE FRONT OFFICE CASHIER OR DROP THEM IN ANY OF THE SPEEDY CHECKOUT BOXES AT THE CASHIER'S DESK.

CHECK OUT AT 1:00 PM

IMPORTANT
IF UTILIZING THE HOTEL PARKING FACILITY, HAVE THE CASHIER OR SPEEDY CHECK OUT CLERK ISSUE A VOUCHER.

SPEEDY CHECK OUT AUTHORIZATION

THIS IS YOUR AUTHORIZATION TO CHARGE MY ACCOUNT TO THE CREDIT CARD ACCOUNT IMPRINTED ABOVE.

GUEST SIGNATURE

ROOM NO.

DATE

TIME OF DEPARTURE

자료 : The Sheraton-Boston Hotel

6. 고객이력카드의 생성

고객이력카드(guest history card)는 호텔에 투숙했던 고객의 개인 신상에 관한 정보와 거래내역을 정리해 놓은 것을 말한다.

자동화된 시스템에서는 고객의 등록정보를 고객이력파일 데이터베이스로 자동 전환시켜주지만 일반적으로 고객이력카드에 필요한 정보는 등록카드와 고객원장을 통해 수집되며 향후마케팅전략을 수립하는데 중요한 자료로 활용된다.

[그림 6-23] **리츠 칼튼 호텔의 재방문고객 이력 프로그램**

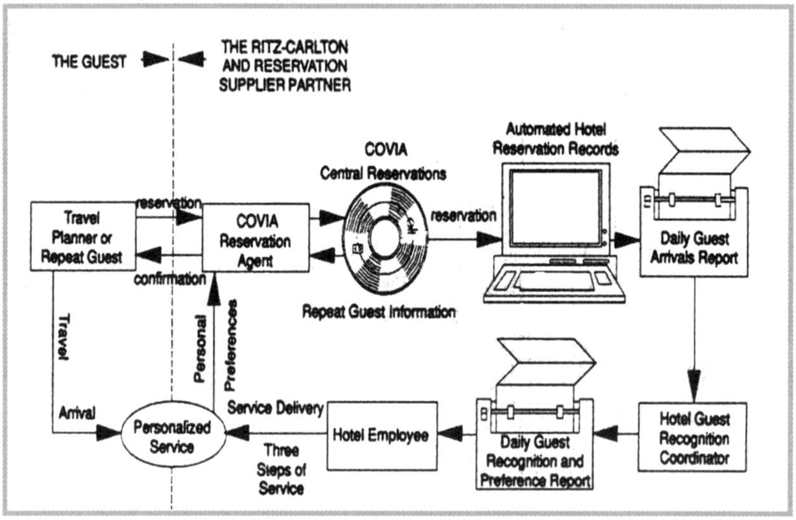

자료 : Michael L, Kasavana 외, 전게서, p.306

[그림 6-24] **고객이력카드의 예**

NAME						
ADDRESS						
FIRM						
POSITION			CREDIT			
	ARRIVED	ROOM	RATE	DEPARTED	AMOUNT	REMARKS
1						
2						
3						
4						
5						

7. 스키퍼(skipper)의 처리

스키퍼란 호텔에 투숙한 고객이 호텔이 규정하는 정당한 체크아웃 절차를 거치지 않고 아무런 예고 없이 호텔을 떠나는 고객을 말한다. 이런 고객은 호텔로부터 제공받은 서비스에 대한 요금은 계산하지 않고 도망가는 고객이기 때문에 미리 예방하지 못하면 호텔의 매출에 나쁜 영향을 초래할 수 있으므로 사전에 이러한 사태가 발생하지 않도록 주의해야 한다. 그럼에도 불구하고 만약 스키퍼가 발생했을 경우에는 다음과 같은 절차로 처리하도록 한다.

- 고객이 등록 시에 기록한 정보를 이용해 신원을 확인하고 신원이 확인되는 경우 지불방법과 기간을 확인하여 여신 부서에 통보한다.
- 신원확인이 불가능한 경우 여신 부서와 협의하여 프런트 오피스 책임자에게 보고하고 총지배인의 결재를 득한 후 결손 처리한다.

최근에는 정보기술의 발달로 말미암아 스키퍼의 발생이 현저하게 줄어들고는 있지만 호텔의 입장에서는 매출액에 악영향을 미치는 스키퍼를 예방하기 위한 제도적인 시스템을 구축해야 한다.

고객의 불편을 최소화하면서 스키퍼를 예방하기 위한 일반적인 방법은 다음과 같다.

- 예약자인 경우 정확한 연락처를 재확인한다.
- walk-in guest인 경우 등록 시에 고객의 정확한 정보를 입수하고 반드시 예치금을 유치하도록 한다. 이에 불응할 경우 고객의 신분을 확인할 수 있는 운전면허증이나, 주민등록증, 여권 등을 확인해야 한다.
- 고객의 여신상황을 수시로 점검하여 초과되는 경우 정산을 권유한다.
- 짐이 없는 고객이거나 예상보다 구매량이 많다고 생각되는 고객은 관련 부서에 통보하고 객실 키 점검을 철저히 한다.
- 신용카드 서명 시에는 도난이나 분실된 카드인지 철저하게 확인하고 상황에 따라 블랙리스트와 대조한다.

제4절 나이트 클럭 업무

나이트 클럭(night clerk)이란 프런트 오피스에서 주로 야간업무를 전담하는 종사원을 말한다. 프런트 데스크의 야간업무는 주간업무의 연속이기 때문에 주간에 발생한 모든 사항을 주간 근무자로부터 철저하게 인수받도록 해야 한다. 만약 업무의 인수인계 시에 의문사항이 있을 경우나 프런트 오피스 클럭의 재량으로 결정할 수 없는 사항에 대해서는 야간업무를 총괄하는 당직지배인(duty manager)과 협의하여 처리토록 한다. 나이트 클럭의 주요업무를 열거하면 다음과 같다.

1. 객실 키의 확인

반자동화 시스템으로 운영되는 호텔에서 사용하는 금속 키의 경우 키 랙(key rack)에 남아 있는 객실 키와 객실판매 현황판(room rack)을 대조하여 객실의 공실 여부를 확인해야 한다. 컴퓨터시스템으로 운영되는 호텔의 경우는 카드 키를 이용하기 때문에 키 랙이 필요 없으므로 컴퓨터 화면의 객실현황(room availability)을 체크하여 공실 여부를 확인할 수밖에 없다.

2. 미도착 고객 명단 확인

당일도착예정 고객임에도 불구하고 체크인하지 않은 고객에 대해서는 그 명단을 작성하여 예약 시에 정한 절차에 따라 처리하도록 한다.

미도착 고객의 객실에 대한 처리요령

- 예약확인이 가능한 고객인 경우 예약을 재확인한다.
- 예약확인이 불가능한 고객의 경우는 호텔의 규정에 따라 노-쇼 처리한다.
- 부가적인 서비스(꽃, 과일, 판촉물 등)가 제공된 객실인 경우 룸서비스에 통보하여 철수토록 한 후 표준객실상태로 전환시킨다.

대부분의 호텔에서는 예약 시에 고객이 이용하는 교통수단이나 도착예정시간은 컴퓨터에 입력하기 때문에 도착예정시간이 경과한 후에도 도착하지 않으면 항공사나 교통정보센터에 연락하여 항공편의 지연유무와 교통체증 발생유무를 확인한 다음 원래대로 예약상태의 유지 여부를 결정해야 한다.

3. VIP고객 현황숙지

당일도착예정인 VIP고객 명단을 파악하여 체크인 완료 여부를 확인하며 이미 투숙 중인 VIP고객의 동향을 파악하여 업무규정 절차에 따라 보고서를 작성한다.

4. 고객의 각종 우편이나 메시지 확인

고객에게 수신된 각종 우편물이나 메시지를 확인하고 정확하게 전달되었는지를 확인한다. 특히 외부로부터 투숙고객에게 배달되는 메시지는 해당 고객에게 신속하게 전달해야 한다. 가끔 이러한 메시지가 신속하게 전달되지 않아 고객으로부터 거센 항의를 받는 경우가 발생하기 때문에 모든 메시지의 전달 시에는 반드시 그 내용을 메시지와 우편물 관리대장에 기록하여 누가, 언제, 누구에게 어떤 종류의 우편이나 메시지를 전달했는지 확인할 수 있도록 해야 한다.

5. 슬립아웃 룸의 점검

슬립아웃(sleep out)이란 고객이 투숙하고 있는 기간 중에 호텔 객실을 이용하지 않고 외부에서 숙박하는 경우를 말한다. 이런 경우 고객이 객실에 체크인을 하였지만 실제로는 객실을 사용하지 않은 경우이다.

고객의 특별한 사정으로 인하여 외부숙박을 하는 경우 프런트 데스크에 통보해주면 당일의 객실상황을 참고하여 요금부과 여부를 결정하지만 단골고객이나 장기투숙객의 경우는 요금을 부과하지 않는 것이 일반적이다.

그러나 프런트 데스크에 알리지 않고 객실에서 숙박하지 않은 경우, 우선 고객의 수화물이 객실에 남겨져 있는지 여부를 체크해야 한다. 고객이 객실에 소지품이나 수화물을 두지 않고 입숙하지 않은 경우는 그때까지 요금을 정산하고 체크아웃 처리한다.

고객이 객실에 수화물이나 소지품을 객실에 남겨두고 외부에서 숙박한 경우는 객실을 사용한 것으로 간주하고 객실요금을 부과하는 것이 통상관례이다.

[그림 6-25] **경쟁사 간의 영업 분석 보고서의 예**

COMPETITION COMPARISON REPORT

실적일 : 월 일 요일

Kyong-Ju HOTEL TTL Rms : 1,993	HYUNDAI HOTEL (449Rms)		HILTON HOTEL (324Rms)		KOLON HOTEL (314Rms)		CONCORD HOTEL (295Rms)		CHOSUN HOTEL (285Rms)		MUNHWA CENTER (270Rms)	
LAST NIGHT	TODAY	MTD	TODAY	MTD	TODAY	MTD	TODAY	MTD	TODAY	MTD	TODAY	MTD
Rooms Sold												
% Occupancy												
Average Rate												
Revenue												
Honey moon												
Walk-in												
Group												
Natural Share	23.0%		16.8%		16.2%		15.3%		14.7%		14%	
Forecast	%		%		%		%		%		%	
Group (주요그룹)												

※ 참고 : 자연시장점유율(Natural Market Share) $= \frac{\text{특정호텔의 판매가능객실 수}}{\text{경쟁호텔의 전체 판매가능객실 수}} \times 100\%$

6. 각종 영업 관련 보고서의 작성 및 배부

나이트 클럭이 작성하는 영업 관련 보고서는 매우 다양하지만 경영진의 의사결정이나 관련부서의 효율적인 업무수행을 위해 필요로 하는 정보만을 선별하여 작성하고 배부하는 것이 바람직하다. 왜냐하면 자사의 영업에 관한 귀중한 정보나 경쟁사의 정보가 이외의 목적으로 유용되거나 누설될 수 있기 때문이다. 그리고 객실영업보고서의 매출액 점검 시에는 예약당시의 상황과 실제 투숙객에게 적용된 객실요금이 차이가 있는지를 확인하고 만약 차이가 발생하면 정확한 원인을 규명해야 한다.

7. 익일업무 수행준비

익일아침의 프런트 데스크 업무를 원활하게 연계시켜주기 위해 나이트 클럭이 미리 준비해서 연계해 주어야 할 사항들은 다음과 같다.

- 익일 도착예정고객의 등록카드
- 익일 출발예정고객의 명단
- 야간에 발생한 고객의 각종 요구사항이나 특기사항을 구체적으로 정리하여 인수인계
- 자산관리시스템(PMS)에서 출력되는 표준화된 각종 보고서의 분류 및 관련 부서에 배부

호텔리어의 눈으로 바라본 호텔 이야기 6

호텔 객실에서 하면 안 되는 10가지

호텔....

여행지의 또 다른 집

종종 아름다운 말로 치장하곤 하지만 호텔은 기본적으로 '숙박' 하는 곳입니다.

호텔의 객실은 침대가 놓인, 잠자는 곳일 뿐이죠.

그렇지만 이 '호텔' 이라는 간단한 단어는 잠자리 외 여러 가지 의미를 내포하곤 합니다. 아마도 인간의 '잠' 이란 활동 자체가 간단치 않은 것들을 상징하기 때문인 듯 하지요.

일부 고객은 호텔 객실의 열쇠가 마치 일탈을 허락하는 라이센스로 생각하는 모양이더군요. 이성이 강요되는 가정과 사회에서는 감히 엄두 내지 못하는 온갖 행동들을 이 외딴 객실에서 거리낌 없이 실행에 옮깁니다.

이들에게 호텔 객실은 사회의 눈을 피해 숨어든 인간 욕망의 배출구인 셈이죠. 마치 십수 년 전 예비군 훈련을 가면 의사니 변호사니, 사회적 지위를 깡그리 망각하고 하나같이 개망나니가 되었던 것처럼...

우리나라에서 호텔이 본격적으로 대중화된 게 불과 얼마 전의 일입니다. 호텔과 얽힌 해프닝이 일반 대중의 입에 회자되는 일은 잦지 않았죠. 하지만 외국의 경우는 그렇지 않았던 모양이지요. 유명 셀럽들의 불륜, 기물 파손, 절도 등등... 사회적인 위신과 체면 때문에 억누르고 있던 그 저열한 인간 욕망이 호텔 객실로 숨어들면 느닷없이 비행 청소년이 되는 것이죠.

호텔 객실에서 저~얼대 해서는 안 되는 10가지

우리나라의 사례는 아니고요, 외국의 '심심풀이 땅콩' 매체에서 꼽은 것들입니다. 하지만 여행이 늘어난 우리에게도 적잖이 도움될 만한 것들이군요.

부디 맘 한 곳에 새겨 두셨으면 합니다. 극히 일부의 '비행 청소년' 행태로 인해 우리 모두의 수준이 함께 매도당하는 일은 없어야 하니까요....

한번 볼까요?

1. 조리

객실 내 조리가 가능한 호텔(Extended Stay, 우리말로는 흔히 '레지던스' 라고 하고 법에서는 가족호텔이라고도 합니다.)이 더러 생기긴 했지만 우리가 주변에서 흔히 보는 호텔에서는 조리 자체가 불가능합니다. 취사 시설도 없어요. 하지만 꾀를 부리는 고객들이 있지요? 아마도 무용담처럼 떠벌리는 걸 듣기도 했을 법 합니다.

전기 주전자에 물을 끓여 컵라면을 먹는 것이야 문제될 게 없지만 다리미를 가열해 열판에 토스트를 굽는 행위, 전기 주전자로 조리된 음식을 삶거나 냉동 피자를 해동하는 용도로 사용해서는 매우 곤란합니다.

꽤 기발했지만 호텔의 자산을 파손하는 몰상식이고요, 냄새로 다른 고객에게 피해를 줄 수도 있어요.

■이미지 : Paul Tucker/호텔 객실의 Pot으로 이러시면 곤란합니다...

2. 창문을 열어 몸을 밖으로 드러내는 것

"자기야~, 일루 와봐. 저기 밑에 사람들이 개미 새끼처럼 보여~"....

역시 곤란합니다. 생애 마지막 말이 될 수도 있으니까요....

일반적으로, 호텔 객실 내의 창문은 자살 등을 예방하기 위해 사람의 몸이 빠져 나올 수 있을 정도로 개방되지 않아요. 하지만 외국의 경우 그렇지 않은 호텔들도 더러 있는 모양이네요. 리조트 호텔의 경우는 아예 발코니가 설치되어 있기도 하죠.

바깥을 더 잘 보기 위해 창문 혹은 발코니 펜스 밖으로 몸을 기울이는 행위는 아주 위험해요. 절경은 창밖으로만 보시거나 아예 밖으로 직접 나가 구경하시길....

3. 객실용품 절도

일반적으로, 비누나 샴푸 등 1회용 욕실용품은 가져가도 괜찮습니다. 하지만 타월 등 반복적으로 사용되는 아이템들은 가져가시면 안돼요. 워낙 많은 수량이 도난당해 요즘은 타월이나 목욕 가운에 아예 전자칩을 붙여두는 경우도 있어요. 부피가 큰 물건이라면 곳곳에 설치된 CCTV가 적발합니다. 비싼 돈을 들여 호텔에 투숙해 놓고, 몇 천 원짜리 타월 한 장으로 무슨 망신이랍니까?!

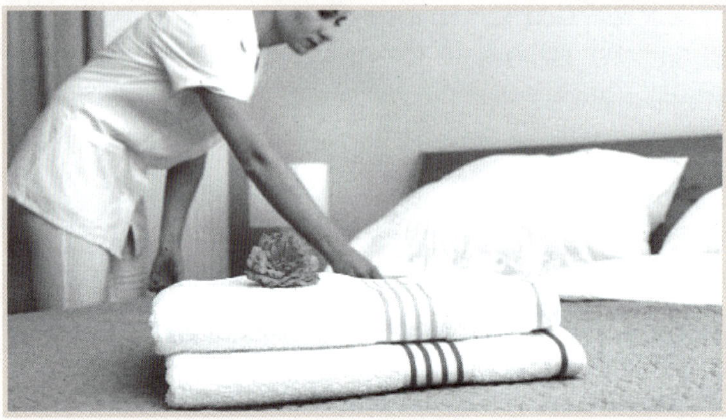

■이미지 : http://www.traveller.com.au/

4. 미니바 아이템 위조

미니바 위에 진열된 위스키 미니어쳐. 당연히 판매하는 것들입니다. 이것들을 홀라당 마시고는 찻물로 다시 채워 놓았군요?! 참 꼼꼼하기도 하셔라.....

더러는 콜라 밑바닥을 핀으로 뚫어 따라 마신 후 빈 용기를 냉장고에 다시 놓아두기도 한다더군요.

몇 천 원 아끼기 위한 노력이 절절하지요?!

스스로의 양심을 똥칠이 되는 것, 파렴치 절도범으로 전락하는 건 전혀 개의치 않을 정도로 양심에 수북이 털이 났습니다. 객실만 나서면 모두 한 '점잔'하는 분들이니 참....

5. 흡연

미안하지만 "No Smoking" 사인은 당신의 건강을 염려해서 붙인 것이 아닙니다. 옆방에, 혹은 다음에 투숙할 다른 고객들의 편의를 위한 것이죠.

비흡연 객실에서의 흡연이 적발되면 객실 청소/환기 등에 소요되는 비용이 따로 청구될 수도 있습니다.

6. 반려동물을 몰래 동반하는 행위

전 잘 몰랐습니다만 중소규모 호텔에선 이런 행위가 의외로 잦다네요. 이러시면 매우 곤란합니다. 차라리 청소나 위생 규정 등이 따로 마련된 팻프랜들리 호텔을 찾으세요.

호텔에 지우는 부담은 논외로 치더라도, 다음에 투숙하는 고객들을 중대한 위험에 빠트릴 수도 있는 행위입니다.

7. 벽난로나 히터 앞에서의 성관계

음..... 우리나라에도 이런 호텔이 있는지 모르겠군요?

외국의 경우, 오래되거나 규모가 크지 않은 호텔들에는 벽난로가 설치되어 있습니다. 난방이 부실해 히터가 필요한 낡은 호텔들도 있겠죠. 요즘 흥하고 있는 에어비앤비의 호스트들에서도 흔히 볼 수 있을 듯 하군요.

이런 곳에 투숙해 격정적인 'fire work'을 해야 할 경우라면 조심하셔야 합니다. 이런 일이 예정되어 있거나 혹은 예상된다면,,,,ㅋ 흠.... 가급적 벽난로나 히터와 멀리 떨어진 곳에서....

그렇지 않으면 객실과 호텔을 그리고 귀중한 생명을 홀라당 태워 먹을 수도 있어요.

8. 발코니에 젖은 빨래를 걸어 두는 것

한 호텔에 장기로 투숙하면 스스로 빨래를 해야 할 때도 있습니다. 햇빛이 좋으면 바깥에 널어두기죠 하죠. 하지만 다음날 아침 당신의 아름다운 속옷이 호텔 정원에 날라다니는 것을 목격할 수도 있어요....

반드시 필요한 경우라면 욕실에다 걸어 두시거나 호텔의 라운드리를 이용하시기 바랍니다.

9. '호텔에서 해서는 안 되는 것' 류의 충고를 귀담아 듣는 것....

예를 들어, '호텔 객실의 티비 리모콘은 세균 덩어리'라거나 '객실에 비치된 글라스는 깨끗하지 않으므로 사용치 마라'는 등 결벽증 환자들의 조언에 현혹되지 마시기 바랍니다. 그런 것들이 걱정스럽다면 여행 자체가 어쩌면 자살행위나 마찬가지이죠.

10. 죽는 것

이런 불상사가 호텔 객실에서 생기는 일은 예상 외로 종종 있습니다.

자연사도 있고요, 자살도 그리고 살인 사건이 생기기도 해요. 항상 안전에 신경 쓰셔야 합니다.

자료 : 늙은 호텔리어 몽돌의 호텔이야기 2016. 04. 11일

연습문제

1. 등록카드를 작성하는 목적은 무엇인가?

2. 그랜드 마스터 키는 어떠한 때에 사용할 수 있는가?

3. FIT고객에 대한 체크인의 전체적인 흐름을 설명하시오.

4. 단체고객에 대한 체크인의 전체적인 흐름을 설명하시오.

5. 효과적인 객실판매기법 3가지는 무엇인가?

6. 고객 불평처리 과정을 설명하시오.

7. 일반고객의 체크아웃 절차를 설명하시오.

8. skipper 예방법에 대하여 설명하시오.

9. night clerk의 주요업무는 무엇인가?

10. 웨스틴조선호텔의 '익스프레스 체크인 서비스'를 설명하시오.

제7장

유니폼 서비스 업무

제1절 유니폼 서비스(uniformed service)의 이해

1. 유니폼 서비스의 의미와 역할

유니폼 서비스(uniformed service)란 프런트 데스크와 접속되어 숙박고객과 일반 호텔이용객에게 기동성 있는 각종 서비스를 제공하는 곳이다. 따라서 호텔 현관을 관리하고 고객의 필요와 욕구에 적극적으로 대응하며 고품격 서비스 제공을 위해 현관지역에서 서비스를 제공한다.

한마디로 표현하면 유니폼 서비스는 현관 서비스를 말한다. 통일된 고유 업무의 유니폼을 입고 현관로비지역에서 고객서비스는 물론 청결, 정리정돈 등을 하며 고객의 불편이 없도록 고객들을 만족시키며 고객의 요청에 부응할 수 있는 역할을 하는 업무이다. 즉, 유니폼 서비스(uniformed service)는 현관 서비스(front service)의 의미와 고객 서비스(guest service)의 의미를 모두 포함한다고 할 수 있다.

2. 유니폼 서비스의 조직

유니폼 서비스의 조직은 호텔의 규모 및 경영의 형태에 따라 조금씩 차이가 있지만, 호텔마다 수행하는 업무는 거의 비슷하다고 할 수 있다. 일반적으로 유니폼 서비스의 업무를 수행하는 조직은 도어 데스크(door desk)와 벨 데스크(bell desk)로 나누어져 있지만, 최근에는 도어 데스크와 벨 데스크를 통합하여 하나의 독립된 부서로서 컨시어지(concierge)를 운영하면서 고객에게 차별화된 고부가가치 서비스를 제공하고 있다.

제2절 도어 데스크(door desk) 업무

호텔의 도어 데스크에서 근무하는 종사원을 도어맨(door man or door attendant)이라고 한다. 도어맨(door man)은 호텔을 찾는 고객을 최초로 영접하고 최후로 환송하는 직무를 수행하며 정문에 도착하는 고객의 차량안내, 고객이 타고 온 차량에 대한 주차 및 차량호출 서비스 그리고 각종 교통편의 안내 및 현관주위의 청소관리 업무들을 주로 담당한다.

호텔을 방문하는 다양한 고객을 최일선에서 직접 접촉하기 때문에 흔히들 도어맨을 그 호텔의 얼굴이라고도 표현한다. 따라서 도어맨은 항상 고객이 쉽게 알아볼 수 있는 곳에 위치하고 있어야 하며 어떤 상황에서든 고객을 정중하게 맞이할 만반의 태세를 갖추고 있어야 한다. 그렇기 때문에 호텔 도어맨의 대부분은 체격이 당당하고 화려한 유니폼을 착용하고 업무를 수행한다. 도어맨의 주요업무 내용을 살펴보면 다음과 같다.

1. 도착 · 출발고객의 영접 및 환송

도어맨은 정문에 위치하여 차량을 이용해 호텔에 도착하는 고객을 영접하고 출발하는 고객을 환송해주는 업무를 담당한다.

따라서 호텔을 찾는 고객이 특별한 서비스를 받고 있다는 느낌을 갖도록 하는 것이 도어맨의 노하우라고 할 수 있으며, 고객의 외모나 고객의 차량을 통해 고객을 차별하지 않고 모든 고객을 정중하게 맞이하는 자세가 필요하다.

차량을 이용해 호텔에 도착하는 고객의 영접에서, 출발하는 고객의 환송에 이르기까지의 도어맨의 업무를 도식화해서 설명하면 다음과 같다.

(1) 도착고객의 영접 시

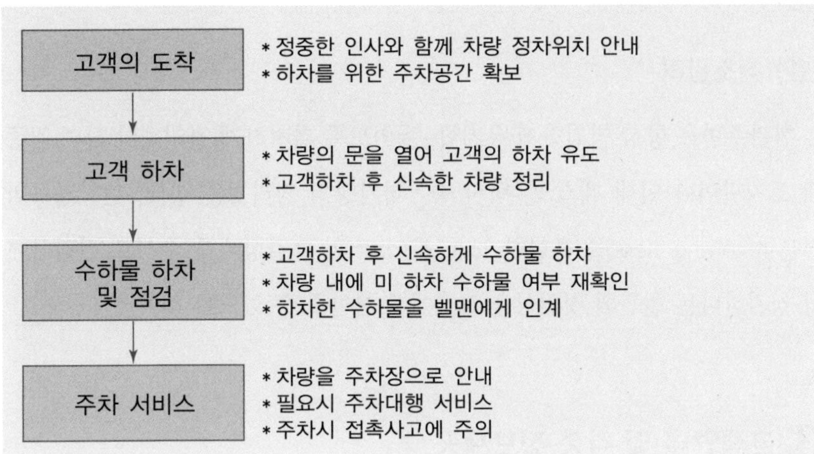

(2) 출발고객의 환송 시

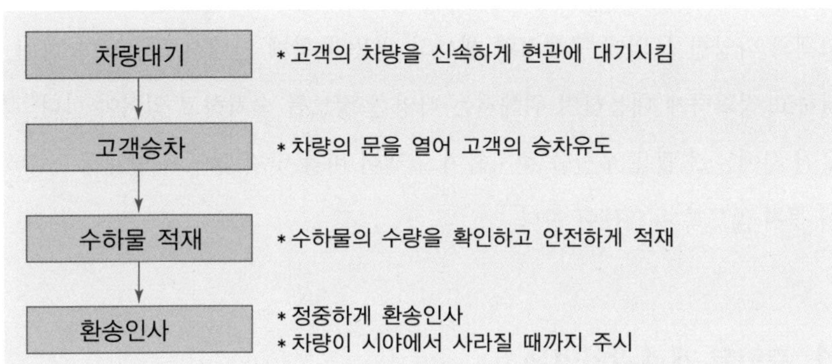

2. 현관주위의 관리

(1) 차량 및 주차관리

현관에 도착하는 차량과 출발하는 차량의 안내 및 주차관리 업무로서 특히 대규모 행사 시 호텔입구의 혼잡을 피할 수 있도록 효율적으로 관리해야 하고 차량흐름을 원활하게 통제해야 한다. 특히 VIP차량인 경우 신속한 주차정리가 되도록 주차요원의 사전협조를 당부하고 차량번호를 반드시 기억하여 차량번호만으로도 어떤 고객인지 확인할 수 있도록 해야 하며, 여성고객들의 안전주차를 위하여 자가 운전자들의 운전을 보조해 주어야 한다.

(2) 청소관리

현관주변을 항상 청결하게 유지할 수 있도록 철저하게 관리해야 하며 각종 안내 표지판이나 안내 데스크, 택시 승 · 하차장의 정리정돈 상태, 현관입구의 회전문(revolving door)을 포함한 모든 문(door)의 청결상태를 수시로 점검하여 항상 청결하다는 현관의 첫인상을 고객에게 심어줄 수 있도록 해야 한다.

3. 고객안내 및 각종 정보제공

도어 데스크(door desk)는 호텔을 방문하는 첫 번째 장소이기 때문에 호텔 내의 각종행사나 서비스에 대한 고객의 문의가 수시로 발생한다. 따라서 도어맨은 고객의 다양한 문의에 구체적인 행사의 내용과 함께 안내하도록 해야 하며, 친절하고 정확하게 대응하기 위해서는 다양한 정보를 숙지하고 있어야 한다. 특히 우천 시에는 호텔용 우산을 준비하여 고객이 비를 맞지 않도록 안내하고 수하물이 젖지 않도록 유의해야 한다.

4. 출입문 개폐관리업무

호텔의 현관문은 대부분 자동문이나 회전문으로 되어 있다. 자칫 잘못하면 고객이 부상당할 수도 있기 때문에 항상 고객의 출입을 관찰하고 문을 여닫는 데 신경을 써서 도와주어야 한다. 특히 어린이와 노약자가 문에 끼는 일이 없도록 주의하여야 한다.

[그림 7-1] **사례 호텔의 도어맨 근무 장면**

5. 차량호출 및 수배업무

주로 운전기사와 동행한 고객의 요구에 따라 차량을 현관 앞으로 대기시키기 위해 차량 페이징(paging) 서비스를 제공하는데, 차량을 호출하여 호텔 앞으로 대기시킨다. 또한 주차대행 서비스를 했던 고객이 차량을 원할 경우 고객이 소지하고 있는 티켓을 확인한 후 안전하고 신속하게 현관 입구로 대기시킨다. 그리고 수배 서비스는 택시, 버스 등 차량을 필요로 하는 고객에게 차량에 대한 정확한 정보를 제공한다.

6. 분실물 처리업무

호텔고객이 분실한 귀중품, 가방 등의 물품을 습득하였을 때는 지체 없이 보고하고 현관 사무실에 인계한다.

7. 출입통제업무

호텔을 출입하는 고객의 안전을 위하여 취객이나 부랑자, 정신이상자 등과 같이 호텔의 정숙과 품위를 손상시키는 사람들의 출입을 통제하며, 수상한 언동을 하는 고객이나 걸인 또는 노숙자, 잡상인, 판매원 등 고객으로서의 방문자가 아니라고 판단되면 출입을 통제하고, 즉시 경비부서에 연락하여 적절한 조취를 취하여야 한다.

8. 주차대행(valet parking) 서비스

고객편의를 위한 주차대행 서비스로 고객의 요구가 있을 경우 고객을 대신해서 주차를 대행하는 업무로서 영접서비스 요령에 의해 고객을 맞이한다. 따라서 운전을 능숙하게 할 수 있는 도어맨이 항시 대기하고 있어야 하며, 이러한 서비스는 고객에게 편의성을 제공해 줄 뿐만 아니라 호텔 서비스의 고급스런 이미지를 강화시켜줄 수 있다. 특히 차량의 외부상태와 차량 내 귀중품 유무를 고객에게 확인받아야 한다.

제3절 벨 데스크(bell desk) 업무

벨 데스크(bell desk)는 도어 데스크(door desk)와 함께 프런트 서비스(front service)의 주축을 이루는 부서이다. 벨 데스크의 주요업무는 투숙고객의 체크인 보조, 퇴숙고객의 수하물 운반 및 보관, 호텔 주위의 관광안내, 로비(lobby)관리 등의 업무를 수행하는 곳이다.

과거에는 남자종업원만이 근무하는 부서였지만 최근에는 여자종업원으로 교체하거나 남녀종업원이 동시에 근무하기도 한다. 벨 데스크의 남자종업원을 벨맨(bell man), 여자종업원을 벨 우먼(bell woman) 그리고 남녀가 혼합된 경우는 벨 홉(bell hop)이라 부른다.

벨 데스크의 주요업무를 상세하게 설명하면 다음과 같다.

1. 체크인할 때

일반적인 개별고객인 경우 현관에 도착한 고객을 프런트 데스크로 안내하여 투숙을 위한 등록을 할 수 있도록 도와주며 등록이 끝난 고객을 객실로 안내해 준다. 현관에 도착한 고객을 프런트 데스크로 안내하는 요령은 다음과 같다.

(1) 개별고객인 경우

- 고객이 현관에 도착하면 정중한 환영인사와 함께 고객의 수하물을 받아주고 고객의 전방에서 고객의 걸음걸이 속도에 맞추어 프런트 데스크로 안내한다.
- 고객의 수하물이 여러 개일 경우 수하물 운반용 수레(baggage cart)를 이용한다. 운반용 수레에 짐을 실을 때는 파손되기 쉬운 물건이 없는지를 확인하고 무거운 것은 앞쪽에 적재토록 하고 수하물 수량을 고객에게 확인시킨다.
- 귀중품이나 정밀기기와 같은 손상되기 쉬운 물건(fragile items)들은 가능하면 고객이 직접 휴대토록 한다.
- 고객이 등록 절차를 거치는 동안 수하물 표(baggage tag)를 부착하고 등록이 끝날 때까지 뒤에서 대기한다.
- 등록이 끝난 고객으로부터 객실 키를 인계받아 엘리베이터로 안내한다.

프런트 데스크에서 객실로 고객을 안내하는 요령은 다음과 같다.

- 엘리베이터에 도착하면 고객을 먼저 탑승케 한 후에 수하물을 들고 탑승한다.
- 엘리베이터에 탑승하면 고객에게 친숙감을 표시하기 위해 가능하면 고객의 이름을 사용하며 호텔의 부대시설 등에 관한 인포메이션을 제공한다.
- 투숙할 객실 층에 도착하면 고객의 전방에 서서 객실의 위치와 특징, 비상구의 위치를 설명하며 객실로 안내한다.
- 객실 앞에 도착하면 객실번호를 재확인시키고 문을 연 후 키 센서(key sensor)에 키를 꽂은 다음 고객이 먼저 입실토록 한다.

- 고객을 따라 객실에 들어가면 수하물 스탠드(baggage stand)에 수하물을 정리한 후 커튼을 열고 각종 램프가 정상적으로 작동하는지 점검한다.
- 이상이 없다고 판단되면 다음사항을 고객에게 안내한다.
  - 객실 키의 사용방법
  - 실온도 조절방법
  - 영화나 스포츠를 위한 유료 TV 이용방법
  - 미니바(mini-bar) 이용에 관한 사항
  - 전화 이용방법
  - 개인금고 사용법
  - 호텔의 부대시설 등
- 객실을 나올 때는 가벼운 인사와 함께 요구사항이 있으면 언제든지 벨 데스크로 연락을 취해달라고 부탁한다.

(2) 단체고객인 경우

단체고객의 체크인 시에는 단체고객의 도착예정시간에 맞추어 로비의 일정한 장소에 고객의 수하물을 정리해둘 수 있는 공간을 미리 확보해 두어야 한다.

단체고객의 수하물은 별도의 교통수단을 이용해 도착하는 경우가 대부분이며 수하물의 부피나 크기가 서로 비슷하므로 고객의 성명과 수량을 정확히 확인하고 객실번호를 기입한 수하물표(square baggage tag)를 부착하여 객실별로 배달한다.

(3) VIP고객인 경우

프런트 데스크에서 통보된 당일도착예정인 VIP고객 명단을 확인하고 도착예정시간에 안내와 특별한 사항을 수행하기 위해 정 위치에서 대기해야 한다. 돌발적인 상황으로 인하여 고객의 도착이 지연되는 경우 영접 관련자들의 편의를 도모하기 위해 효율적인 내부 연락체계를 확립해 두어야 한다.

- 당일 도착예정인 VIP의 성명, 도착예정시간, 객실번호 등을 숙지하고 지정 위치에 대기한다.
- VIP의 영접은 상황에 따라 총지배인, 판촉부장, 객실부장 등이 하게 되며, 안내는 당직 지배인이 하게 된 경우 벨 맨은 수하물을 담당한다.
- 대부분의 VIP고객은 직접 객실로 안내되기 때문에 객실에서 등록카드나 서명을 받도록 한다.
- VIP고객의 영접을 위해 붉은 융단(red carpet)을 깔 경우에는 사전에 하우스키핑에 연락하여 도착 직전에 깔도록 한다.

[그림 7-2] **사례호텔의 수하물표**

2. 체크아웃할 때

체크아웃 시의 벨 데스크 업무는 고객의 수하물 운반이 대부분이기 때문에 프런트 데스크에서 통보된 당일 체크아웃 예정고객명단을 파악하고 수하물운반(baggage down)에 차질이 발생하지 않도록 만전을 기해야 한다.

- 고객으로부터 체크아웃 요청이 있을 경우 벨 캡틴(bell captain)은 객실번호와 수하물 숫자를 확인하고 체크아웃 슬립(check slip)을 작성한다.

- 벨 맨은 체크아웃 슬립과 수하물 운반용 수레를 가지고 신속하게 객실에 올라가야 하며 객실에 도착해서는 반드시 벨을 눌러 체크아웃 여부를 확인한다.
- 고객의 수하물은 빠짐없이 수레에 적재하되 반드시 고객에게 내용을 확인시킨 다음 다시 한 번 객실을 점검하여 남겨진 소지품이나 수하물이 없는지 확인한다.
- 고객이 출발하고 나면 수하물 카트를 제자리에 정돈시키고 체크아웃 슬립을 작성하여 벨 캡틴에게 제출한다.
- 단체고객의 체크아웃 시에는 수하물운반을 위해 층별로 인원을 배치하고 로비의 적당한 공간을 이용해 수하물을 단체별로 구분하고 반드시 그물(baggage net)을 씌어둔다.
- VIP의 체크아웃 시에는 VIP의 출발예정시간을 사전에 파악하고 차량 등 필요한 사항을 조치한 후 근무 지정 위치에 대기한다.

3. 객실변경 시

프런트 데스크로부터 객실을 옮겨달라는 요청을 받으면 고객의 소지품이나 수하물을 철저하게 점검하여 새로운 객실로 옮긴다. 고객의 부재 중에 객실을 옮길 경우 고객의 소지품이나 수하물의 점검은 하우스키핑 담당자의 입회하에 하도록 하고 객실변경이 완료되면 즉시 프런트 데스크에 통보하고 변경에 대한 내용은 업무일지(log book)에 기록한다.

4. 수하물의 보관 및 불출

수하물의 보관은 단기보관과 장기보관으로 구분할 수 있다. 단기보관은 고객이 퇴숙 후에 수하물을 일시적으로 보관시키는 경우이며 장기보관은 3~4일 이상 보관시키는 경우를 말한다. 수하물의 보관 시에는 아래의 수하물 보관증(baggage claim tag)에서 보는 바와 같이 보관날짜, 객실번호, 성명, 수하물의 종류, 취급자의 성명 등을 정확히 기록하여 불출 시에 차질이 없도록 해야 한다.

고객이 보관시킨 수하물의 반출 시에는 고객이 소지하고 있는 보관증과 반드시 대조하여 내용을 확인한 후 반출시켜야 하며 만약 수하물 보관증을 분실한 고객의 경우 고객의 신상을 파악하고 수하물의 종류, 수량 등을 문의한 후 동일하다고 판단될 경우에만 불출토록 한다. 이때 고객의 신분증이나 여권 등을 복사하고 반드시 서명을 받아두도록 한다.

[그림 7-3] **사례호텔의 수하물 보관증**

No.

Room No.

Name.

Date　　　　　Time

B	D	Total

Delivered by

No.

Room No.

- - - - - - - - - - - - - - - - - - - -

No.

Room No.

Name.

Date　　　　　Time

B	D	Total

Delivered by

No.

Room No.

5. 체크 룸 서비스(check room service)

체크 룸 서비스(check room service)란 연회나 회의 · 식사 등을 목적으로 호텔을 방문한 고객의 휴대품을 일시적으로 보관해주는 업무를 말한다. 방문객의 소지품을 일시적으로 보관해 줄 때는 고객의 신분을 확인한 후 보관증을 발급해야 하며 고가의 귀중품일 경우에는 프런트 데스크에 비치되어 있는 안전금고(safety box)를 이용하도록 유도한다.

6. 고객안내 및 각종 정보제공

호텔을 방문하는 고객의 다양한 문의에 능동적으로 대응하기 위해서는 호텔 내부시설에 관한 정보, 연회행사와 같은 각종 이벤트에 관한 정보, 주변관광지나 쇼핑에 관한 정보를 신속하게 제공할 수 있어야 한다. 일반적으로 이러한 정보들을 효율적으로 제공하기 위해 벨 데스크에서는 다음과 같은 다양한 인쇄물을 비치해 두고 있다.

- 호텔 브로슈어(hotel brochures)
- 렌터카 브로슈어(car rental brochures)
- 쇼핑 가이드(shopping brochures)
- 항공스케줄(flight guides)
- 기차시간표(railroad time table)
- 호텔 · 공항 간 리무진 시간표(limousine time table)
- 시내교통지도(city map)
- 행선지 안내 서비스(show me the way card)

7. 고객대여물품 관리

객실 투숙객 및 식음료영업장 이용고객들에게 유모차나 휠체어 및 우산 등을 대여해 주는 서비스로서 대여 시 장부에 기록한 후 반납을 받을 수 있도록 관리한다. 고객이 대여물품을 분실할 시 일정 금액을 변상받기도 한다.

[그림 7-4] **사례호텔의 행선지 안내 카드**

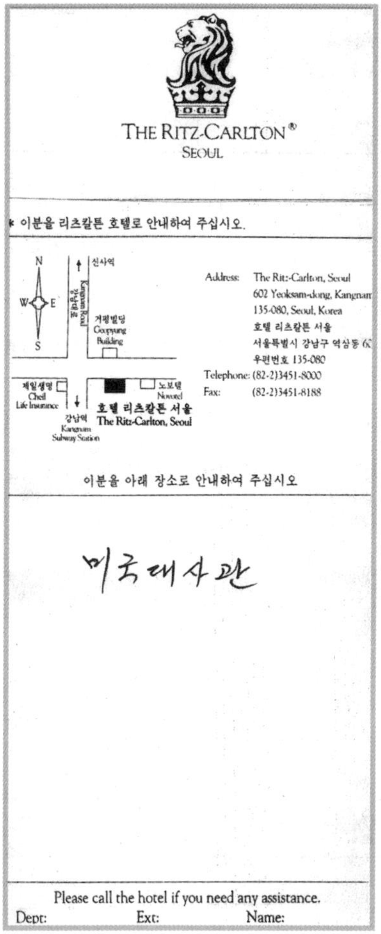

8. 기타 업무

벨 데스크의 중요한 업무 중 고객의 체크인이나 체크아웃 업무의 보조 이외에도 각종 우편물이나 메시지, 신문, 꽃이나 케이크 등의 배달(delivery)업무뿐만 아니라 호텔로비의 정리정돈, 국기게양 업무 또한 대단히 중요하다.

투숙객의 요구나 외부로부터 반입되는 물품에 대해 배달요청이 있을 경우 벨맨은 신속하고 정확하게 배달해줄 책임을 지니고 있다. 아무리 사소한 물건일지라도 배달요청을 받은 경우에는 반드시 보내온 사람의 인적사항과 시간을 기록해 두어야 하며 고객에게 배달을 완료하였을 때는 만약의 상황에 대비하여 반드시 수하물 기록대장에 기입하여 언제든지 추적이 가능하도록 해야 한다.

호텔로비는 많은 사람들이 출입하는 곳이므로 항상 청결하지 않으면 고객에게 좋은 인상을 줄 수가 없다. 따라서 벨 맨은 로비의 구석진 곳까지 항상 청결상태를 유지할 수 있도록 공공구역(public area)청소를 담당하고 있는 하우스키핑과 긴밀한 협조체제를 유지해야 한다. 그리고 또한 다른 고객에게 혐오감을 줄 수 있는 복장차림의 고객을 통제하거나 고객의 휴대품을 도난당하지 않도록 감시를 철저히 함으로써 로비의 전체적인 질서유지에 힘써야 한다.

호텔은 서로 상이한 국적을 소유한 다양한 고객들이 투숙하는 곳이므로 투숙객의 국적에 따라 해당 국기를 게양하게 된다. 특별한 경우가 없는 한 태극기와 호텔기 그리고 고객의 해당 국적기를 게양하기도 하지만 국기게양에 관한 일반적인 관례는 호텔에서 규정하고 있는 절차에 따르는 것이 바람직하므로 국기게양에 필요한 요령을 정확히 숙지하고 있어야 한다.

제4절 컨시어지(concierge) 업무

1. 컨시어지(concierge)의 일반적 개요

전술한 바와 같이 컨시어지 업무는 도어 데스크와 벨 데스크의 업무를 통합하여 운영하는 곳이라고 생각하면 된다. 이처럼 이원화된 업무를 한 창구로 통합하면서 여러 가지 야기될 수 있는 고객들의 불편을 해소할 수 있는 장점이 있다.

따라서 호텔을 찾아오는 관광객이나 비즈니스고객뿐만 아니라 VIP고객들에게 호텔이 제공해 줄 수 있는 모든 서비스를 제공하는 호텔의 종사원이 바로 컨시어지인 것이다.

오늘날 대규모 호텔에서는 호텔 내 · 외부의 안내 업무를 호텔현관 근처에 별도의 컨시어지 데스크를 설치하여 운영하면서 고객 서비스를 총괄하는 부서로서 대고객서비스에 만전을 기하고 있다.

컨시어지의 사전적 의미를 살펴보면, '문지기', '수위', '관리인' 이라는 뜻으로서 유럽에서는 주로 컨시어지란 용어를, 미국에서는 주로 GRO(guest relation officer)란 용어를 많이 사용한다.

특히 GRO는 고객과 가장 가까운 곳에서 고객이 원하는 정보를 제공하고 안내해야 하며, 따뜻하고 호의적인 태도로 도움을 필요로 하는 모든 고객의 친절한 안내자로서의 역할을 수행해야 한다. 또한 우수한 외국어 실력, 세련된 매너와 국제적 감각을 바탕으로 신속하고 전문적인 서비스로 다가감에 따라, 고객은 호텔을 이용함에 있어 거부감을 최소화하고 편안한 마음으로 호텔의 모든 시설을 이용할 수 있게 된다.

VIP고객의 안내와 영접 및 환송, 수하물 관리, 메시지와 우편물 전달, 체크인과 체크아웃의 보조, 관광정보안내, 로비지역의 관리 및 점검, 리무진 서비스 등 고객에게 차별화된 고부가가치 서비스를 제공하는 업무를 수행하는 만능종사원이 되어야 하는 것이 컨시어지의 주요한 업무이다.

또한 고객에게 보다 신속하고 정확한 서비스를 제공하기 위해서 각 관련부서와 긴밀하고 원만한 대인관계를 유지하며, 호텔 내 각 부서의 특징적인 업무와 전 영업장의 업무시간 · 이용시설 · 특별행사 등을 항상 숙지하고 있어야 한다. 또한 호텔의 이미지를 위하여 깔끔하고 단정한 자세와 마음가짐을 가지고 항상 고객들에게 주목하고 도움을 필요로 하는 고객에게 적극적인 자세로 다가가도록 한다.

2. 컨시어지의 주요업무

컨시어지의 업무영역은 매우 넓다. 광범위한 네트워크를 구축하여 정보를 제공하고, 다른 호텔이나 관광지 등 고객이 자주 찾는 정보를 사전에 숙지하여 고객의 욕구를 해결해 주며, 특히 고객의 불평(complaint)에 대해 신속하고 정확하게 대처하여 고객만족을 창출하는 업무를 담당하고 있다. 컨시어지의 주요업무는 도어 데스크와 벨 데스크의 업무에서 구분하여 이미 다루었기에 간단히 살펴보면 다음과 같다.

(1) VIP고객의 안내와 영접 및 환송

호텔의 명성이 한층 업그레이드될 수 있도록 VIP고객에 맞는 철저한 사전 준비와 정중하고 격식 있는 영접 및 환송이 이루어질 수 있도록 하여야 한다.

(2) 고객의 메시지 및 수하물 처리

호텔에 도착한 우편물 등을 고객에게 전달해 주고, 미도착고객(expected arrival guest)의 우편물의 보관과 전달, 체크아웃 고객에게는 추송해 주는 일을 한다. 이러한 서비스는 신속 · 정확하지 않으면 중대한 문제가 발생할 수 있으므로 세심한 주의가 요구된다.

(3) 정보제공업무

고객들에게 맞춤 정보와 서비스를 제공함으로써 고객들에게 최상의 만족을 안겨 주어야 하며 고객편의에 최선을 다해야 한다. 또한 인터넷이나 신문, 잡지 등을 이용하여 최신정보를 수집하도록 한다.

(4) 차량의 수배 및 배차관리업무

일반투숙객이 렌터카나 다른 교통수단의 이용을 원할 시에 고객이 원하는 차량을 수배하여 주거나, VIP고객의 경우 호텔 측에서 차량을 수배하여 배차시키는데 문제가 없도록 해야 한다.

(5) 공공지역의 안전 및 청결 유지

고객이 이용하는 공공지역을 수시로 순시하며, 호텔현관 자동문이나 엘리베이터, 에스컬레이터 등 현관지역에서 일어날 수 있는 각종 안전사고를 예방하며, 로비지역의 청결 유지뿐만이 아니라 화분의 관리와 배경음악 등의 음향장비에도 문제가 없도록 해야 한다.

(6) 응급환자 응대업무

고객들이 필요로 하는 간단한 의약품을 구비하여 제공한다. 고객의 불의의 사고나 중대한 질병이 발생할 경우 의사의 왕진연락 또는 가까운 병원이나 119에 연락하여 환자를 신속하게 이송토록 한다.

(7) 항공 예약 및 변경업무

고객의 항공 이용과 관련된 예약 및 변경 사항을 처리하며 여행 중인 고객이 민감하게 신경 쓰는 부분이므로 친절하게 끝까지 책임지고 서비스해야 한다.

1) 준비

항공 스케줄 표를 비치 및 보관한다.

2) 항공 예약

- 고객의 항공 예약 접수 시 비행 일자와 시간을 확인한다.
- 항공사에 전화하여 좌석의 가능 여부를 확인한다.
- 예약이 끝나면 항공사로부터 확인서를 받고 고객에게 전달한다.

3) 항공 예약 확인

- 고객이 사전 예약한 경우 확인을 요청하면 고객 앞에서 바로 통화하여 확인한다.
- 호텔을 이용하여 예약한 경우 비행 전 예약을 확인한다.

4) 항공 예약 변경

- 고객의 변경 날짜를 정확하게 확인한다.
- 현재 예약된 스케줄 확인 후 변경하고자 하는 일정으로 좌석이 가능한지 항공사에 확인한다.

- 변경이 가능하면 변경하고 변경된 일자, 비행 편, 비행 일자, 시간, 예약번호를 고객에게 안내한다.
- 변경 불가능 시 추가 비용 지불되면 가능한지 확인하고 고객에게 추가 비용을 공지한다.

(8) 고객의 불만접수 및 불평처리업무

고객으로부터 접수한 불만과 불평을 원만하게 처리할 수 있는 테크닉을 가지고 있어야 하며, 고객의 요구와 기대하고 있는 서비스수준을 파악하여 고객관계관리를 강화시키도록 노력해야 한다.

3. 컨시어지 종사원의 직무자세

(1) 고객에게 제일 중요한 것은 컨시어지의 첫인상일 것이다. 항상 웃는 얼굴과 서비스정신을 가지고 근무에 임하여야 한다.

(2) 다양한 업무를 처리하여야 하는 컨시어지는 고객들의 불편을 최소화하기 위하여 기본적으로 영어 이외에 제2외국어 공부에 많은 시간과 노력을 하여야 한다. 또한 컨시어지는 자신은 물론, 호텔의 이미지를 나타내기 때문에 유니폼과 몸가짐을 단정하게 하고 근무하여야 한다.

(3) 고객에 대한 업무를 완벽하게 책임 있게 처리하려고 하는 적극적인 마인드를 가지고 근무하여야 한다.

제3절 유니폼 서비스 업무의 체크리스트

다음 도표는 유니폼 서비스 업무를 원활하게 수행하기 위한 체크리스트이다.

[그림 7-5] **유니폼 서비스 업무 체크리스트**

항목 내용		상	중	하	비고
고객 영접	호텔 도착시 정중히 영접하며 고객 질문시 적절히 안내하는가?				
	고객의 하차와 하물을 돕는가?				
	차량의 유도가 원활히 이루어지는가?				
	벨맨과의 인수인계와 고객의 현관 안내를 돕는가?				
고객 환송	벨맨과의 수하물 인수와 고객의 수하물을 확인하는가?				
	차량의 호출이 원활히 이루어지는가?				
	수하물의 적재와 고객의 안전한 승차를 돕는가?				
	고객을 정중히 환송하는가?				
고객 요청 사항 확인	고객의 요청사항을 반갑게 접수하는가?				
	고객 요청 사항을 즉시 진행하고 수행결과를 통보받는가?				
	수행결과를 고객에게 통보 및 확인하는가?				
교통 정보 서비스	이용 가능한 차량을 알선하는가?				
	고객의 요구 차량을 정확히 수배하는가?				
	고객의 차량 탑승을 보조하는가?				
	고객을 정중하게 전송하는가?				
렌탈 서비스	렌탈 기물을 숙지하고 사용 가능하게 보관하는가?				
	고객의 렌탈 요청 시 정확한 정보를 신속히 제공하는가?				
	렌탈 내용을 일지에 기록하는가?				
	반환된 렌탈 기물의 이상유무를 확인하여 보관하는가?				
차량 호출	차량 호출접수 시 고객으로부터 차량정보를 정확히 인지하는가?				
	차량을 정확히 호출하며 차량의 진입을 원활하게 하는가?				
	고객의 탑승을 준비하고 수수하물을 적재하는가?				
	고객을 정중히 배웅하는가?				
차량 주차	차량주차 시 키를 인수하고 물품꼬리표(Tag)을 교부하는가?				
	차량을 정확히 주차하고 주차장소를 기억하는가?				
	주차정보를 일지에 기록하고 키를 키고리에 두는가?				
	차량을 고객에게 정확히 인계하고 정중히 환송하는가?				
정보 제공	호텔 내 · 외부의 행사 및 정보를 정확히 숙지하는가?				
	고객이 원하는 정보를 제공하는가?				
	제공된 정보에 대하여 고객의 만족여부를 확인하는가?				
	제공 정보를 지속적으로 업데이트(Update)하는가?				

	항목 내용	상	중	하	비고
고객 호출 (Paging) 서비스	객실고객 또는 방문객의 접수를 정확히 받는가?				
	규정된 절차에 의해 방문객이 객실고객을 찾게 하는가?				
	규정된 절차에 의해 객실고객이 방문객을 찾게 하는가?				
수하물 운반 (도착시)	고객에게 반갑게 인사하고 수하물을 정확히 인수받는가?				
	고객 등록 시 수하물을 안전하게 보관하며 대기하는가?				
	고객의 수하물을 안전하게 배달하는가?				
	객실의 이상유무를 고객으로부터 확인받는가?				
수하물 운반 (출발시)	수하물 운반요청의 접수된 사항을 잘 이행하는가?				
	고객에게 수하물을 정중히 인수받는가?				
	수하물 인계 시 계산 여부와 이상 여부를 확인하는가?				
	고객의 수하물 적재와 차량탑승을 돕는가?				
수하물 보관	고객의 수하물 보관 요청을 친절하게 받는가?				
	수하물을 구분하여 보관하고 기록하는가?				
	수하물의 인도요청을 받고 배달장소를 확인하는가?				
	고객 수하물의 보관장소를 확인하고 정확하게 배달하는가?				
고객 배달물 처리	고객 배달 요청 접수 후 접수 순서별로 배달준비를 하는가?				
	일지에 배달물을 기록하며 고객정보가 일치하는지 확인하는가?				
	배달 시 고객에게 공손하게 서명을 받는가?				
	배달결과를 일지에 기록하는가?				
우편물 처리	우편물 및 소수하물에 따른 발송 방법을 숙지하고 있는가?				
	우편물의 처리에 따른 요금, 시간 등을 고객에게 통보하는가?				
	우편물 발송 의뢰 시 일지에 정확히 기록하는가?				
	발송 내역을 고객에게 신속히 통보하는가?				
분실물 처리	분실사고 시 고객을 안심시키도록 최선을 다하는가?				
	분실물에 따른 절차를 적절히 고객에게 안내하는가?				
	분실물이 회수될 경우 즉시 고객에게 통보하는가?				
습득물 처리	습득물 발견 시 주인이 없으면 즉시 물품을 습득하는가?				
	습득물의 기록과 보관이 안전하고 정확하게 이루어지는가?				
	습득물의 인계 시 확인을 하고 서명을 받는가?				
	호텔규정에 따라 습득물을 공정하게 처리하는가?				
항공 예약 및 변경	항공 스케줄 표를 비치 및 보관하고 있는가?				
	항공 예약 요청 시 즉시 가능 여부를 고객에게 전달하는가?				
	출발 전 항공 예약에 대하여 재확인을 하는가?				
	항공예약 변경 시 항공사에 확인 후 즉시 고객에게 안내하는가?				

호텔리어의 눈으로 바라본 호텔 이야기 7

호텔 이용팁-호텔에서 신용카드 게런티할 때 유의할 점(카드 사전승인)

마침내 호텔에 도착합니다.

그토록 고대해 왔던 그 곳의 아름다운 풍광을 빨리 구경하고 싶군요.

객실은 온라인으로 예약을 해 두었고, 객실료도 신용카드로 이미 결제해 둔 상태입니다. 프런트에서 체크인 수속을 밟고 재빨리 객실로 올라가려는데, 어?? 직원이 신용카드를 내놓으라네요.

내 신용카드는 왜? 객실료는 이미 지불했는데?

호텔 이용이 빈번하지 않았던 분들께는 아무래도 당황스러울 수밖에 없는 시츄에이션이지요! 하지만 이를 두고 호텔 직원과 옥신각신하시면 여행 초보 인증하는 것이나 다름없습니다. 호텔은 일종의 보증금을 받아둬야 하거든요. 이를 흔히 디파짓(Deposit)이라 부릅니다.

"디파짓?"

'디파짓'이란 고객이 호텔에 투숙하는 기간 동안 사용할 것으로 예상되는 레스토랑이나 미니바, 기타 부대시설 이용료를 호텔이 먼저 확보해 두는 행위를 말합니다. 규모나 브랜드, 지역에 상관없이 전 세계 대부분의 호텔들이 채택하고 있는 관행이죠.

호텔의 요구를 거부할 명분도 뚜렷치 않아요. 머무는 동안 호텔 내에서 소비하는 서비스들은 그 자리에서 지불하지 않는 한 일단 외상 처리됩니다. 이를 '룸차지(room charge)' 한다고 부르는데 고객 계정(guest ledger)에 이 외상 금액을 모아 뒀다가 체크아웃할 때 한꺼번에 지불하게 됩니다.

구실은 고객들이 제공한 것일 수도 있어요. 투숙비를 지불하지 않고 도망가는 고객들이 종종 있거든요. 업계에선 스키퍼(skipper)라 부르는데 최근엔 다소 줄어드는 듯 보이지만 위조된 신용카드를 사용하는 등 수법은 더 지능적으로 변했습니다.

지금은 주로 고객의 신용카드로 디파짓을 받지만 오래 전엔 현금을 받거나 고객의 신용카드를 전표에 압인(imprint)하고 고객의 서명을 확보해 두기도 했습니다.

그렇지만 이런 관행에 익숙하더라도 불안감이 다 가시는 건 아니지요! 사용하지도 않은 금액을 호텔이 임의로 청구할 수도 있지 않을까요? (최근 대형 인터내셔널 체인 호텔의 고객 신용카드 정보가 해킹 당해 논란이 되기도 했지만 오늘 주제와는 관련이 없으니 다루지 않습니다). 디파짓된 금액은 대금을 정산하고 호텔을 나온 후엔 적절히 취소되는 것일까?

■이미지 : http://www.trendmicro.com/

적어도 이런 면이라면 안심하셔도 좋습니다. 호텔이 고객의 신용카드에 일부 금액을 보증금 명목으로 확보(직접 인출하는 게 아니라 전산으로 승인만 획득) 해 두더라도 고객의 서명을 받아 최종적인 결제 절차가 이뤄지지 않는 한 실제 청구로 이어지는 건 불가능하니까요.

신용카드로 보증금을 사전에 전산 확보해 두는 이런 행위를 '사전승인' 이라 부르고요, 외국에서는 Pre-Authorization이라고 칭합니다. 호텔, 그리고 등급, 지역과 기간에 따라 그 금액은 천차만별이지만 일반적으로 하루 100달러 정도의 금액을 사전 승인받아둬요. 이 사전 승인금액은 고객이 체크아웃할 때 실제 발생한 사용요금과 상계되거나, 혹은 호텔 측에 의해 취소됨으로써 해소됩니다.

"사전승인이 가진 문제"

그렇지만 문제가 전혀 없는 건 아니에요.

최근 읽은 기사의 주된 내용인데, 국내 매체에선 좀처럼 볼 수 없었던 흥미로운 소재입니다. 호텔의 속사정은 외부로 잘 노출되지 않는데다 호텔리어가 언급하기엔 다소 민감한 부분도 없지 않아요. 하지만 여행을 다니며 호텔을 이용하시는 분이라면 국내외를 막론하고 언제, 어디서나 경험하게 되는 호텔의 오랜 관행입니다.

이 '사전승인' 으로 호텔이 확보해 둔 금액은 본인의 신용카드 사용한도를 일시적으로 갉아 먹게 됩니다. 이런 사전 승인금액이 누적되면 정작 다른 곳에서 카드를 결제해야 할 때 한도초과로 사용이 불가능해지는 경우도 발생할 수 있겠지요. 자주 생기는 경우는 아니지만 아주 가끔 이런 문제를 호소하는 고객들이 있긴 해요.

Debit 카드(현금카드)의 경우는 조금 더 심각합니다. 연결 계좌에 예치되어 있는 금액 자체가 이 사전승인으로 묶이게 되므로 그 금액만큼 ATM 인출도 불가능하게 되거든요. 계좌 금액에 여유가 없다면 해외 여행지에서 자칫 낭패를 볼 수도 있습니다.

이런 사전승인 관행으로 하루 묶이는 돈의 규모가 재미있군요. 한번 가정해 볼까요?

- 500개 객실을 보유한 호텔이
- 평균 70%의 가동률을 보이고,
- 평균객실료 ADR은 10만 원,
- 평균 숙박기간이 2.5일이라면....

하루 1억 원(10만 원 × 350객실 × 2.5일 = 약 1억) 정도의 금액이 사전 승인으로 호텔에 의해 저당잡히게 되는군요. 그것도 항상....

이 로직을 스타우드 인수로 1,100,000개 인벤토리를 보유하게 된 메리어트 계열에 대입해 볼까요? 무려 2억 달러... 2천 4백억 원에 달할 것으로 추산된다는군요. 사전승인에 의해 2천 4백억의 돈이 고객의 소비력을 제한하며 매일 허공을 떠다니고 있는 셈입니다.

■이미지 : http://www.trendmicro.com/

이 돈으로 호텔이 무엇을 할 수 있냐고요? 할 수 있는 건 아무 것도 없습니다. 그냥 무형의 권한, 즉 저당권만을 소유하고 있는 것뿐이죠. 위에서 말씀드렸지만, 고객의 승인(서명) 없이는 신용카드 회사에 청구할 수 없습니다.

고객이 체크아웃하면서 호텔에서 발생한 비용을 신용카드로 결제해야 비로소 호텔이

카드 회사로 청구하게 됩니다. 이때 체크인 때 호텔이 걸었던 사전승인도 함께 해소되죠. 하지만 대금 청산 즉시 한도가 복구되는 건 아니라는 점을 알고 계셔야 해요. 사정에 따라 천차만별이지만, 일반적으로 1, 2일 후, 경우에 따라서는 10일 이상 걸릴 수도 있습니다.

이런 맹점 때문에 신용카드 사전 승인 관행이 오용될 가능성을 배제할 수 없다는군요. 문제는 호텔이 아니라 신용카드 회사에서 발생할 수 있습니다. 사전 승인으로 확보된, 그 허공에 떠다니는 무형의 담보권을 일시적으로 카드사에서 유용할 수 있지 않을까요?

그렇다고 이런 형태의 사고가 제가 아는 한 보고된 적은 없어요. 가능성을 말하는 것뿐입니다. 실제로 발생하고 있지만 모르고 있을 수도 있는 일이고...

"현명한 사용 방법"

여하튼, 호텔을 이용하는 고객들이 이런 부분에서 유의해야 할 팁 두어 가지를 소개해 드리면,

- 체크 아웃할 때 대금 청산은 반드시 체크인 때 제시했던 신용카드로 할 것.. 이 경우, 이미 확보된 사전승인 금액을 사용하므로 한도가 거의 즉시 회복됩니다.
- Debit 카드는 가능하면 사용하지 않습니다.
- 체크인 때 현금으로 디파짓 하는 방법이 가장 좋지만 해외 여행지에서 많은 액수의 현금을 소지한다는 것 자체가 위험하지요.

참고한 글
http://www.stuff.co.nz/hotel-checkin-with-credit-cards-how-hotel-preauthorisations-work

자료 : 늙은 호텔리어 몽돌의 호텔이야기 2016. 02. 09일

연습문제

1. uniformed service란 무엇인가?

2. uniformed service의 조직은 어떻게 구성되어 있는가?

3. door desk의 주요한 업무를 설명하시오.

4. bell desk의 주요한 업무를 설명하시오.

5. check room service란 무엇인가?

6. concierge의 의미에 대하여 설명하시오.

7. concierge와 GRO의 관계를 설명하시오.

8. concierge의 주요한 업무는 무엇인가?

제8장

비즈니스센터와 귀빈층 업무

제1절 비즈니스센터의 업무

호텔의 비즈니스센터(business center)는 첨단의 각종 사무기기와 설비들을 갖추고 호텔투숙고객이나 방문고객이 각종 비즈니스업무를 수행하는데 필요한 다양한 서비스를 제공한다. 또한 호텔의 비즈니스고객뿐만이 아니라 일반고객들에게도 각종 정보의 제공이나 예약 등의 업무를 하고 있어 비즈니스센터는 호텔의 필수적인 부서라고 할 수 있다.

최근 활발한 비즈니스의 교류로 말미암아 고객에게 정보제공은 물론이고 고객의 불평을 접수하는 등 비즈니스센터의 업무가 매우 다양해지는 추세를 보이고 있다.

대부분 호텔로비 가까운 곳에 위치해 있으며, 특히 비즈니스센터에서 이루어지는 업무는 고객과 개별적인 접촉을 통해 이루어지기 때문에 서비스에 만전을 기해야 함은 물론 세심한 주의를 필요로 하며, 이용고객에게 편의를 제공하는데 차질이 없도록 하여야 한다.

따라서 비즈니스센터는 상용고객을 대상으로 고객에게 다양한 정보와 수준 높은 서비스를 제공하여 호텔의 이미지 제고와 판매증진 및 호텔홍보에 기여할 수 있는 부서로서의 역할을 다하여야 한다.

특히 최근에는 각종 정보기술의 발달로 여행하면서도 비즈니스의 업무가 가능해지고 있으므로, 호텔 내에 머물면서 업무처리를 하고자 하는 욕구가 증가하고 있다. 이러한 고객의 욕구충족을 위해서는 비즈니스센터의 운영은 호텔의 필수조건이 되고 있다. 비즈니스센터의 세부적인 업무내용을 요약하면 다음과 같다.

1. 고객의 영접 및 안내와 불평처리

❶ 비즈니스 목적으로 투숙한 외국인고객이나 방문고객의 원활한 의사소통을 위해 적극적인 자세로 호텔과 고객 사이의 매개역할을 충실히 수행한다.

❷ 호텔 내에 각종 업장이나 부대시설의 영업시간, 영업내용 등을 숙지하여 고객들에게 편의를 제공한다.

❸ 여행, 항공, 호텔예약 업무를 대행해주며 고객의 불편사항을 접수하여 신속하게 처리해 준다. 특히 항공이용과 관련된 예약 및 변경사항을 처리하는데 있어서, 고객의 입장에서는 매우 중요하고 민감한 사항이므로 친절하게 끝까지 책임지고 서비스한다.

2. 개인비서업무의 수행

고객의 효과적인 업무진행을 위해 사무적인 업무를 보조하는데, 그 내용에는 다음과 같은 것들이 있다.

❶ 각종 서류작성이나 팩스, 복사, 타이핑, PC서비스 등의 업무를 고객의 요구에 따라 대행한다.

❷ 관광안내나 렌터카를 원할 경우 벨 데스크에 연결하여 구체적인 정보를 얻도록 하여 필요 시 관광에 필요한 다양한 정보를 제공해준다.

❸ 각종 사무기기의 대여를 원활하게 해주며, 대여할 경우 대여일자, 시간, 객실번호, 고객이름을 정확하게 기재한 후 고객에게 제공한다. 최근에는 객실 내에 PC를 사용할 수 있도록 비치해 놓고 있으며, 인터넷 서비스까지 제공하고 있는 호텔들이 증가하고 있다.

❹ 교통편 예약이나 확인업무를 대행해 준다. 특히 출발지, 도착지, 날짜, 시간 등을 정확하게 기재하고 고객에게 확인결과를 알려준다.

❺ 다양한 여행정보를 숙지하여 고객들에게 편의를 제공한다.

❻ 고객의 메시지를 받았을 경우 객실번호, 이름, 시간, 날짜, 용건 등을 정확히 기재하여 고객에게 전달한다.

❼ 번역이나 통역서비스를 원할 경우 신속히 처리하여 제공한다.

3. 팩스, 복사, 타자업무

팩스, 복사, 타자업무는 상용고객이 주로 요청하는 가장 많은 업무 중의 하나이다. 고객으로부터 요청받았을 경우 다음과 같은 절차로 업무를 처리한다.

(1) 팩스

팩스 송수신은 상용고객이 주로 요청하는 가장 많은 업무 중의 하나이다.

- 수신되는 팩스는 고객의 성명을 확인하고 접수시간을 기록한다.
- 컴퓨터로 고객의 객실번호를 조회한다.
- 팩스를 봉투에 넣고 업무일지(log book)에 기록한 후 프런트 데스크로 넘겨준다.
- 송신되는 팩스는 고객의 성명, 객실번호, 날짜를 확인하고 송신한다.
- 팩스를 송신한 후에는 반드시 트랜스미션 결과를 확인한다.
- 계산서는 작성 즉시 프런트 캐셔에게 전달한다.

(2) 복사

- 고객으로부터 복사를 요청받았을 경우 고객의 성명과 객실번호를 확인한다.
- 용지의 크기를 결정하고 복사수량을 확인한다.
- 계산서를 작성하여 프런트 캐셔에게 넘겨준다.

(3) 타자업무

- Typing의 접수 시에는 고객의 성명과 객실번호를 확인한다.

- 고객이 원하는 정확한 size를 확인하고 typing 후에는 오 · 탈자 유무를 세심하게 점검한다.
- 산출된 요금을 징수하여 프런트 데스크로 넘겨준다.

4. 회의실의 제공 및 관리

비즈니스센터에는 소규모 회의실과 각종 회의에 필요한 장비를 갖추고 상용고객들에게 대여해주고 있다. 회의실은 항상 정돈된 상태로 청결을 유지해야 하며, 항상 예약제로 운영하도록 한다. 회의실의 장비로는 컴퓨터를 이용한 화상회의 장비를 비롯하여 비디오, 복사기 등 첨단의 사무기기를 비치하고 있기 때문에 상용고객들의 이용이 증가하고 있는 추세이다.

회의실의 제공 및 관리에 대한 절차는 다음과 같다.

(1) 회의실 준비

- 회의실이 항상 사용이 가능하도록 청결을 유지한다.
- 회의실의 이용 인원, 예약 가능성, 기타 이용 장비에 대하여 숙지한다.

(2) 회의실 대여 접수

- 고객으로부터 회의실 이용을 요청받으면 이용 가능 유무를 확인한다.
- 회의실은 이용 접수 시 회의에 필요한 비품에 대해 고객에게 확인한다.
- 회의실 이용 요금을 공지하고 일자, 성명 등을 대장에 기록한다.

(3) 회의실 대여

- 필요한 비품을 회의실에 세팅한다.
- 고객에게 회의실을 대여한다.
- 회의실 이용 중 발생하는 긴급 주문에 대비한다.

(4) 회의실 반납

- 고객의 회의실 이용에 대한 의견을 청취한다.
- 고객의 회의실 이용이 끝나면 세팅을 원위치한다.
- 다음 회의실 대여를 위한 준비를 한다.

[그림 8-1] **사례호텔의 비즈니스센터 업무광경**

5. 공연 및 행사예약

고객이 원하는 공연이나 행사를 찾아 시간과 장소 및 공연가격 등을 설명하고, 예약을 원할 때는 예약을 대행한다.

6. 특수우편물 취급 서비스

특수우편물 취급(courier service)은 고객이 서류나 화물 등을 외국으로 배달하기를 원할 경우 특급우편물의 접수 즉시 대행업체에 연락하여 가져가도록 하고, 고객에게는 발송요금을 받아 두었다가 업체직원에게 전달한다.

7. 매출전표의 작성

비즈니스센터도 호텔영업에 있어 하나의 업장이므로 당일 매출에 대해서는 정확하게 매출내역을 작성하여 회계처리해야 한다.

8. 각종 이용현황 작성 및 보고

당일 이용고객에 대해 성명, 객실번호, 서비스내역, 이용시간대별, 요일별, 국적별로 나누어 통계자료를 기록하여 보고한다.

9. 업무 체크리스트(check list)

비즈니스센터의 업무와 관련하여 점검해야 할 주요 몇 가지 내용을 살펴보면 다음과 같다.

[그림 8-2] **체크리스트**

항목 내용		상	중	하	비고
인터넷 서비스	인터넷 연결 절차 및 방법을 숙지하고 요금을 공지하는가?				
	노트북 보유를 확인하고 없으면 렌털 서비스를 제공하는가?				
	인터넷 연결 시 미숙함이 없이 원활하게 진행하는가?				
	인터넷 연결이 되었는지 확인하고 고객 만족 여부를 확인하는가?				
팩스 서비스	팩스가 작동하도록 관리하고 팩스 수신을 장부에 기록하는가?				
	수신자를 정확하게 확인하는가?				
	수신자가 확인되면 벨 데스크로 정확히 전달하는가?				
	팩스 송신 시 영수증(Bill)을 작성하고 고객에게 안내하는가?				
렌털 서비스	고객이 원하는 렌털 기물을 확인하고 요금을 공지하는가?				
	렌털 약정 체결 및 기록 후 고객에게 렌털하는가?				
	렌털 기물의 반납 시 이상 유무, 대여 기간을 확인하는가?				
	렌털 사용 내역을 일지에 기록하는가?				
회의 서비스	회의실이 항상 이용 가능하도록 청결을 유지하는가?				
	고객 요청 시 회의실 이용 여부에 대한 확답을 즉시 하는가?				
	회의실 비품 세팅과 고객의 긴급 주문에 적절히 대응하는가?				
	회의실 반납 시 고객의 의견을 청취하고 다음 대여를 준비하는가?				

제2절 귀빈층 업무

1. 귀빈층의 일반적 개요

귀빈층은 'EFL(Executive Floor Lounge)' 이라고 하는 비즈니스층을 운영하여 고객에게 특별한 서비스를 제공하는 '호텔 내의 작은 호텔(a small hotel within a hotel)' 로서의 기능을 갖추고, 빠르고 복잡한 업무에 시달리는 현대 비즈니스 고객들을 위하여 보다 편리하고 안락한 객실과 부대시설 및 식음료 서비스를 제공하여 일반객실과 차별화된 최고급의 서비스를 제공하는 특별한 층을 의미한다.

이러한 귀빈층은 호텔마다 이그제큐티브 플로어, 이그제큐티브 게스트 오피스, 비즈니스 플로어, 호텔 클럽층, 클럽 라운지 등으로 다양하게 통용되고 있는데, 수익구조가 일반 호텔객실 고객이나 단체고객보다 월등히 높기 때문에 요즘은 대부분의 특급호텔들이 유행처럼 EFL 운영을 위해서 차별화된 리노베이션을 마치고 영업전선을 형성하고 있다.

호텔의 경영정책관점에서 비즈니스여행자는 성수기와 비수기에 상관없이 가장 고정적이고 확실한 고객이며, 일반관광객에 비해 상대적으로 소비활동에 있어 경제적인 부담을 적게 느끼는 비즈니스 고객에 대한 판매 전략은 호텔 경영수익의 실현과 성장이라는 측면에서 매우 중요하다고 할 수 있다.

따라서 호텔의 운영관리는 호텔의 시설 및 서비스가 고객의 다양화 요구나 욕구에 부응하도록 아무런 불편이 없는 모든 서비스를 제공해야 한다.

이러한 귀빈층의 운영상의 특성을 살펴보면, 일반객실에 비해 객실가격이 높게 책정되어 있으며, 회의실을 무료로 이용할 수 있으며, 휴식과 업무를 병행할 수 있도록 전용 라운지를 운영하는 등 이들만을 위한 별도의 등록데스크를 운영한다. 또한 EFL 고객만을 보살펴주는 EFL 전문 종사원(concierge, receptionist, butler)을 24시간 상주시켜 고객들의 요청을 적극적으로 도와주고 있다. 또한 아침식사가 무료로 제공되며, 각종 사무기기를 무료로 사용할 수 있다.

그리고 고객의 요구와 업무의 편의성을 동시에 고려하여 객실의 디자인과 배치 측면에서 일반객실과는 다른 독특한 특성을 가지고 있다. 이것은 EFL 고객층의 특수성으로 인한 것이며 궁극적으로 호텔의 수익증대라는 경영정책적인 맥락에서 상품과 서비스가 제공될 수 있어야 함을 의미한다. 따라서 최고급 호텔시설과 최상의 인적서비스를 제공함으로써 고객이 호텔 밖에서 서비스를 받을 필요가 없을 만큼 철저한 서비스를 제공하고 있다.

2. 귀빈층의 역할 및 운영방침

귀빈층(EFL)은 호텔객실의 일부 층을 보통객실보다 인테리어 · 가구 등을 고급스럽게 꾸며 놓고 있으며, 가장 큰 특징 중의 하나는 해당 층에 수십 명을 수용할 수 있는 전용 라운지(lounge)가 있다는 것이다. 이곳에서는 국내 · 외의 정기간행물과 신문 · TV 등이 비치되어 각종 정보를 접할 수 있을 뿐만 아니라, EFL고객전용 라운지이므로 일반고객들이 이용할 수가 없으며 따라서 혼잡하지 않고 자연스럽게 비즈니스 미팅도 할 수 있도록 꾸며져 있다.

더욱이 전용 라운지에서 호텔 내의 일반 레스토랑에 가지 않더라도 아침식사 · 음료 · 칵테일 등을 무료로 제공받을 수 있다. 그리고 고객 서비스차원으로 아침부터 커피 · 차 · 음료 및 해피아워(happy hour) 시간 동안 칵테일 · 주류 등 무료 서비스제공과 더불어 호텔의 피트니스센터(fitness center)를 무료로 이용할 수 있는 특혜가 주어진다.

이러한 EFL의 제반 여건은 일반객실과 큰 차이를 보이고 있는데, 호텔 귀빈층을 이용하는 고객들은 호텔경험이 많고, 국제적인 수준 높은 호텔문화에 잘 적응되어 있으며 객실료로 지불하는 금액에 크게 신경 쓰지 않고 호텔을 이용하기 때문에 상당히 세련되고 여유 있는 모습을 보여주기도 한다. 또한 다른 일반고객들로부터 격리되어 휴식을 취하고 업무와 연계하여 생각을 정리할 수 있는 공간이 필요하며, 주변의 사람들로부터 품격과 존경받기를 원한다. 따라서 호텔경영 측면에서는 경영상 EFL을 운영하는 것은 매우 많은 예산이 소요되고 비용이 발생하지만, 새로운 형태의 운영방식을 제공하지 못한다면 고급호텔들과의 경쟁에서 우위를 확보할 수 없기 때문에, 최상의 질적 수준과 개별화된 신속한 서비스, 최고의 안락한 숙박시설을 제공함으로써 고객들에게 호텔을 방문케 유도하여 매출을 극대화시키는 경영방식을 취해야 한다. 이렇게 한 차원 수준 높은 서비스와 다양한 혜택을 제공함으로써 고객만족과 감동을 실현하며, 매력적인 EFL의 특성을 최대한 살려 궁극적인 목표인 객실매출에 크게 기여함으로써 호텔경영에 일익을 담당해야만 한다.

따라서 이러한 EFL의 기본적인 운영방침을 다음과 같이 정리할 수 있다.

[그림 8-3] **EFL의 운영방침**

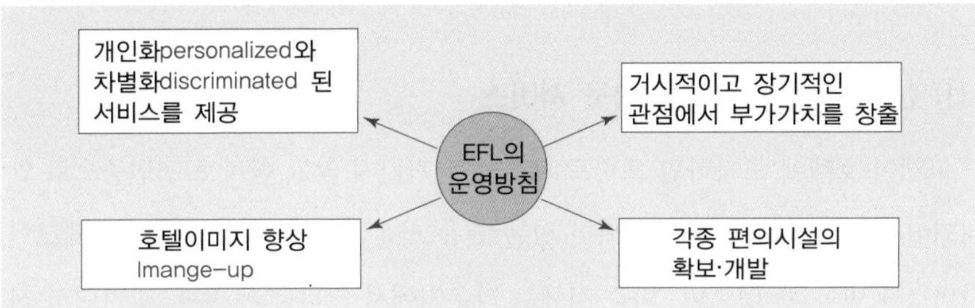

오흥진 · 강찬호, 실전 호텔객실서비스론, 기문사, 2012년, p.244.

3. 귀빈층의 서비스 내용과 업무

귀빈층 종사원은 호텔의 가장 고급고객을 응대한다는 자부심과 호텔 서비스맨이라는 책임감을 갖고 고객의 편의제공은 물론, 가족과 같은 분위기를 만들어 줄 수 있도록 노력하여야 한다. 세심한 서비스를 필요로 하며 외국어 실력은 기본이며 다년간의 호텔경험이 있는 사람을 필요로 한다.

우리나라에서는 귀빈층에서 식음료를 서브하는 종사원을 버틀러(butler)라고 하는데, 버틀러의 개념은 집사, 하인, 시종 등의 본원적 의미에서 발전되었으며, 호텔에서의 버틀러는 투숙고객의 니즈(needs)를 신속하게 파악, 처리해 주기 위해 항상 가까운 곳에 stand-by하고 있다가 일련의 고객만족 및 편의를 제공하고 있다. 버틀러 서비스(butler service)는 섬세하고 정성 어린 호텔 서비스의 한 가지 방법으로 호텔에 따라 운용되는 내용은 조금씩 상이하지만 기본적인 취지는 비슷하다고 볼 수 있다. 일종의 잔심부름 제도라고 할 수 있는 버틀러의 기본적인 목적은 다음과 같다.

첫째, 고객에게 좀 더 신속하고 정감 어린 개별적 서비스 제공

둘째, 고객지향적인 서비스 마인드로 고급스런 서비스 제공

셋째, EFL의 상품 경쟁력 강화

넷째, VIP 고객에 대한 사전 정보 공유로 맞춤 서비스 제공 등이다.

호텔 귀빈층 종사원의 기본적인 서비스 내용과 업무 내용을 살펴보면 다음과 같다.

(1) 신속한 체크인 · 체크아웃 서비스

고객이 호텔에 도착하면 프런트 데스크를 거치지 않고 곧바로 귀빈층으로 안내되어 별도의 데스크가 설치되어 있는 전용 라운지에서 빠르고 편리한 체크인 서비스를 받을 수 있으며, 퇴숙 시에는 라운지에서 커피나 차 등을 즐기면서 신속한 체크아웃을 할 수 있다.

(2) 식음료(food & beverage) 서비스

호텔마다 다소 차이는 있을 수 있지만, 보통 오전 6시경부터 10시까지 EFL 라운지에서 아침식사를 무료로 제공되며, EFL 종사원은 부족한 음식이나 음료 등을 주방과 협조하여 보충하여야 한다.

낮 시간에는 커피나 차 혹은 과일 · 쿠키 · 초콜릿 등을 제공하며, 저녁에 일정한 시간(happy hour) 동안에 여러 종류의 술과 음료, 칵테일, 안주와 스낵류 등을 바 왜건(bar wagon)에 셋업(set-up)하여 고객에게 제공된다. 이러한 서비스는 EFL 라운지 내에서만 가능하고, 객실로의 서비스는 절대 불가능하다.

EFL 종사원들은 근무 중에는 수시로 라운지 내를 체크하고 스낵류 및 커피와 차 등이 충분한가를 확인하고, 부족 시에는 보충시키고 정돈하여 고객이 언

제든지 이용할 수 있게 하여야 한다. 해피 아워(happy hour)가 끝나면 바 왜건(bar wagon)을 철수하여 각종 주류를 원위치하고, 당일 사용된 식음료에 대한 재고조사(inventory)를 실시한다.

(3) 관광안내 및 각종 예약 및 확인

고객의 요구가 있을 시에는 관광안내 및 호텔 · 비행기 · 식당 · 극장 · 공연장 등 각종 예약과 확인 · 변경 · 취소 등을 대행하며 다양한 쇼핑과 관광정보를 제공한다.

(4) 팩스 발송 및 전달

대부분 EFL 객실 내에 개별번호가 부여된 전용 팩스기가 설치되어 있어 고객이 직접 팩스를 송수신하고 있지만, EFL 종사원은 상주하면서 고객의 팩스를 보내주거나 외부에서 들어 온 팩스를 고객에게 전달하는 업무를 하고 있다.

(5) 메시지의 접수 및 전달

대부분의 EFL 고객들은 프런트 데스크를 들리지 않고 바로 EFL 라운지를 이용하여 메시지를 남기거나 전달받을 수 있다.

(6) 회의실 제공 및 관리

고객이 원하는 경우 회의실과 함께 제반사무기기와 문구류 등을 구비해 놓고, 고객이 불편함을 느끼지 않도록 준비하고 관리하여야 한다.

(7) 피트니스센터 이용 서비스

EFL 고객의 경우 피트니스센터 내의 시설들 중 일부 시설을 제외한 대부분의 시설을 무료로 이용할 수 있도록 한다.

(8) 슈샤인(shoeshine) 서비스 제공

EFL 고객이 귀빈층 내의 슈즈 박스(shoes box) 안에 구두를 넣어 두면, 야간에 호텔 종사원이 구두를 수거하여 닦아 놓으면 다음날 고객이 신을 수 있는 서비스를 제공한다.

이외에도 휴대폰 대여 서비스, 공항과 호텔 간의 교통편 제공 서비스, 무료세탁 서비스, 일별 · 월별 · 연도별 매출, 이용객 수, 고객취향 등에 대한 각종 보고서의 작성 · 유지 · 관리 등이 있으며, 호텔마다 독특하고 차별화된 서비스를 제공하고 있다.

이처럼 귀빈층에서 고객들에게 베푸는 각종 서비스는 호텔마다 조금씩 차이는 있지만 호텔이 추구하는 서비스 전문화, 고급화의 일환으로 앞으로 더욱 크게 발전될 전망이다.

호텔리어의 눈으로 바라본 호텔 이야기 8

호텔리어의 눈으로 본 한옥호텔

기억 한켠에 어렴풋이 남아 있는 큰집과 외갓집의 모습들....
세월에 닦여 나뭇결을 날카롭게 드러낸 대청마루,
꾸불꾸불 질서 없이 멋스러웠던 서까래,
묘하게 과학적으로 천장에 걸려 있던 들어열개 분합문,
한지를 덧붙인 창호를 통해 아름답게 여과되던 그 빛,
그리고 먹물과도 같았던 정지(부엌)의 그 짙은 어둠.....

이 정도가 한옥에 대해 제가 알고 있는 전부였습니다. 이런 한옥의 모습들은 아마도 30대 중년들에게조차 이미 생소한, 까마득한 과거의 퇴물로 전락했는지도 몰라요.

한옥에 대한 관심이 제게 다시 생긴 이유가 있습니다.

최근 관광객을 위한 숙박시설로써 한옥이 각광을 받고 있기 때문인데, 외국 관광객들을 밥줄로 삼아, 대한민국 호텔 발전을 위해 불철주야 매진하고 있는 오지랖 호텔리어 늙은 몽돌이 응당 취해야 할 마음자세이지 말입니다. 흠...흠.....

한옥호텔의 매력?

어떻습니까? 한옥..
듣기에도 왠지 매력적이지 않나요?

최근엔 신라호텔이 남산에 한옥호텔을 짓는다고도 했고, 인천의 경원재, 경주 라궁, 여수 오동재, 안동 구름에 등의 한옥호텔과 리조트 역시 뜨겁게 회자되고 있습니다.

여러분들께서도 그동안 궁금하지 않으셨나요?

- 춥거나 덥고, 마냥 불편하게만 느껴졌던 한옥이 지닌 매력은 과연 무엇일까?
- 한옥이 외국인에게 어필해 그들의 호주머니를 열게 할 수는 있을까?
- 그러기 위해선 어떤 개량 작업이 필요한 것일까?

최근 스타우드의 더럭셔리컬렉션과 소프트브랜딩한 일본의 료칸 수이란처럼 우리의 전통을 입힌 숙박시설도 세계적인 유명세를 확보할 수 있을까? 설령 그렇더라도, 접근성 좋은, 비싼 지가의 도심에 지어도 경제성을 확보할 수 있을까?

경제성을 확보하기 위해 제한된 부지에 한옥으로 고층을 올려도 그 매력이 훼손되진 않을까?......

엄청 많군요?

제가 한옥을 느닷없이 관심 있게 보게 된 계기들이고, 그리고 흥미로운 고민들을 해왔던 이유입니다.

무지랭이 늙은 몽돌은 마침내 직접 찾아다니며 호기심을 한번 해소해 보기로 마음먹었습니다. 지인을 통하거나 혹은 직접 연락을 취해 두 곳을 봤고요, 마음이 내키는 한 계속 구경하고 공부해 볼 작정입니다. 조만간 싫증 나 그만둘 수도 있어요.

■이미지 : 브릿지경제

2층 한옥을 조성했습니다. 1층 천장엔 당연히 서까래가 없겠지요?

■락고재/이미지 by 호텔아비아 장진수 대표님

보고 온 건 포스트로 하나씩 독자분들과 나눌 예정이고요, 모두 다룰 수 있을는지 모르겠지만 주된 관심사는 역시 몇 개의 한옥들입니다. 외국인을 대상으로 한 숙박 시설로써의 한옥 가치에만 관심 있는 일개 호텔리어로, 관점은 그 경제성에 쏠릴 수밖에 없어요.

관심이 더 생기면 하나씩 찾아보고 방문해 보시길 권합니다. 여행 다니실 때 일부러 투숙해 보는 것도 좋은 방법일 테죠? 앞으로 한옥 호텔은 국내 숙박시장에서 그 입지를 더욱 넓혀 갈 세그먼트로, 중요성 역시 차츰 커질 예정입니다.

제도적인 장치 역시 이에 걸맞게 보완되어야 하겠지요?

최근 노출되었던 한옥 호텔의 등급 문제는 어쩌면 부실한 인프라의 상징입니다. 한옥 럭셔리 인천 경원재의 등급이 3성(구 등급 체계에선 1급)으로 매겨지면서 논란이 수면 위로 부상한 적이 있었어요. 이후 듣기론 관련 부처에서 따로 준비하고 있는 것으로...

■이미지 : 경원재

말 나온 김에 덧붙이면, 시장 동향이나 정책 등에 대해 일단 말들이 많아야 합니다. 자칫 난잡해 보이고 잡음이 양산될 수도 있지만 학계와 연구기관, 그리고 업계, 더 나아가 시장의 목소리 등 다양한 채널로부터의 의견 개진이 자유롭게 이뤄져야 한다고 봐요. 정책 당국은 감사한 마음으로 이들 중 마음에 드는 걸 골라 채택하면 그만입니다. '고객의 목소리' 나 트립어드바이저의 리뷰 등이 원래 그런 것 아니던가요? 동일한 목소리만 나오면 부적절한 '작전' 이 개입된 것입니다.

호텔 공급 문제가 이 지경이 된 이유도 어쩌면 정책 당국이 활용하던 모든, 하지만 제한적이었던 그 채널들이 하나같이 똑같은 목소리를 냈기 때문입니다. 대부분의 매체도 이를 여과 없이 퍼 나르기 바빴죠. 기회가 되면 따로 한번 다뤄 보고요...

자료 : 늙은 호텔리어 몽돌의 호텔이야기 2016. 05. 04일

연습문제

1. business center의 업무내용을 설명하시오.

2. executive floor lounge의 의미와 중요성을 설명하시오.

3. butler service란 무엇이며, 기본적인 목적은 무엇인가?

4. executive floor lounge의 기본적인 운영방침을 설명하시오.

5. executive floor lounge의 식음료서비스에 대하여 설명하시오.

6. 관광숙박시설의 용적률이란 무엇인가?

제9장

교환 업무와 피트니스센터 업무

제1절 교환 업무

1. 교환 업무의 중요성

호텔의 전화교환실(telephone operator)을 PBX(private branch exchange) 또는 스위치보드(switchboard)라고도 한다. 전화교환실은 외부세계와 호텔을 연결하는 통신센터(communication center)역할을 수행하는 곳으로서 외부로부터 걸려오는 전화(incoming calls)와 외부로 걸려나가는 전화(outgoing calls)를 취급하기 위해 24시간 연중무휴로 운영된다.

최근에는 통신의 급속한 발달로 인하여 장거리 직통전화, 국제자동전화, 본국교환 호출전화, 개인휴대폰 사용으로 교환실의 업무가 많이 간소화된 것은 사실이다. 그렇지만, 호텔과 외부와의 연결 및 통화할 수 있는 매개체 역할을 하는 곳이므로 매우 중요하다.

전화서비스는 상대방의 얼굴표정을 볼 수 없는 상태에서 서비스가 이루어지기 때문에 상대방의 정확한 의도를 파악하기가 곤란하므로 전화교환원은 항상 최고 수준의 예의 바른 존경어와 정확하고 부드러운 화법을 구사할 수 있는 능력을 갖춤으로써 신속 · 정확 · 친절한 서비스로 고객의 호감을 살 수 있도록 해야 한다.

2. 교환원의 기능

(1) 통신매개체로서의 기능(communication link)

호텔과 외부세계 또는 발신자와 수신자 간을 연결하는 기능을 수행하며 재치 있는 아이디어(idea)와 명랑한 음성으로 연결을 해주도록 해야 하며, 호텔의 통심매개체로써 안내센터이자 호텔통신의 심장부 기능을 한다.

(2) 정보제공의 기능(information center)

다양한 내 · 외부 고객들의 호텔서비스나 상품, 부대시설에 대한 문의에 신속하게 대응하기 위해서는 진행 중인 호텔의 행사, 호텔에서 제공하는 서비스의 종류 및 구체적인 내용, 주요 투숙객에 관한 정보, 비상연락체계 등에 관한 사항을 숙지하고 있어야 하는데, 단순한 전화교환 업무에서 고객정보센터로서의 역할을 한다.

(3) 홍보 및 판매촉진 기능(public relation and sales promotion)

통신매체기능을 완벽하게 수행하고 고객의 다양한 문의에 신속하게 대응해 줌으로써 호텔의 이미지를 제고시킬 수 있으며 이를 통해 매출액의 증진에도 기여한다. 또한 호텔 내의 여러 부서에 걸려오는 전화를 여기저기 돌리지 않고 원스톱(one stop)으로 제공해 주는 추세로서 적극적인 세일즈맨 정신으로 고객유치에 노력하고 있다. 따라서 다양한 호텔상품에 대한 지식과 상식을 겸비해야 한다.

3. 교환원의 준수사항

교환원 한사람의 근무태도에 따라서 호텔 전체의 이미지가 고객에게 친절하고 신속한 서비스의 상징이 되는 반면에, 태만한 근무는 호텔을 고객으로부터 불평을 듣게 만들 것이고 그 고객에게 영원히 좋지 못한 이미지로 남게 될 것이다. 따라서 교환원은 다음과 같은 내용에 주의를 기울이면서 업무를 수행해야 한다.

- 능숙하고 효율적인 전화기 사용방법 숙지
- 상냥하고 예의 바른 응대요령 숙지
- 장난전화와 같은 특수한 상황에 대한 대처요령 숙지
- 간단 명료, 친절, 그리고 평소의 음성으로 말할 것
- '죄송합니다.', '감사합니다.' 라는 말을 잊지 말 것
- 자기잘못이 아니더라도 사과하는데 주저하지 말 것
- 참을성 있고 상냥하게 봉사정신으로 대할 것
- 통화가입자를 너무 오래 기다리도록 하지 말 것
- 투숙고객의 전화 응대 시 투숙객의 이름을 호칭할 것
- 고객의 프라이버시에 관한 사항을 절대 외부에 누설하지 말 것
- 고객을 평가하는 행위를 금지할 것
- 고객의 신상에 관한 정보를 외부에 발설하지 말 것
- 동료직원과 협조에 유의하고 단결을 중요시할 것
- 교환원으로서의 국제적인 매너와 에티켓을 기를 것
- 응대에 필요한 어학능력을 향상시킬 것
- 전화 응대 시 표준어를 사용할 것

4. 통화 서비스

(1) incoming call

호텔의 기능에 incoming call이 차지하는 비율이 outgoing call보다 높기 때문에 무엇보다도 신속한 응대가 요구되며 각각의 응답call에 해당하는 적절한 처리가 신속, 친절, 정확의 3대 원칙에 입각하여 이루어져야 한다.

1) **시내전화**(시외전화 및 구내전화 포함)

❶ room no.를 이미 알고 찾는 경우에도 name check가 필요하다.

❷ 투숙고객과 전화연결을 원할 경우 상대방의 신분을 확인한 다음 투숙고객

에게 먼저 알리고 연결한다. 투숙고객의 이름을 찾을 수 없는 경우 information으로 연결한다.(information으로 연결 시 꼭 information으로 연결해준다고 언급한 후 연결한다.)

2) 국제전화

확인하는 과정은 일반전화와 같으나 이름을 찾을 수 없는 경우, information으로 연결할 때 국제전화라는 것과 guest의 spelling을 알려주어 중복을 피하고 정확한 의사전달이 될 수 있게 한다. 특히 유의할 점은 collect call이 가능함으로 paid call인지 collect call인지를 확인한다.

① paid call(신청자 요금지급통화)

- room guest에게 어디에서 누구로부터의 전화라는 것을 알려주고 연결한다.(원하지 않는 전화가 있으므로 손님에게 의향을 물어보고 연결하는 지혜도 필요함)
- room에서 전화를 받지 않을 경우, 먼저 front에 key의 유무를 확인 후 key가 있으면 외출로 보고 message를 남겨 놓겠느냐고 물어본 후 원하면 information에 언급해 주며 연결한다.

② collect call(수신자부담 전화)

- room이나 이름을 확인하는 요령은 paid call의 경우와 같으나 요금에 대한 것은 다르다.
- collect call인 경우 hotel guest에게 collect call이라는 사실을 알리고 허락을 받은 후 상대방 party의 지역, 번호, 이름과 교환의 번호를 받아 bill을 작성하고 guest와 연결해준다.(연결해 주기 전 상대편 교환에게 끝난 후 시수통보를 통보해 줄 곳을 요구하고 시수가 알려져 오면 손님에게 다시 시수를 통보함)

(2) outgoing call

outgoing call은 교환대를 통하든지 구내에서 외부로 직접 연결하는 것을 말한다. incoming call과 잘 조화시켜 응답에 융통성을 가져야 하며 상호 간에

teamwork가 잘 이루어져야 개개인의 서비스와 전체의 서비스가 조화를 이룰 수 있다.

outcoming call의 종류는 다음과 같다.

- domestic call : 시내전화
- overseas call : 해외전화

  ISD call(International Subscriber Dialing) : room에서 직접 dialing
- person to person call : 수화자 지정통화
- station to station call : 전화번호 지정통화
- collect call, credit call : guest로부터 전화 booking을 접수했을 때는 다음 사항들을 반드시 반복 확인해야 한다.
  - 정확한 지명
  - 전화번호
  - person to person call일 경우 상대방의 정확한 이름 확인
  - 요금지불관계 재확인

5. Morning call

일명 'wake-up call' 이라고 부른다. 투숙객들은 아침시간에 확실한 대비를 하기 위하여 자신이 요청한 정확한 시간에 깨워 줄 것을 호텔 측에 요청한다.

(1) FIT의 morning call

❶ guest로부터 morning call을 요청받았을 때는 객실번호, 시간을 확인하고 반드시 반복한다. nationality와 booking받은 operator의 번호를 반드시 기재해야 한다.

❷ 가장 빠른 시간별로 구분

❸ room에서 guest가 전화받지 않을 시

- front desk에 key확인
- 전화기계실에 전화 이상 여부 확인

(2) VIP의 morning call

❶ VIP의 M/C, Special M/C의 DA(Doesn' t Answer)는 duty manager에게 보고한다.(특히 VIP guest는 이름을 기억한다)

❷ weather condition을 알려준다.

- weather condition
  - Good morning, Sir.
  - This is Your Morning Call.
  - The time is 00:00 o clock.
  - This morning' s temperature is centigrade 17 degrees(clear weather cloudy weather, snow weather)
  - Have a nice day

6. Guest Bill 작성법

❶ 모든 빌이 발생되면 발생되는 시간에 손님의 체크아웃 데이트라고 간주하여 통화완료가 되면 최대한 빨리 posting해야 한다.

❷ 현금의 빌이 발생되면 캐셔에게 연락하여 현금 빌이 있다는 것을 언급하고 빌을 보낸 후 캐셔의 이름을 bill remark란에 기재한다.

❸ overseas call과 domestic call은 같은 빌에다 posting한다.

- guest room no.와 name check
- 파티의 국명과 전화번호 파티의 이름
- person to person or station to station
- paid call or collect call or credit call, no의 순서대로 posting한다.

- input된 이름과 통화자의 이름이 다를 때는 이름 란 위에다 통화자의 (통)이라고 쓰고 input된 이름도 같이 기재한다.
- 손님이름이 컴퓨터에 input되어 있는 이름과 같을 때는 이름 기재란 위에다 "V"로 체크해 준다.

7. 전화응대 요령

(1) 전화를 받을 때

1) 벨이 울리면

- 벨이 울리면 즉각 받는다.

  기다리지 않게 하는 것이 기본적인 전화에티켓이다. 세 번 이상 벨이 울리지 않도록 한다.
- 전화의 벨소리도 로비나 영업장의 손님에게 소음이다.
- 시간이 걸렸을 때는 "오래 기다리셨습니다."하고 한마디 사과한다.

2) 수화기를 들면

- 수화기를 들면 먼저 호텔명, 소속, 이름을 손님에게 알리고 그리고 나서 손님의 용건을 묻는다.
- 이해가 잘 안 될 때에는 납득이 될 때까지 공손히 물어서 들은 용건을 복창한다. 특히, 금전, 시간, 숫자, 고유명사 등은 착오가 있을 시 큰일이므로 똑똑히 듣고 복창한다.
- 언제나 메모지와 필기구를 준비해두고 필요할 때 즉시 메모한다.
- 조사해 볼 내용의 의뢰나 시간을 요하는 경우에는 일단 전화를 끊고 다시 전화를 걸도록 한다.
- 애매한 답변은 하지 않는다. ".……일 겁니다."로 대답하면 고객은 "……이다."로 단정한다.

3) 전언

전언을 의뢰받았을 때는 상대방 고객의 이름과 용건을 정확하게 메모하고 틀림없이 전언하여야 한다. 전화 끝에 자신의 소속과 성명을 분명하게 알리며 "책임을 갖고 분명하게 전언하겠습니다."라는 정성이 담긴 말은 호감을 갖게 한다.

4) 중계

자기의 담당이 아닌 용건의 전화를 받았을 때는 용건을 충분히 확인한 다음 담당자에게 인계한다. 담당자가 확실치 않을 때는 일단 전화를 끊고 담당자를 확인한 후 그 담당자로 하여금 전화를 걸도록 한다. 이 사람, 저 사람에게 전화를 돌리는 것은 좋지 않다.

5) 전화를 끊을 때

- 전화를 끊을 때는 상대방이 수화기를 놓은 다음 조용히 놓는다.
  용건이 끝났다하여 난폭하게 찰그랑하고 놓아서는 손님에게 실례가 된다.
- "감사합니다."하고 전화에 대고 굽실 절을 하는 것은 부끄러운 일이 아니다. 이쪽의 성의가 그대로 소리로 되어 손님에게 전달된다.

(2) 전화를 걸 때

1) 메모를 준비한다.

- 짧은 시간 내에 용무를 전한다.
- 상대편의 전화번호와 소속, 성명 및 상대의 현재 상태를 확인한다.
- 메모와 연필을 준비하여 통화내용을 정리한 후 말을 할 순서를 메모한다.

2) 다이얼을 돌린다

- 오점 및 고장방지를 위하여 번호 하나하나를 정확하게 돌린다.

3) 자기소개를 한다

- 친밀감을 표시하기 위하여 명확히 자기소개를 한다.

• "ㅇㅇ회사의 ㅇㅇㅇ입니다", "항상 폐가 많았습니다."

4) 상대방의 확인과 인사를 한다

• 용건에 맞는 상대를 찾아 "바쁘신데 죄송합니다, 미안하지만 ㅇㅇㅇ을 부탁합니다."라고 말한다.

5) 용건을 설명한다

• 목적을 분명히 하고 숫자나 날짜 등은 두 번 반복하여 정확히 말한다.

• "다름이 아니오라 전일에 의뢰하신 것입니다만……"

6) 통화내용을 확인하고 끝인사를 한다

• 착오를 방지하기 위하여 합의 또는 거론된 내용을 확인한다.

• "다시 한 번 말씀드리겠습니다."

• "감사합니다, 안녕히 계십시오."

7) 수화기를 놓는다

상대방이 아직 전화기를 귀에 대고 있는데 "찰가닥"하고 전화가 끊긴다는 것은 현관문을 나서자마자 문짝을 "꽝"하고 닫아버리는 것과 마찬가지이다. 전화는 상대편보다 먼저 끊지 않는 것이 예의이다. 비즈니스 전화일 경우는 먼저 건 편에서 먼저 끊는다.

8. 교환원의 주요업무

(1) 호텔 내 · 외의 전반적인 안내 서비스

호텔의 교환업무는 고객의 요청에 의한 응대와 전반적인 호텔 안내를 하는 등 종합안내 서비스 기능을 수행하면서 그 서비스역할이 점차 확대되고 있다. 고객들에게 호텔 내부뿐만 아니라 호텔 주변의 식당이나 관공서, 극장이나 공연장, 면세점, 이벤트, 관광지 주변의 유명한 식당, 맛있는 음식 등 고객에게 일상정보를 제공하기도 하며, 호텔 내의 상품들에 대한 내용, 운영시간, 요금 등 많은 정보를 고객들에게 제공하고 있다.

(2) 호텔 내 · 외부에서 걸려오는 모든 전화처리 서비스

호텔의 교환실은 업무의 특성상 거는 전화보다는 받는 전화업무의 비중이 훨씬 큰데, 받는 전화의 처리를 원활히 하기 위해 모든 직원은 대 고객 서비스차원에서 친절하고 신속한 통신 업무를 수행하여야 한다. 하루 24시간 내내 호텔 내의 구내전화와 외부전화 혹은 외부로부터의 전화안내 등을 취급하고 있으며, 구내전화번호 암기 및 안내, 객실고객의 객실번호 확인 후 정확한 조치를 취한다.

(3) wake-up call 서비스

교환원의 중요한 업무 중의 하나로 컴퓨터 시스템을 이용해 wake-up call (morning call) 시간을 입력하면 자동으로 신호가 울리게 되어 있는바, 투숙객들은 교환을 통해 신청한다. wake-up call을 소홀히 취급했다가 고객의 출발이 늦어 열차나 항공기 시간이 늦게 되거나 사업상 약속을 지키지 못했을 경우 호텔의 이미지 손상은 물론, 경우에 따라서는 변상을 해야 하는 상황이 발생하기도 하므로 가장 중요시 다뤄야 하는 업무이다.

(4) 이벤트 및 호텔행사 안내 서비스

교환원은 일반적인 정보와 호텔 내의 각종 행사나 이벤트 등을 항상 숙지하고 언제나 도움을 줄 수 있는 친절하고 상냥한 태도를 지녀야 한다.

(5) 호텔의 위치 안내 서비스

공항이나 터미널에서 숙박예정인 고객이나 연회행사에 참여할 고객으로부터 호텔의 위치에 대한 문의 시에 빠르고 안전한 교통수단을 안내하며, 가장 이해하기 쉽게 호텔의 위치를 안내한다.

(6) 전보발송 서비스

고객이 전보를 보내고자 할 경우 수신인의 주소와 내용, 발신인의 성명과 요금을 확인한다.

(7) 국제전화 접수 및 연결 서비스

여행사단체나 특별한 고객의 요구, 특히 언어문제로 인한 요구가 있을 경우에는 신속 · 정확하게 전화가 연결되도록 최선을 다해야 한다. 따라서 국가코드나 지역번호, 시차, 시내 유명호텔 및 항공사의 전화번호 등을 숙지하고 있어야 한다.

(8) 비서업무 서비스

투숙객들을 위해서 메시지 접수와 전달이나 연락 대행 업무를 제공하며, 외국어 소통이 불가능한 고객을 위해서는 제3자 통화를 이용해 간단한 통역 서비스를 해주는 등의 비서 업무를 수행해야 한다.

(9) 비상연락망 관리업무

교환원은 긴급사태에 대비하여야 한다. 비상사태가 일어나면 즉시 당직지배인에게 보고하고 사안에 따라 직접 총지배인에게 보고할 수도 있다.

1) 비상사태

- 화재사고
- 인명 손상사고
- 사망사고
- 총기사고
- 기타 유사 사고 발생 시

2) 보고체계

- 당직지배인에게 보고

- 부서장에게 보고
- 해당 부서장에게 보고
- 안전담당에게 보고
- 해당기관에 보고
- 비상시 고객대피 방송 실시 등

6. 교환원의 체크리스트(check list)

교환원의 주요한 업무 체크리스트는 다음과 같다.

[그림 9-1] **교환원의 주요한 업무 체크리스트**

	항목 내용	상	중	하	비고
전화 응대	전화벨이 3번 울리기 전에 받고 명랑하게 전화를 받는가?				
	고객이 원하는 바를 정확히 청취한 뒤 연결하는가?				
	전화 종결 시 반갑게 인사하며 가볍게 수화기를 놓는가?				
메시지 전달	친절하고 정중하게 소속과 성명을 밝히는가?				
	메시지를 남길 경우 고객 성명과 객실 번호를 확인하는가?				
	메시지 내용을 정확히 기록하는가?				
	메시지를 안전하고 정확히 배달하고 사본을 철저히 보관하는가?				
웨이크-업 콜	친절하고 정중하게 소속과 성명을 밝히는가?				
	발신 고객의 성명과 객실번호를 확인하는가?				
	고객의 웨이크-업 콜(Wake Up Calls) 시간을 정확히 접수하는가?				
	웨이크-업 콜(Wake-Up Calls)의 작성이 정확한가?				
전화 연결 서비스	전화사용에 대한 안내와 유·무료를 정확히 공지하는가?				
	전화연결 요청 시 수신번호를 정확히 접수하는가?				
	고객 통화시간에 따른 고객요금을 확인하는가?				
	영수증(Bill)을 정확히 프런트데스크로 인계하는가?				
내선 교환	밝고 명랑하게 전화 벨이 3번 울리기 전에 전화를 받는가?				
	타 부서 또는 직원 성명을 확인하고 즉시 전화를 교환하는가?				
	고객 통화시간에 따른 고객요금을 확인하는가?				
	전화를 끊을 시 반갑게 인사하며 가볍게 수화기를 놓는가?				

제2절 피트니스센터 업무

1. 피트니스센터의 개요

피트니스 센터(fitness center)란 호텔의 부대시설 중의 하나로 고객의 스트레스와 피로를 풀어줄 수 있는 곳이다. 체력단련은 기본이며 건강증진과 함께 여가시간 증대에 따른 여가선용과 사교목적 등을 위한 웰빙 공간으로 인식되고 있다.

호텔의 마케팅 측면에서 보면 단골고객의 확보와 호텔홍보 및 호텔의 수익증대 등의 기능을 하며, 회원과 호텔 투숙객에게 건강과 레크리에이션시설을 제공하여 건강증진과 복지향상을 도모하는 역할을 한다.

피트니스센터의 시설은 호텔마다 각각 다르지만, 기본적으로 체력단련장(gymnasium, exercise room)과 사우나(sauna) 및 수영장(swimming pool) 등을 갖추고 있으며, 골프연습장, 조깅코스, 테니스장, 스쿼시(squash) 코트, 라켓볼장, 에어로빅장, 암벽 등반시설 등 다양한 시설을 갖추고 각자의 호텔 특성 및 여건에 따라 운영하고 있다.

[그림 9-2] 피트니스센터의 기능

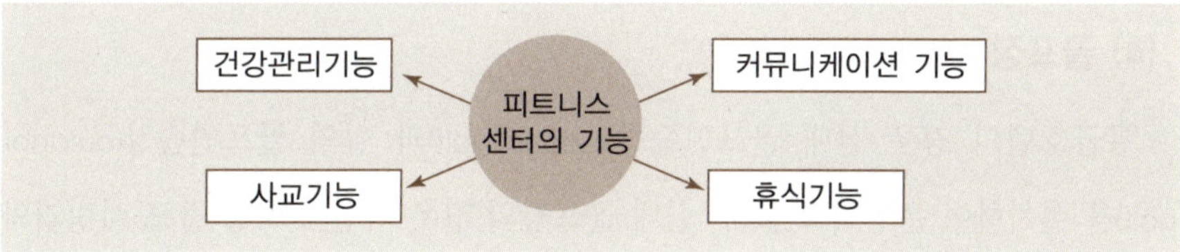

자료 : 송대근 · 강용관, 전게서, p.180.

2. 피트니스센터의 시설

(1) 체력단련장

체력단련장(gymnasium) 또는 체련장(exercise room)은 건강하고 균형 잡힌 강한 체격과 체력을 갖기 위한 일련의 운동을 할 수 있는 공간으로서 최첨단장비와 시설을 갖추어 종합적인 운동을 할 수 있는 곳이다. 전문 트레이너가 초보자에게 체형에 맞는 운동 프로그램을 설정하여 개개인의 특성에 맞는 운동 프로그램을 제공해 주고, 운동기구의 이용 시 정확한 동작과 사용법을 회원에게 알려 준다.

(2) 수영장

수영은 스포츠 · 레저 활동의 기본적인 운동으로 누구나 할 수 있는 가장 기본적이고 적합한 운동이다. 또한 전신운동이며, 지구력과 신체기능의 조화를 촉진하고, 심장과 폐를 활발히 하며, 전신의 산소순환을 촉진하고 부력으로 몸의 부담을 최소화하는 운동이다. 적절한 구비조건을 갖추고 있어야 하며, 수영장에 근무하는 종사원은 항상 회원들의 안전을 위하여 최선을 다해야 한다.

(3) 떼라피

유럽 등 여러 선진국들에서 이미 오래 전부터 보급된 건강관리의 한 방법으로 물의 다양한 물리적 · 화학적 성질을 이용한 건강관리 시스템으로 스트레스로 인한 질병예방 및 치료방법이다. 최첨단 전문장비와 전문직원인 떼라피스트에 의하여 운영되고 있다.

(4) 골프장

특급호텔의 경우 실내 골프연습장(indoor golf)과 실외 골프연습장(outdoor golf)을 설치하여 운영하고 있다. 실내 골프장의 경우 최신식 자동 골프 서빙기와 골프클럽 · 락커 룸 · 휴게실 등이 갖추어져 있으며 골프장 내에 전문코치가 컴퓨터 시스템을 이용하여 회원들의 연습을 도와준다.

(5) 사우나

사우나는 휴게실과 여가실을 갖추고 국민위생 및 건강증진을 도모하는 업장으로 보통 온탕(warm bath), 열탕(hot bath), 냉탕(cold bath), 샤워 마사지 부스,

그리고 80~100°C 정도의 사우나 독(sauna dock : 건식 · 습식 사우나)을 갖추어 운영하고 있다.

[그림 9-3] **사례 호텔의 피트니스 센터 조감도**

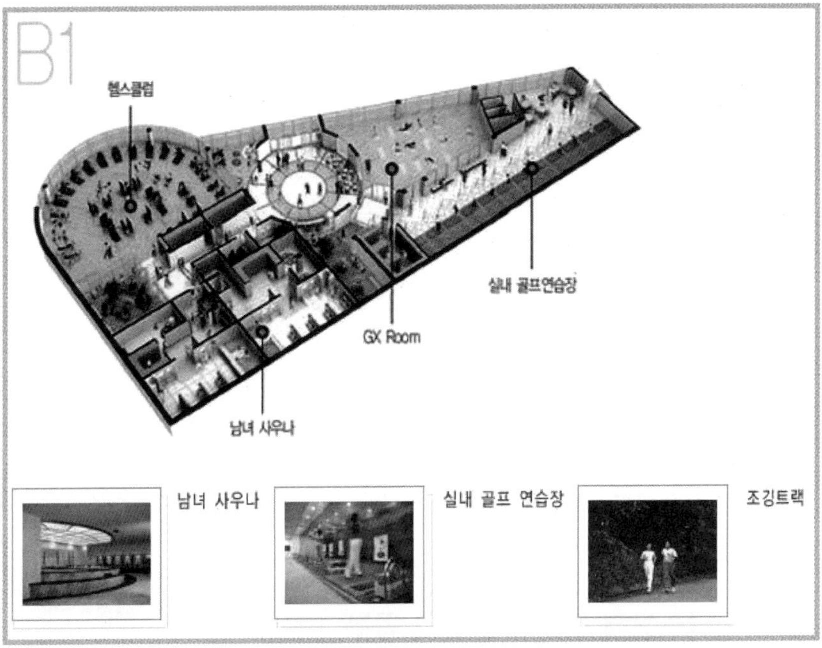

3. 피트니스센터의 운영방식과 회원제도

피트니스센터의 운영은 경영형태에 따라 멤버십(membership) 제도와 퍼블릭(public) 제도, 세미퍼블릭(semi-public) 제도가 있으며, 호텔은 일반적으로 멤버십 제도와 세미퍼블릭 제도를 중심으로 운영되고 있다.

이러한 피트니스센터의 수익은 대부분 회원이 납부하는 입회비와 연회비 수입에서 발생하는데, 대부분 평생회원을 채택 · 운영하는 호텔에서는 연회비와 보증금의 이자수익으로 발생되며, 단기회원은 월회비에서 발생된다. 그리고 부수적으로 명의변경수수료, 사물함대여료, 동반객입장료, 식음료매출, 강습지도비 등에서도 수익이 발생한다.

(1) 멤버십 제도

회원제인 멤버십은 시설을 다수가 공동으로 소유하는 형식의 '공유제 방식'과 발행하는 주식 · 증권을 취득함으로써 회원권을 취득하는 '주식회원제', 입회금 · 예탁금을 지불함으로써 회원권을 취득하는 '예약금제' 가 있다. 회원권의 종류는 개인회원, 부부회원, 가족회원, 법인회원으로 구분할 수 있다.

(2) 퍼블릭 제도

피트니스센터의 이용자격에 제한이 없으며, 누구나 일정 금액을 지불하면 자유롭게 이용할 수 있는 형태의 운영방식이다.

(3) 세미퍼블릭 제도

피트니스센터의 시설을 예탁금 또는 입회비를 지불한 회원들과 이용할 때마다 요금을 지불하는 일반이용객들이 공용으로 이용하는 형태의 운영방식이다.

4. 피트니스센터 직원의 요건과 업무

피트니스센터 직원이 갖추어야 할 요건은, 자신의 직업관 확립과 올바른 정신자세를 갖고 접객 업무를 성실히 수행하도록 하는 데 역점을 두어야 하며, 맡은 바 임무에 차질이 없도록 부단한 노력을 하여야 한다.

(1) 기본적 요건

❶ 고객에게 먼저 인사하며, 밝고 상냥하고 미소 띤 표정으로 경쾌하게 한다.

❷ 처음 이용하는 고객에게는 이용안내에 대해 전반적으로 차분하고 세심하게 설명한다.

❸ 겸손한 태도와 올바른 자세, 명랑하고 정확한 용어와 적절한 화법으로 대화한다.

❹ 회원의 얼굴을 암기하도록 노력하여야 한다.

❺ 항상 회원들을 주시하며 잘 보이는 곳에 위치한다.

❻ 안전을 최우선으로 하며, 호텔을 대표한다는 마음가짐으로 응대한다.

❼ 복장은 항상 깨끗이 하고 단정하게 유지하여 고객에게 호감을 주도록 한다.

(2) 업무

❶ 고객안전에 최우선을 둔다.

❷ 회원유치에 만전을 기한다.

❸ 사원근무 시간 배정을 과학적으로 한다.

❹ 고객만족에 최선을 다한다.

❺ 일일, 주간 점검 리포트 등 각종 리포트를 관리한다.

❻ 보고 시스템을 세워야 한다.

❼ 회원관리업무를 철저히 한다. 회원관리절차는 다음과 같다.

고객 상담 → 회원가입신청서 작성 → 보증금 납부 → 회원카드발급 → 사물함 · 라커 배정 → 회원안내

❽ 예약업무에 최선을 다한다. 예약담당자는 고객의 요구사항을 정확히 접수하여 철저한 사전준비와 효율적인 서비스로 고객에게 즐거움과 만족을 주어야 한다.

❾ 일반 업무에 소홀함이 없도록 최선을 다한다.

- 고객인지 및 매출관리 등의 전산기기를 관리한다.
- 회원, 회비 등 기본적으로 필요한 내용은 항상 숙지한다.
- 정해진 시간에 점등 또는 소등을 확실히 하여야 한다.
- 영업시재금을 사전에 확인하고 관리한다.
- 담당자는 근무시간에 이유 없이 자리를 비우지 말아야 한다.
- 인수인계를 철저히 해야 한다.

• 사건, 사고 일지(보고 시스템 확립)

- 업무일지
- 영업 리포트
- 소모품 판매 수
- 시재금 관리
- Bill 마감
- 점검표 작성
- 영업 마감 등

호텔리어의 눈으로 바라본 호텔 이야기 9

가장 황당한 호텔 컴플레인 10가지

호텔을 이용하게 되면 얘기치 않은 상황이나 불편한 일들을 더러 겪기도 하죠?

이런 경우 호텔에 불편을 호소하고 개선을 요청합니다. 물적 피해가 발생했다면 그에 대한 응당한 보상을 요구하는 건 전혀 이상할 일이 아니에요.

여행 서치엔진 스카이스케너가 인터내셔널 호텔에 근무하는 400명의 호텔리어를 대상으로 조사한 것이라는군요. 오늘은 좀 가볍게 갈 참입니다.

그렇지만 얼토당토않은 일로 컴플레인(complaint)을 늘어놓으며 물질적인 보상을 넌지시 요구하는 사람들도 없지 않습니다. 이런 이들을 블랙컨슈머라고도 하고, 갑질 고객이라고 부르기도 하는데, 자세히 따지면 개념차가 약간 있다고도 해요.

■이미지 : http://www.rte.ie

여하튼, 몰상식한 컴플레인으로 보상을 강압하는 이들은 돈에 인격을 매수당한 갑질 고객 취급받기 십상이겠죠? 호텔리어들이 고객을 앞에 두고 표현하진 못하지만 속으론 그야말로 '헐~' 합니다.

외국의 경우를 조사한 것이라 우리가 생각하는 것들과는 다소 달라요. 우리나라 일부 갑질 고객의 행태에 비하면 야 애들 장난으로 보일 정도의 것들일 수도 있습니다.

예를 들어 이런 겁니다. 옆에 자고 있는 여친의 코골이 때문에 수면을 방해 당했다며 객실료를 깎아 달라고 하거나 동반한 반려견이 해피하지 않았다는 이유로 객실료 환불을 요구하는 것 등등....

■http://www.traveller.com.au/

다소 황당하기도 하지만 재미있게 봐 줄 수 있는 컴플레인 10가지 한번 볼까요?

"침대 시트가 너무 하얗다."...
"호텔 밖으로 내다보이는 바다의 색깔이 너무 파랗다."
"아이스크림이 너무 차다."
"욕조가 너무 크다."
"여친의 코골이가 너무 심해 다른 고객을 깨운다."
"동반한 반려견에게 해피한 스테이가 아니었다."
"바다를 접하지 않은 호텔에 투숙하고는 오션뷰가 없다."
"채식주의자 용 메뉴에 스테이크가 없다."
"웨이터가 너무 잘 생겼다."
"신랑의 모친에게 허니문 스위트 객실을 배정하지 않았다."....

여친의 코골이가 심해도, 웨이터의 외모가 너무 좋아도 컴플레인이 나는군요? 이럴 때 호텔리어들이 보이는 반응은.. '뭐임?? 어쩌라고?'........ 일 리는 없겠지요? ㅎ

친절하게 설명하고 넘기겠지만 속으론 어이없기도 하겠고, 부아가 치미는 경우도 있겠죠. 이런 게 쌓이면 호텔리어들은 속으로 울화를 키우게 됩니다. 호텔리어의 일도 대표적인 감정노동 중의 하나입니다.

같이 소개된 '가장 황당했던 고객 요구 10가지' 중 눈에 띄는 것도 몇 개 볼까요? '시간마다 물 한 컵을 요구, 그것도 밤을 새워서'... '변기를 미네랄 워터로 채워 줄 것', '잠들기 위해 염소 방울소리를 틀어 달라고'...

아무리 각양각색, 다양한 취향의 고객들이 머무는 곳이 호텔이라지만 좀 어이없는 것들이지요?

개인적인 생각입니다만, 위의 예들은 우리나라 갑질 고객의 컴플레인에 비할 바가 아닌 듯 보이는군요. 저도 관련된 뒤처리 업무를 하고 있는데, 정말 황당하고 난감할 때도 종종 있습니다.

휘황찬란한 호텔의 레스토랑에서 값비싼 미식을 즐길 정도로 제법 산다는 사람들... 그들이 몇 천, 몇 만 원짜리 보상을 노리고 파렴치 행동을 서슴지 않을 땐 사람에 대한 환멸이 느껴질 정도이죠.

교수 한 분께서 그랬다더군요.

"재산과 지위를 축적하기 위해 일생을 바친다. 그러나 정작 자기 주체에 대한 성찰과 반성은 없다.... 계산에 매우 치밀하고 자기 소유와 관련된 사안에서는 끝까지 포기하지 않는 집요함을 보인다."

그들이 졸부이고, 그리고 갑질의 주체입니다. 다른 이들의 시선은 아랑곳 않고 자신의 이익 만을 쫓죠. 부끄러움도 몰라요.

여러분들께서는 어떠신가요? 물질적으로 풍족하지 못해 '을'의 처지에 가까운 우리에게 뭔 상관이냐구요? 글쎄요? 이 졸부 성향은 이미 사회적인 경향으로 굳어지고 있다더군요. 고객들에게 '을' 취급당하고선 다른 곳에 갑질로 분풀이하는 호텔리어들도 봤습니다. 갑질, 일부의 일이지만 누구나의 일일 수도 있어요.

재산이나 지위 등 '물질' 외 다른 소중한 것들의 가치는 땅바닥에 나뒹굴고 있는데, 사회의 상층부를 구성하고 있는 지도층이나 정치인들이 나서서 이를 짓밟고 있군요. 우리는 무엇을 계기로 한때 소중했던 그것들을 다시 가슴에 품을 수 있을까요?...

참고한 글 :
Top 10 weirdest hotel complaints
http://www.traveller.com.au/

자료 : 늙은 호텔리어 몽돌의 호텔이야기 2016. 06. 03일

연습문제

1. 교환원의 기능에 대하여 설명하시오.

2. 교환원이 준수해야 할 사항에는 어떤 것이 있는가?

3. paid call과 collect call을 구분하여 설명하시오.

4. wake-up call service란 무엇인가?

5. fitness center의 기능을 설명하시오.

6. fitness center의 시설 중 떼라피는 무엇인가?

7. fitness center의 회원 제도를 설명하시오.

8. fitness center의 회원관리절차에 대하여 설명하시오.

9. 일본 帝國호텔이 120년 동안 내셔널 호텔로서 명성을 유지할 수 있었던 비결은?

10. 서울시내 특급 호텔의 fitness center 시설의 trend를 조사하여 설명하시오.

제10장

객실관리 업무

제1절 하우스키핑(housekeeping)의 개요

하우스키핑(housekeeping)이란 사전적 의미로서 가정이나 가계를 꾸려 가는 일체의 행위를 의미하지만 호텔에서의 하우스키핑은 객실 상품을 생산하는 부서로서 고객의 투숙을 위한 객실관리 및 정비 그리고 객실에 제공되는 각종 어메니티(amenity)의 제공을 위한 제반 서비스를 의미한다. 호텔에 투숙을 원하는 고객이 호텔에 기대하는 1차적 욕구는 쾌적한 거주성일 것이다.

호텔의 쾌적한 거주성은 청결성과 편리성에 바탕을 두며 청결성을 유지하기 위해서는 완벽한 청소가 이루어져야 하고 편리성을 유지하기 위해서는 고객이 사용하는 각종 설비나 비품들에 대한 철저한 유지 관리가 이루어져야 한다.

객실의 청소와 객실시설, 설비, 비품의 유지관리뿐만 아니라 식당 · 회의실 · 복도 · 현관 · 화장실 · 라운지 · 주방 등의 호텔 전역에 걸친 공공장소(public area)는 물론, 각종 린넨(linen)종류와 종업원 유니폼의 보급 · 수선에 이르기까지 광활한 업무를 수행하여야 하는 부서로 그 영향력은 호텔 전 부문에 걸쳐 나타나는 중요한 부서이다.

이처럼 고객의 제1차적 욕구라 할 수 있는 청결과 안락한 분위기를 창출해 주는 업무를 담당하는 곳이 바로 객실정비부서(housekeeping department) 또는 객실관리부서이다. 하우스키핑 부서는 호텔조직 중에서 객실과 관련된 각종 업무를 신속하고도 기능적으로 관리하여 고객의 편의를 도모하고 있으며 객실뿐만 아니라 호텔 내의 공공 부문의 청결 유지와 시설물의 유지 · 보수까지 담당하고 있어 업무의 영역이 매우 광범위하다.

이처럼 경영의 효율성과 고객만족을 위한 중요한 역할을 담당하는 부서로서 계획적인 관리와 운영을 위한 지식과 기능이 필요한 부문이기도 하다.

제2절 하우스키핑의 기능과 요건

호텔의 하우스키핑 부문은 고객에게 제공될 객실상품을 생산하고 각종 시설을 유지 · 관리하는 부서이기 때문에 비록 고객과는 직접적인 접촉은 없지만 고객에게 호텔의 이미지를 제고시키는데 상당한 영향을 미치게 된다.

호텔이 빈 객실(vacant room)을 보유하고 있다고 해서 무조건 고객을 투숙시킬 수 있는 것이 아니라 비어 있는 객실을 고객의 욕구에 충족될 수 있도록 정비하여 상품화시켜야 비로소 하나의 판매가능상품으로 전환되기 때문이다. 따라서 호텔 객실상품은 항상 청결하고 고객에게 아늑한 분위기를 제공할 수 있도록 정비되어야 한다. 일반적인 하우스키핑 부문의 기능을 살펴보면 다음과 같다.

1. 객실상품의 생산과 관리

호텔 객실부의 프런트 오피스 부문이 호텔의 객실상품을 판매하는 판매부서의 성격을 가지고 있다고 할 수 있으며, 하우스키핑은 호텔의 상품인 객실을 생산하는 생산부서라고 말할 수 있다. 그렇기 때문에 하우스키핑은 판매를 전제로 한 객실상품을 생산하는 곳으로 객실의 효율적인 판매에 없어서는 안 되는 중요한 기능을 담당하고 있다.

아무리 고급스럽고 호화스러운 객실이라 할지라도 상품 자체가 청결한 상태로 유지되지 못한다면 오히려 고객에게 불쾌감을 주어 호텔의 이미지를 크게 손상시킬 수 있다. 따라서 객실상품은 항상 청결한 상태로 유지되어야 하고 안락한 분위기를 연출할 수 있도록 철저하게 관리되어야 한다.

2. 호텔의 수익 증대에 기여

고객은 자기가 지불하는 대가에 대하여 항상 민감한 반응을 보이게 마련이다. 특히 로비나 복도 등 공공장소의 유지 · 관리 상태에 대해서는 비교적 관용을 보이는 경향이 있으나 불결한 객실이나 식당 상품에 대해서는 즉각적인 불평과 불만을 표시하는 경우가 허다하다.

이런 관점에서 볼 때 청결하고 분위기 있는 객실상품은 고객의 재구매의도와 호텔의 이미지에 영향을 미치게 되므로 호텔의 수익증대와 절대적인 관련이 있다. 실제적으로 객실 판매가격과 객실에 투입되는 원가를 분석해 보면 객실에 소비되는 비용은 타 상품에 비해 월등히 낮음을 쉽게 인식할 수 있다.

높은 객실이용률을 유지하고 고객을 단골로 만들어 호텔수익을 증대하자면 호텔제품 가운데 가장 중요한 수입원인 객실의 청소 및 관리가 우선적으로 유지되어야 할 것은 당연한 일이다. 객실은 호텔제품 중 가장 중요한 것의 하나이며, 이에서 산출되는 객실수익은 주요한 원천 수익이 되는 것이다. 이런 점으로 미루어 볼 때, 객실관리를 그 주요 임무로 하는 호텔의 하우스키핑의 중요성은 매우 큰 것이다.

따라서 하우스키핑은 객실상품을 효율적으로 생산하여 객실경영목표를 달성하는 데 없어서는 안 되는 부서라고 할 수 있다.

3. 호텔의 자산관리

호텔의 건물이나 설비들은 타 기업의 고정자산에 비해 내구연한이 짧을 뿐만 아니라 고정 자산이 점유하고 있는 비율이 타 산업에 비해 높기 때문에 더욱더 세심한 관리가 필요하다.

호텔기업에 있어서 고정자산이 전체 자산 중에서 차지하고 있는 구성 비율이 약 80~90%에 달하고 있기 때문이다. 호텔기업은 그 제품으로서 건물 자체를 비롯하여 기계, 설비, 비품, 집기 등 어느 하나 이에 해당되지 않는 것이 없을 정도로 방대한 모습을 보여 주고 있다. 이러한 호텔기업의 고정자산을 유지하고 관리하는 책임을 지는 업무부서로 하우스키핑의 중요성이 새로이 인식될 것이다.

더욱이 호텔은 건물이나 설비 그 자체가 중요한 상품의 성격을 띠고 있기 때문에 이들 대부분은 고가의 시설이나 설비로 구성되어 있다. 따라서 이러한 시설이나 설비에 대한 하우스키핑 부서의 철저한 관찰과 주의를 통해 유지 · 관리시킴으로써 수명이 연장되고 나아가 비용절감을 실현할 수 있게 된다.

4. 호텔 운영경비의 절감

호텔의 운영경비는 크게 두 가지로 나눌 수 있다. 하나는 고객의 증감과 관계없이 일정한 비용이 꾸준히 지출되는 고정경비(fixed expenses)와 다른 하나는 고객의 증감에 따라 그 지출이 증감되는 변동경비(variable expenses)인 것이다.

호텔의 기업운영은 궁극적으로 두 가지 방법으로 이익의 극대화라는 목표를 달성코자 한다. 그 하나는 판매를 극대화하는 것이고, 또 한 방법은 비용을 극소화하고자 하는 것이다. 이 두 가지 방법이 유효하게 이루어질 때 기업의 이익은 극대화될 수 있다. 그러므로 오늘날 기업경영은 판매활동의 강화와 더불어 비용절감을 위해 모든 방법을 동원하고 있다.

이점을 고려할 때 하우스키핑은 호텔 운영경비의 절감에 결정적인 역할을 하고 있다. 객실을 비롯해 호텔 안의 모든 비품 · 설비의 관리를 책임지고 있는 하우스키핑의 부서는 보다 세심한 관찰, 주의와 손질로 비용절감이라는 목표를 실현할 수 있는 것이다.

하우스키핑의 기능은 성공적인 호텔기업의 경영에 막중한 영향을 미치므로 효과적인 하우스키핑계획에 필요한 조건들을 검토하지 않을 수 없다. 하우스키핑이 호텔의 성공에 완전히 기여하려면 다음과 같은 중요한 조건이 갖추어져야 한다.

– 하우스키핑은 호텔경영진의 지원과 이해를 받아야 한다.

– 하우스키핑을 올바르게 평가하는 업무수행을 위한 지침이 있어야 한다.

– 하우스키퍼는 유능하며 열성적이어야 한다.

– 하우스키핑 직원은 훈련이 잘 되어 있고 능률적이어야 한다.

– 하우스키핑 업무에 대한 조직적이고 적절한 작업계획을 세워야 한다.

– 하우스키핑부서는 자격요건을 갖춘 인원으로 조직되어야 한다.

만약 이러한 조건들이 갖추어지지 못하면 하우스키핑의 기능은 완전하지 못할 뿐만 아니라 상대적으로 다음과 같은 영향을 받게 될 것이다.

첫째, 객실상품의 생산과 관리 둔화

둘째, 호텔 수익증대의 둔화

셋째, 호텔 자산관리의 불균형

넷째, 호텔 운영경비절감의 둔화로 고객으로부터 환영받지 못하는 호텔로 전락될 것이다.

제3절 하우스키핑 부문의 조직과 직무

1. 하우스키핑 직원의 기본자세

고객에게 안전하고 쾌적하며 만족할 만한 서비스를 제공하기 위해서는 다음 사항을 준수해야 한다.

(1) 마음가짐

❶ 동료직원과 협조하며 단결정신을 중요시한다.

❷ 국제인으로서의 매너(manner)와 에티켓(etiquette)을 함양한다.

❸ 접객에 필요한 어학을 숙지한다.

❹ 접객원으로서의 자기관리를 철저히 한다.

❺ 근면한 정신과 강건한 체력을 유지한다.

❻ 청결함과 위생관념을 고취한다.

❼ 작업상 사용하는 기계 및 세제의 적절한 사용법을 숙지한다.

❽ 낭비를 삼가고 절약정신을 생활화한다.

(2) 접객응대

❶ 고객과 대면 시에는 항상 인사를 드리고, 주의 깊고 공손하게, 고객의 말에 귀를 기울인다.

❷ 긴급 비상사태 발생 시는 침착 · 냉정하게 적절한 판단을 하여 체재고객에게 신뢰받을 수 있도록 한다.

❸ 고객에게 과잉 친절은 삼간다.

(3) 위생관념과 자기관리

❶ 접객 중에는 두발 · 얼굴 등에는 손을 대지 않는다.

❷ 작업이 끝나면 반드시 손을 닦는다.

❸ 부주의로 인해 질병에 감염되지 않도록 한다.

❹ 고객에게 불쾌감을 주는 냄새나는 음식은 삼간다.

(4) 보안업무

❶ 투숙객의 프라이버시(privacy)에 관한 것은 외부에 누설되지 않도록 한다.

❷ 고객을 평가하거나 흉을 보지 않는다.

❸ 투숙객의 허락 없이 외래객을 객실에 안내하지 않는다.

❹ 투숙객명단을 이유 없이 외부에 발설하지 않는다.

❺ 회사의 일들을 외부에 발설하지 않는다.

2. 하우스키핑 부문의 조직

하우스키핑 부문의 조직은 호텔의 규모에 따라 다를 수 있다. 일반적으로 객실 수 500실 이상의 대규모 호텔에서는 객실관리부장 산하에 객실정비팀장과 세탁관리팀장으로 구분하기도 한다. 그러나 중규모 호텔이나 일부 대규모 호텔에서도 조직계는 거의 동일하나 부서장의 직급을 하향 배치하는 경향이 있기도 하다.

한편 최근의 일부 호텔기업들은 구조조정을 통한 수익 극대화의 일환으로 객실정비업무 전체를 전문용역회사에 위탁(outsourcing)하여 운영하기도 한다. 일반적인 하우스키핑 부문의 조직도를 살펴보면 다음과 같다.

[그림 10-1] **하우스키핑 부문의 조직도**

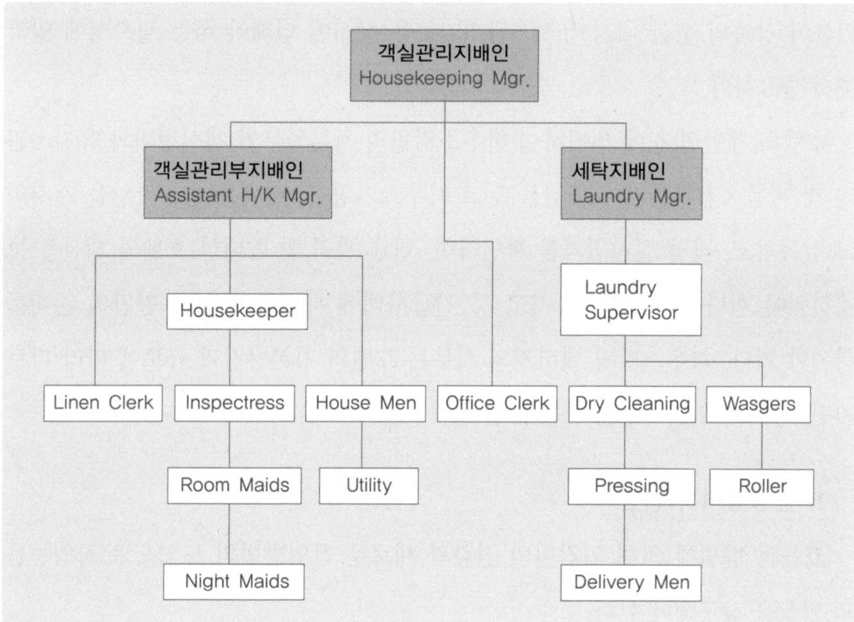

3. 하우스키핑의 업무범위

하우스키핑부서의 업무를 알기 위해서는 그 책임영역을 살펴 볼 필요가 있다. 그 책임영역은 광범위하여 수천 개 객실과 부대시설을 보유하고 수천 명의 종사원과 수백억 원을 통제하는 호텔 및 호화로운 휴양지호텔에서부터 수십 개의 객실과 몇 명의 종사원이 있는 호텔도 있다. 그러나 하우스키핑부서의 업무영역은 호텔의 규모와는 관계없이 일반적으로 호텔객실을 포함한 욕실, 연회실, 회의실, 전시실, 화장실, 호텔의 현관 · 복도 · 로비, 식당, 주방, 기타 부대시설의 청소를 책임영역으로 하며, 세탁실, 호텔종사원의 라커룸, 식당, 엘리베이터, 에스컬레이터, 종사원의 유니폼, 린넨 등의 관리가 있다.

4. 하우스키핑 구성원의 직무

(1) 하우스키핑 매니저(housekeeping manager)의 업무

하우스키핑 부문의 총괄책임자 역할을 담당하고 있으며, 호텔의 판매기능과 더불어 상품의 생산 내지 유지 · 관리기능을 동시에 임해야 하는 필요성에 입각해서 중요하다.

호텔의 제반 방침에 의거하여 하우스키핑의 기본업무인 객실정비와 유지 · 관리 및 비품 · 집기관리에 중점을 두고 하우스키핑 전 직원들에게 작업을 지시하고 감독하고, 작업 실시결과를 확인하며, 린넨 관리 및 막대한 호텔의 재산을 보호하여야 한다. 특히 화재 · 사고 등 긴급사태에 대비하여 항상 만반의 준비를 하여야 한다. 하우스키핑 매니저의 직무는 호텔의 기본방침과 규모에 따라 다르지만, 공통적 일반사항은 다음과 같다.

1) 운영경비의 절감

효율적 방법에 의해 인건비의 절감과 새로운 작업방법의 도입으로 작업능률의 향상을 강구해야 한다.

2) 작업계획의 수립

자기감독 하에 있는 모든 직원들이 수행할 작업계획을 수립하여 실행계획의 수립과 실행방법 등을 구체화한다. 비수기에는 성수기에 손질이 어려웠던 부분을 수리 · 보수하는 일을 계획 · 수립한다.

3) 구성요원의 교육훈련

자기감독 하에 있는 종업원들이나 신입 룸 메이드 등에게 비수기 동안 또는 한가한 시간에 효과적인 작업의 방법을 교육 · 훈련시켜야 한다.

4) 재고조사의 확인

부서에 소요되는 여러 가지 비품이나 용품 · 도구 등을 대장과 일치하는지 체크하고, 비교적 한가한 시간에 주기적으로 실시함이 합리적이다.

5) 각 부서와의 협조

작은 규모의 호텔에서는 객실부문책임자가 모든 부문의 일을 총괄하고 있으나 조금 규모가 큰 호텔에서는 소단위 책임자로서 하우스키핑의 모든 운영에 참여하여 협의 또는 권고한다.

하우스키핑 매니저의 업무를 좀 더 구체적으로 살펴보면 다음과 같다.

1) 작업 인원 관리

- 1인 실제 객실정비 배정
- 주간 운영 및 night maid 활용과 butler service 지시 감독
- 근무 schedule 작성 및 조정
- 객실 층 순찰
- 각종 회의 주관
- 면담 및 면담내용 기록보고

2) 재산 관리

- 객실 물자 파악 및 유지
- 고객용 소모품, 비품 비치 및 적정량 산정
- 가구, 집기, 비품(FF&E) 수선 의뢰 및 소요량 산출
- linen류 재고조사 및 저장 수준 유지에 관한 감독

3) 고객관리

- VIP, 장기 고객(long-term guest)에 대한 서비스 지시 감독
- 고객 정보 파악 및 기호 기록, 제출 및 활용
- 각종 국제행사 treatment
- 고객 불평 및 요구사항 처리 및 보고

4) 환경위생 관리

- 공공장소(public area)청결 유지 감독
- 복도 룸서비스(room service)기물 수거 감독
- 객실 냉장고 및 컵(glass)청결 유지 감독
- 객실 소독 의뢰 및 감독
- 사용한 린넨(linen)류 수거 후 shower 사용 감독
- 개인위생 교육 및 점검 감독
- 객실 청결 유지 점검 감독

5) 안전관리

- 방화안전교육 훈련 집행 및 점검
- 안전정보 전달
- 산재예방교육 및 점검

6) 분실물(lost & found) 제출 및 기록 조치 감독

- 습득물 처리 제출 및 기록 조치 감독
- 분실물 처리 감독
- 보관 의뢰품 관리 감독
- 송달품 관리 감독

7) 사무관리

- 각종 문서 보관유지

- 인사 노무사항 기록 제출
- 경비계획, 집행 및 사후 조치

8) 객실 mini-bar의 관리감독

- 상품관리 및 선정보고 적용
- 객실 냉장고 내 비치품목 점검 감독
- 매출계획 및 실적집계 보고
- skipper, allowance 방지 교육 및 대책
- 이용품목 billing 감독

(2) inspector의 업무

inspector란 객실을 상품화했을 때 완전상태점검을 주 업무로 하고 있다. 룸메이드의 객실청소상태나 소모품의 부착상태 및 근무 등을 점검하는 책임이 있다. inspector의 일상적인 업무를 구분 요약하면 다음과 같다.

- 객실과 회의 참석 지시 및 전달사항 수령이행
- room maid 작업지시 감독
- 객실점검(inspection)
- 고장객실 수리의뢰조치
- key사용 관리 감독
- 가구, 집기, 비품(FF&E) 현황파악 및 보고
- linen류 현황파악
- 분실물(lost & found) 보고 및 정리인계
- 고객 order 사항처리
- 고객 불평(complaint)처리 및 보고
- 관리 층의 당일 업무 보고서 집계 제출

1) 작업준비

- night housekeeper로부터 담당 층 pass key 및 특기사항 인수
- block patrol
- 부하사원(room maid)의 근태파악 및 용모 복장 점검
- 방송조회 참석
- 교육 및 지시 전달

2) 조회 참석

- 담당(block) 내의 특기사항, 근태사항, 이상 유무 보고
- 상사로부터 업무상 작업상의 지시를 받는다.
- 야근담당 책임자로부터 보고를 받는다.

3) floor 작업

- daily room check report 작성
- 조회 시 해당사항을 room maid에게 전달
- 청소분담표에 고객 분류 및 rush room 표기
- 교육 및 지시사항과 이행상태 점검

4) room check

- 사용한 bed 수(extra bed 포함)
- 짐의 상태(수량 배열의 상태)
- 가구 비품의 파손
- lost & found
- 대출품
- 기타

5) room check 시 유의사항

- D/D Card(Don't Disturb Card)가 걸려 있는 객실은 절대로 차임벨을 누르지 않는다.

- 고객이 있는 경우 목적을 말하고 허가를 얻은 후 room에 들어간다.
- 고객이 외출 중인 객실을 check해야 할 때도 충분히 유의한다.
- door를 open하고 check한다.
- 고객의 물품을 만지지 않는다.

(3) 객실점검(room inspection)

1) room inspection의 3대 주안점

- 설비물과 가구집기의 기능상태
- 가구집기 소모품 및 linen류 set-up 상태
- 청결상태

2) 점검 착안 사항(시계의 반대 또는 정 방향으로 check)

- 창문과 거울은 잘 닦여져 있는가?
- airvent는 깨끗하고 잘 닦여져 있는가?
- 레이스 커튼, 드래퍼리는 똑바로 걸려 있는가?
- curtain은 밸런스가 맞는가?
- 레이스 커튼은 더러워지지 않았는가?
- carpet는 깨끗한가? 구석구석에 쌓인 먼지는 없는가?
- 의자, sofa, spread에 머리카락은 묻어있지 않은가?
- 창문 및 window frame은 깨끗한가?
- TV 및 받침대에 쌓인 먼지는 없는가?
- 쓰레기통 내외피는 청결한가?
- 서랍 속의 종이 깔개는 깨끗한가?
- 서랍고리의 유동은 없는가?
- 냉장고 의 기능 상태는 양호한가?
- 냉장고내 비치품목 중 이용한 품목이 그래도 방치되어 있지 않은가?
- 냉장고 비치품목은 정 수량인가?
- 캔류의 외피가 녹이 있거나 기간이 지난 품목이 비치되어 있지 않은가?

3) room inspection의 순위

- 시계의 반대방향 또는 정 방향 순위로 한다.
- 눈으로만 check하지 말고 만져보고 때로는 고객의 자세에서 사용해 보기도 해야 한다.

[입구]

- room과 corridor의 carpet 이음새
- door의 개폐상태
- door 접착상태 및 소음
- door stopper
- door latch 및 room tariff
- 3 way switch, button 작동

[Bed]

- 매트리스와 스프링 box의 상태
- 시트는 단정하게 꾸며져 있는가?
- pillow는 균형에 맞게 놓여 있는가?
- bed spread의 setting 상태는 양호한가?
- 벽과 침대의 간격 및 나이트 테이블과 침대의 간격은 적당한가?
- head board와 벽면의 부착상태

[Closet(Wardrobe)]

- light 및 limit switch 상태(micro switch)
- laundry bag 5매 set
- 옷걸이는 정수대로 인가(양측 G-6, L-4)?
- 선반은 잘 닦여져 있는가?
- 벽지의 청결상태

- door표면 청결상태 및 도어레일 개폐 시 소음
- brush, shoe horn 및 slipper

[Room]

- lamp pull socket 작동상태
- TV, 전화, radio, clock의 작동이 정상인가?
- 커튼의 고리는 정상인가?
- 벌레는 없는가?
- 벽은 깨끗한가?
- 벽지 및 천장지의 파손부분은 없는가?
- 가구 및 설비 등에 파손된 부분은 없는가?
- 그림액자의 균형상태
- 전구 위 먼지, 규정 밝기

[Night Table]

- branch lamp shade 부착상태, 양쪽 전구의 밝기
- memo paper 및 pencil
- 후레쉬(손전등)
- set된 책 내외피의 낙서 및 삽입물
- alarm 및 시계의 foot lamp
- room light 및 foot 사이의 청결상태
- night table과 bed 사이의 청결상태
- 전화기 및 전화기선 처리

[Bath Room]

- door의 개폐상태
- door 뒤편 hook(towel, shower cap) 점검
- 천장, 벽, 바닥 tile 청결상태

- basin pop-up의 작동 및 물갇힘 상태
- toilet bowl의 내부 seat cover의 접착상태
- shower certain 청결상태(하단부)
- toilet paper는 충분한가(1/2 이상)
- 휴지통 청결상태
- kleenex box 상태 및 내용물의 분량(1/2 이상)
- glass의 청결상태
- 냄새발생(drain 불순물 제거)
- 소모품의 적정한 보충
- bath tub의 drain에 머리카락
- linen류 set(때로는 냄새 발생 check)
- shoe cleaner, 위생봉투, 면도날의 사용유무 확인
- 형광등 cover 청결 및 안전기 소음
- mirror의 표면 자국(특히 하단부 모서리)
- 부착 기구에 이상은 없는가?
  - shower head, hose 위치, 작동, hook 부착상태
  - mixing valve의 기능상태
  - 확대경 부착상태
  - shower handle 방향표시
  - faucet의 물흐름 상태
  - towel bar
  - grib bar
  - shower 실 door 작동상태
  - towel 선반 유동
  - tile 파손
  - corking 상태

(4) room maid의 업무

룸 메이드란 하우스키핑부서의 한 직종으로 객실 및 욕실의 청소와 침대 꾸미기, 고객의 세탁물 수거 및 전달, 객실의 정리 · 정돈, 소모품 서비스 등의 업무를 수행하면서 숙박고객을 편안하고 안전하게 체재할 수 있도록 분위기를 조성하여 호텔의 상품인 객실을 판매할 수 있도록 생산 · 재생산하는 직무를 수행한다.

1) 작업준비

① 조근자 업무

- 야근자로부터 room maid key, 청소분담표를 수령하고 rush room의 유무확인
- station문을 열고 메이드카트, 린넨웨건, vacuum cleaner를 내놓을 것
- 복도 방충망 문을 열고 환기시킬 것(08:00~09:00)
- 복도 순찰
- 열린 객실의 이상 유무 check
- 복도에 나와 있는 기물 회수
- 전구, room no, 떨어진 것을 확인하여 inspector에게 보고
- 꽃물 갈아주기
- 복도 재떨이 청소
- 물통세척 및 얼음물 준비
- 종업원(area) 및 중앙 비상계단 청소

② 출근 시 준수사항

- 방송조례 경청
- 복장 및 용모 점검

2) 왜곤 적재

① 목적

- 고객에게 청결감을 주고 능률적으로 작업을 수행할 수 있도록 하는데 있음

② 왜곤 적재 시 유의사항

- sheet와 towel은 1일 2회 오전, 오후 분리하여 적재할 것
- 문구류는 꽂이에 꽂을 때 구김이 가지 않도록 할 것
- hotel brochure는 종류별로 상단에 적재할 것
- 물통 표면에 물기가 없도록 잘 닦을 것
- 세제 및 약품은 닦아서 적재할 것(액의 유출 주의)
- 세제 및 물이 떨어지지 않도록 주의할 것

③ 왜건 운행 시 유의사항

- 웨건 이동 시 복도 중앙을 피하고 손님 통행에 유의하며 마주칠 경우 반드시 정지한 후 인사할 것
- 왜건을 벽면과 반드시 10㎝ 간격을 띄어서 세워둘 것
- 이동 시 벽지 파손 유의
- 이동 시 D/D card 및 make up room card 부착 여부 주시
- 왜건, 린넨카, 진공청소기가 일렬이 되도록 나란히 정돈
- 객실을 들어가기 전 정돈상태 재확인
- 이동 시 떨어진 물품이 있는지 확인
- 정기적인 웨건 점검
- corner 객실과 junior suite 이상 객실은 청소 중 card(maid is working now)를 걸어 두고 door를 닫은 후 청소 실시
- 고객이 외출 중 일반 객실 청소 시 도난방지를 위해 왜건을 door 앞에 세워 두고 청소 실시

3) 객실 출입

객실 청소를 위하여 출입할 때에는 항상 정숙한 자세로 고객에 대한 예의를 갖추고, 고객이 처해 있는 상황을 잘 판단하고 출입을 해야 한다. 또한 사소한 부주의가 complaint를 발생시키는 경우가 빈번함으로 다음 사항에 유의하여야 한다.

- 객실에 들어가는 경우 반드시 손님이 객실 안에 계시다고 의식할 것

- call-bell은 2회씩 3초 간격으로 3회 반복하여 누르고 room maid를 복창하고 입실할 것을 알리며, 고객의 허가를 받은 후에 입실할 준비를 할 것
- D/D card 및 double lock을 반드시 확인할 것
- 청소요구 카드(make-up card)가 걸려 있는 객실을 우선적으로 청소할 것
- 응답이 없는 경우 부재 여부를 잘 판단하여 문을 열 것
- 문을 열 때 'May I come in?' 복창할 것
- 응답이 있는 경우 한 발 뒤로 물러서서 인사 후 용무를 밝힐 것
- 고객의 프라이버시에 대한 내용은 비밀을 엄수할 것

4) 바닥 tile

- 불순물을 주워낼 것
- 물을 뿌린 뒤 세제물은 수세미로 닦는다.
- 물을 뿌려서 세제를 완전히 제거한다.
- 마른 걸레로 안에서부터 입구로 닦는다.
- 입구 door를 닦는다.

5) 청소 시 유의사항

- 고객용 towel은 청소용으로 사용하지 말 것
- 고무장갑을 착용하고 위생기구(cup, tray) 등을 닦지 말 것
- 수돗물 낭비에 유의할 것
- 바닥 청소 시 carpet에 넘치지 않도록 할 것
- 세제를 깨끗이 닦아서 미끄러짐에 유의할 것
- shower기로 물을 뿌릴 때 형광등 콘센트와 벽면 콘센트에 물이 들어가지 않도록 유의할 것
- 고객용품(재실인 경우)이동 및 파손 또는 젖음에 유의할 것
- 금속류는 완전히 물기를 제거할 것
- 수세미는 가능한 한 바닥 세면대의 얼룩제거에 사용할 것
- towel, yukata, bath robe 수거 시는 반드시 호텔마크를 확인할 것

6) 소모품 및 towel setting

- pop-up은 반드시 개방해 놓을 것
- set-up을 마치고 나오면서 상하 안팎으로 수량, 떨어진 물품을 확인하는 습관을 갖는다.

7) turndown service(open bed)

오픈 베드는 투숙한 손님을 편히 주무실 수 있게 만들어 주는 준비 작업이다. 주간에 완전히 정비가 되고 철저히 점검된 객실에 대해 최상의 서비스를 제공하기 위해 이 작업을 실시한다. 간단히 스프레드를 걷어 정리한다든지, 모포를 접는 정도의 작업이 아니고 전반적인 객실 서비스가 마무리 정리될 수 있도록 작업에 임해야 한다.

가. 준비 및 입실

- 메이드 카트(maid cart)를 정돈하고, 고객현황 및 청소스케줄을 확인한다.
- 객실 벨을 2번씩 3회 누르고 룸 메이드(room maid)라고 알리며 입실하고, 객실 문고리에 턴다운 서비스 표(turndown service tag)를 부착해 둔다.

나. 침대 및 기타 정리

- 입구 내측 침대부터 정리하도록 하며, 침대 이용이 편리하도록 상단 시트는 고객이 들어갈 자리 부분을 삼각으로 접어놓는다.
- 재떨이와 휴지통을 점검한 후 커튼을 닫아 놓는다.

다. 욕실 정리

- 사용한 린넨은 새 것으로 교체, 정리한다.
- 화장실 문은 열어두어 환기가 되도록 한다.
- 침실정리가 정돈되어 있는지 확인 후 퇴실한다.

라. 마무리 및 보고하기

- 객실 문고리에 걸어둔 표(tag)를 치우고 퇴실한다.
- 체크 리스트를 작성하고, 미정비 객실은 없는지 확인한다.

8) 작업 후 점검관리

- key관리
- 인수인계사항 처리 이행 여부
- 인사, 복장, 용모 등 대고객 service
- 외국인 고객에 대한 외국어 사용은 충분하였는가?
- 복도의 carpet, 벽지, 비상 door 및 스테이션 check

9) 기타 주의사항

- room maid가 청소 및 open bed 시 room에 들어갈 때는 반드시 "Maid is working now"
- junior suite급 이상은 문을 닫고 한다.
- 고객의 세탁물이 있는 경우에 check list가 정확하게 기록되어 있으면 linen과에 통보한다.
- 객실을 나올 때 잠긴 상태를 흔들어서 확인할 것
- 고객의 complaint 및 조언은 가능하면 신속하게 처리하고 inspector에게 보고할 것
- 객실 내의 짐승이나 새를 사육하고 있는지를 확인할 것
- 고객에게 선물이나 tip를 받지 말 것
- 중대한 사항이나 혹은 판단하기 어려운 사항은 inspector에게 신속히 보고할 것

(5) 청소도구와 세제의 종류 및 사용법

1) 객실정비 사용도구

도구	용도	사용방법	주의사항
버큠크리너 진공청소기	carpet sofa 및 chair의 먼지제거	• 복도 set-up시 왜곤과 나란히 맞출 것 • 이동시 반드시 몸체 손잡이를 사용할 것 • 전원 plug 사용 시 줄을 당기지 말고 plug 몸체를 잡고 사용할 것	• 가구 및 시설에 충돌하여 파손되는 일이 없도록 할 것 • 매일 내부 먼지제거 • 내부는 월 2회 이상 세탁할 것
세제룸 (소형 basket 및 물대야)	하이퐁세제를 7~10배의 물과 배합하여 세제용기로 bath room 청소	• 먼저 물을 뿌린다 (물을 뿌릴 때 벽면 전원 plug에 물이 들어가지 않도록 주의) • 불순물을 세제로 닦는다.	• 세제를 완전히 제거한다. • 적정량의 세제만 부어서 세제통을 사용할 수 있도록 하고, 청소를 완전히 마친 뒤는 깨끗하게 닦아 놓는다.
다스타 타월	가구 및 bath room	• 깨끗하게 세탁해서 사용한다. • 물걸레는 꽉 짜서 닦은 뒤 물기가 없도록 한다. • 물걸레 사용 시 반드시 마른 걸레로 물기 제거	• 냄새가 나지 않도록 할 것 • 닦은 뒤 걸레의 올이나 불순물이 묻지 않도록 할 것 • 일반걸레와 왁스용은 반드시 구별, 분리해서 사용할 것
수세미	bath room 및 불순물 제거	• bath room 바닥의 모서리 및 Tile 사이 불순물 제거시(코킹) 파손에 유의할 것 • 가구표면(라이텍스) 불순물제거 시 파손에 유의할 것	• 금속류나 도금류에는 절대 사용금지 • 유리제품 사용금지 • 목재류에 사용금지
고무장갑	세제사용 시 및 불순물 제거	• 세제는 강알카리성이므로 반드시 착용한다. • 청결하게 사용한다. • 작업 후 반드시 씻어 놓는다. • 점검하여 바람이 새는 것은 버린다.	• cup tray, 주방기물 등을 세착 시는 착용하지 말 것(특히 위생관계로 주의요망)
스폰지	창문, 금속류, 거울	• 세제를 묻혀 사용	• 작업 후 물로 세척, 건조시킬 것

도구	용도	사용방법	주의사항
총채	그림액자, 천장, 천, 벽지 부분에 붙은 먼지제거	• 사용 후 깨끗이 털어 둔다. • 그을음이 묻었을 시 물에 깨끗이 빨아 건조시킨다.	• 파손이 쉬운 가구류, 비품류 dusting 시 주의하여 사용할 것

2) 세제의 종류 및 사용법

도구	용도	사용방법	주의사항
하이퐁	bath room	7~10배의 물배합 사용	걸레로 세제를 완전히 제거할 것
타이렉스 (돌가루)	응고된 때 제거	스크램사용 시 수세미에 묻혀 사용	금속류 사용금지
존슨프레지 (가구광택)	가구광택제	먼지와 물기제거 후 조금씩 뿌려 사용	천 조직에 묻지 않도록 유의
윈 댁스	창문, 거울	분무기에 넣어서 사용하고 깨끗한 걸레로 닦는다.	물걸레 사용금지
에이젝스	연마광택제	금속류, 라이텍스, Tile의 얼룩자국 제거 (알코올+분말) 효과적	마른걸레에 묻혀서 사용
메탈포리시 (금속광택제)	금속류광	마른걸레에 묻혀서 사용	금속 이외에 묻지 않도록 유의
에어웍 (공기청향)	공기청향제	악취가 날 때 과다하게 분무하지 말 것	재실은 손님에게 허락을 받은 후 사용
가구색소	가구부분파손 보호	왜건 및 고객의 물품운반 시 파손되었거나 칠이 벗겨진 곳에 사용	즉시 닦아내거나 건조가 될 때까지 지켜본다. 작업 후 반드시 세탁건조시킬 것 냄새가 발생하는 것은 린넨과에 보낸다.
JET-SOL JET-POWDER ALLIN ONE ARID FOAM SHAMPOO	CARPET SHAMPOO 용 〃 〃	CM 100 수용성 세제 CM 110 분말형 합성세제(7평에 70g) CM 120 건성 SHAMPOO(15:1)	CARPET 세탁이 필요한 세제 (CLEAN MASTER)
TRAFFIC LANE CLEANER STAIN REMOVER STOP REMOVER PAINT, OIL GREASE REMOVER	CARPET 얼룩 제거용 〃 〃 〃	CM 200 전처리 제거제 (5:1) CM 210 수용성제거제 (4/8:1) CM 220 유용성제거제 (물로 헹구면서 사용) CM221 유지제거제(물이나 솔벤트1컵에 본제 1/4컵)	CARPET 얼룩제거에 필요 〃 〃 〃

도구	용도	사용방법	주의사항
DEFOAMER	CARPET 거품 제거용	CM 300 소포제(1스푼)	CARPET 거품을 없애주는 약품
ODOR-BANE	CARPET 악취 제거용	CM 400 탈취 향료제 (2스푼)	CARPET 악취를 제거하는 약품
CARPET GUARD	CARPET 보호제	CARPET, 응접SET 천을 보호하고 탈색방지 (5:1)	CARPET를 보호해주는 약품
AE 정전기 방지제	CARPET의 정전기 방지	스프레이 및 담금	CAN SPLAYER는 화기조심
존슨 FORWARD	1:15로 혼합(온수로 사용 시 효과적) 1:20으로 혼합 1:40 ″ 1:60 ″ 1:120″	tile이나 아스타일의 늘어붙은 때나 흙먼지 제거 시 소독 살균 시 보통의 흙먼지와 때 제거 시 위행효과를 원할 때 가벼운 크리닝 시	규정된 비율의 물로 혼합하여 스폰지, 마포 등으로 바른 다음, 부러시머신 또는 솔, 스폰지 등으로 문질러서 때를 제거한 후 물로 헹구어 건조 가급적 원액이 피부에 닿지 않도록 하고 닿았을 때 즉시 물로 씻을 것
퐁퐁 및 뉴퐁	과일 및 주방기기 세척제	물로 희석하여 사용	물로 세제를 완전히 제거 후 건조시킬 것

3) 객실기능 체크리스트

종류	점검부분	Check Point	문제점
욕실	① 입구 Door	• Door 개폐상태 • 기둥주위 상태 • Door Stopper 기능	
	② Bath Tub	• Mixing Valve 성능 • Faucet의 물흐름 상태 • Drain(Tub) 배수 • 바닥배수 • Drain 마개 • Tile, 대리석, Coking 상태	
	③ Shower기	• Shower Hand의 기능 • 물 흐름의 상태 • Shower Booth Door 이용 시 편리도 • 샤워호스 상태	
	④ 세면기	• 온, 냉수 손잡이 기능 • Faucet의 물흐름 상태 • Pop-Up의 상태 (세면기에 물을 받아 두었을 때 물이 줄어든 현상은?)	

종류	점검부분	Check Point	문제점
욕실	⑤ Toilet	• 후레시 밸브 작동(물흐름) • 변기(수압) • 흠집(Scratch)	
	⑥ 바닥, 벽면, 천장	• 벽면마다 대리석 마감처리 • 벽면타일 상태 • 거울 부착 상태 • 천장 마감 상태 • 각종 부착물 부착 상태	
전기	① 조명	• 천장(입구)조명 • 옷장 전구 밝기 • Night Table-Switch 기능 • Radio의 Bgm은 흐르지 않는지? • 각종 Lamp류 조명 • 욕실 조명	
	② 기능	• Fancoil, Motor 소음 • TV, 냉장고, 전화기 작동기능 • 욕실거울 후면 전열기 작동(Fog 현상)	
Room	① 입구 Door	• Room No. 의 부착상태 • 입구 Door 개폐상태 • Door Latch 부착 • 입구 무설주 부문 Carpet 이음선	
Room	② 옷장	• Floor Rail 개폐상태 • Hanger Bar 부착상태 • Door 거울의 상태	
	③ 유리창	• Air Venthole 작동 및 Filter 부착상태 • 완자문 부착상태 • Curtain 부착상태 • 창문 테두리 마감처리 • 창문 둘레 코킹처리	
	④ 벽 · 천장 · 바닥	• Fresh Air 급배기 상태 • 객실 적정온도 • 천장지 마감 처리 • 천장 몰딩 상태 • 벽면 걸레받이 상태 • 완강기 부착(Set)상태 • Carpet 이음선 구석처리	
	⑤ 가구류	• 서랍 손잡이 고리 부착 • 서랍 Door 작동 상태 • 거울상태(화장대) • 냉장고 설치상태 • 침대 안락감 • Chair(의자)안락감 및 견고성 • Head Board 부착 상태 • Bed Mattress 부착 상태	
기타			

(6) 세탁서비스 업무

세탁서비스(laundry service)는 호텔에 투숙 중인 고객들의 주문에 의한 세탁서비스와 호텔종업원의 유니폼 그리고 각 업장에서 사용되는 린넨류의 세탁으로 구분할 수 있다.

과거의 호텔 세탁서비스는 거의 대부분 호텔 자체의 설비를 이용해 제공하였으나 비용절감을 이유로 일부 호텔에서는 외부용역에 의존하기도 한다. 이런 경우 고객이 신속한 세탁서비스를 요구할 때 적절하게 대응하기가 곤란한 점도 있으며 세탁물의 품질에도 문제가 야기될 수 있다. 일반적인 세탁서비스의 흐름은 다음과 같다.

접수	• 주머니 속에 귀중품 또는 기타 소지품 확인 • 손상부분의 존재여부 확인
↓	
수거 및 분류	• 물세탁(washer) • 드라이크리닝(dry cleaning) • 프레싱(pressing)
↓	
세탁	• 온도 및 시간 • 세제 선택
↓	
분류 및 배달	• 세탁상태 확인 • 수량, 품목 확인 • 포장
↓	
마감	• 고객확인 • 배달내용 기록 유지

(7) 분실물 및 습득물의 관리

일반적으로 분실물 및 습득물(lost & found)관리라고 함은 호텔 내에서 호텔고객의 소지품이나 수화물 등을 호텔고객이 분실하였거나 호텔종업원이나 이용객이 습득했을 때 이를 통보 받고 습득물을 보관하였다가 정당한 소유주가 나타났을 때 이를 확인하고 반환해주는 업무를 말한다.

호텔에 있어서 이러한 분실물이나 습득물의 관리는 별도의 규정으로 정하고 있으며 담당하는 부서 또한 정해져 있다.

1) 분실물 및 습득물 관리의 목적

호텔을 이용하는 고객이 개인적인 실수로 소지품을 분실하였거나 또는 타인의 소지품을 습득했을 때 이를 소중하게 보관하였다가 소유주에게 정당한 절차를 거쳐 반환시켜 줌으로써 고객의 불편을 최소화시켜준다.

호텔의 lost & found서비스는 다음과 같은 점에서 중요한 의의를 갖는다.

- 고객에게 호텔의 공신력과 신뢰감을 심어준다.
- 고객에게 호텔의 이미지를 제고시켜 호텔의 이용도를 높일 수 있다.
- 분실물에 대한 업무를 조직적으로 관리함으로써 사회적 공정성에 기여한다.
- 호텔종사원의 양심과 정직성에 바탕을 둔 고객서비스는 고객의 유인책이 될 수 있다.
- 아무리 사소한 습득물이라도 고객에게는 중요한 물건이 될 수도 있기 때문에 고객이 안심하고 다시 호텔을 이용하게 된다.

2) 분실물 및 습득물의 관리교육

① 분실물 신고 시 기재사항

- 분실일시 및 장소
- 분실자의 성명, 주소, 연락처
- 분실물내용

② 습득물 신고 시 기재사항

- 습득물 발견 장소 및 일시
- 습득물 내용
- 습득자의 성명, 주소, 연락처 등

③ 보관 및 습득물 관리대장

- 접수번호

- 습득일자
- 품명
- 습득자
- 습득 장소
- 분실자 성명, 연락처
- 확인자
- 반환일자
- 반환자 인적사항, 연락처

④ 반환요청 및 반환

분실자가 분실물 신고 후 분실물이 습득되어 보관되어 있는 경우, 유실물 담당자는 분실자가 진술하는 분실물의 내용, 장소, 일시 등을 확인하고 분실자의 인적사항을 관리대장에 기록한 후 반환한다.

⑤ 무주물의 처리

무주물이란 습득물의 주인이 일정한 기간이 경과한 후에도 나타나지 않는 물건을 말하며 그 처리는 호텔이 규정하는 절차에 따른다.

제4절 하우스키핑의 업무

일반적으로 하우스키핑부서의 업무는 check-out한 객실을 신속하게 판매 가능한 객실로 전환시키는 작업에서부터 최종 보고서 작성에 이르기까지 그 업무영역이 대단히 광범위하다. 따라서 효율적인 하우스키핑 업무수행을 위해서는 명확한 업무의 책임과 권한이 부여되는 업무보장이 이루어져야 한다.

일반적인 하우스키핑 부서의 주요업무는 다음과 같다.

1. 객실의 청소

하우스키핑부서는 빈 객실, 투숙 중인 고객의 재실 청소 등 호텔이 보유하고 있는 객실의 청소와 정리정돈의 업무를 신속히 수행하여 객실을 효과적으로 판매하도록 하고 투숙객이 청결한 객실에서 쾌적하게 체류할 수 있도록 한다.

(1) 객실상황의 구분

호텔에서는 청소할 객실의 상황을 다음과 같이 분류해서 청소의 방법을 각각 다르게 적용한다.

❶ 사용하지 않았던 객실(vacant room) : 전날부터 사용하지 않았던 객실

❷ 퇴숙한 객실(check out room)

❸ 체재객실(stay room) : 고객이 계속해서 체재 중의 객실

❹ 특별히 주의해야 할 객실(special attention room) : VIP 등이 사용하는 객실

이상과 같이 청소객실의 상황을 구분해서 청소가 행해지나 ❶에 관한 청소는 통상, 간이 청소라고 부르고 있는 청소이며, ❷는 보통청소, 즉 통상의 청소가 행해진다. ❸은 장기간 체재한 고객의 퇴숙 후의 객실에 관해서는 대청소가 행해진다. 간이청소, 보통청소, 대청소 또는 소청소, 중청소, 대청소라고 부르고 있는 호텔도 있다.

(2) 객실청소 기준서

이상과 같이 객실의 청소에 관해서는 청소객실 수를 구분해서 청소의 정도를 정하고 있으나 이것을 상세하게 기준화한 객실청소작업기준을 설정해서 청소를 매일 행하는 작업과 일정의 간격을 두고 행하는 작업으로 분류된다. 그리고 이 기준서를 기본으로 해서 객실정비를 실시하고 inspection을 능률적으로 행하는 것이 효율적인 객실관리 방안이라 할 수 있다.

[그림 10-2] **객실청소작업 기준서**

객실 청소 작업 기준(각층 station 보존)					
청소장소	매일 행할 작업		기간을 두고 행할 작업		주기
	작업 내용	사용 용구	작업 내용	사용 용구	
BED	Make Bed	Sheet Pillow Case	메트리스 교체 Spread 교체		1개월 2개월
CARPET	Cleaner	Vaccum Cleaner	얼룩제거	세재액	필요 시
DESK 및 TABLE	마른걸레로 닦음	Duster 전용걸레	수리 또는 교환	수리기구 교환품	

(3) 청소작업의 기준소요시간

보통의 작업 경험과 작업능력을 가진 객실관리부서 종사원이, 객실청소 작업에 요하는 시간은 25분 내지 30분이라고 한다. 이와 같은 소요시간은 객실의 크기에 따라 달라질 수 있다. 따라서 호텔에서는 제각기 나름대로의 객실 청소에 관한 표준소요시간을 만들어서 그 기준에 따라 객실청소 할당을 고려하는 것이 바람직하다.

작업표준 소요시간의 예(보통청소)

대형 twin bed room	40 分
보통 twin bed room	30 分
single room	20 分
suite room	20 分

(4) 청소순서

객실청소의 순서는 호텔마다 약간씩 다르지만 일반적으로 다음과 같은 순서로 행해진다.

- 청소의 준비
- 객실 내의 점검

- bed making
- bath room의 청소
- 실내의 청소
- 비품류의 정리
- 청소 후의 check

① 청소의 준비

작업을 시작하기 전에 floor captain으로부터 작업에 관한 지시를 받고 다음 사항을 재점검한다.

- vacuum cleaner, duster, bath room의 청소도구의 점검
- 객실관리부서에서 관리하는 객실청소 check list의 소지
- maid cart로 운반할 객용 소모품 및 린넨류의 점검
- floor station의 room indicator 또는 name rack을 check해서 당일의 객실 이용 상황을 파악하고 청소객실의 순서를 정한다.
- door에 make up card가 있으면 이 객실의 청소를 우선 실시한다.
- Do not Disturb Card가 있으면 이 객실에는 입실을 하지 않는다.
- maid cart를 사용할 경우에는 cart는 청소를 행할 방의 옆에 놓는다.
  (이 경우 cart가 벽면을 벗어나지 않도록 충분히 주의해서 놓는다.)

② 객실 내의 점검

- 고객의 소지품 유무 확인
- 객실비품의 파손, 손실 여부 확인
- bath room의 선반 확인

고객의 잔류품을 발견하면 floor house keeper에 전달하거나 또는 house keeper에게 연락을 취한다. 고객의 잔류품이 버려진 물건으로 판단이 되지 않는 경우에는 담당자가 독자적으로 조치를 취하지 말고 반드시 floor house keeper에게 보고해서 조치를 받는다.

이와 같은 고객의 유류품은 객실관리부의 lost and found에서 관리하기도 하고, 호텔에 따라서는 front에서 취급하기도 하지만 고객으로부터 문의가 있는 경우에는 신속하게 확인할 수 있도록 해야 한다.

③ bed making

가. 사용 린넨의 처리

bed making은 사용한 bed의 sheet 등을 교체하고 새로운 bed를 만드는 작업이다. 따라서 bed making을 하기 전에 우선 사용한 린넨류(sheet, pillow case)를 벗겨서 처리한다.

주요 STEP	유의점
Bed를 만들기 쉬운 위치에 내놓는다.	Bottom에 손을 넣어 꺼낸다.
Pillow Case를 벗긴다.	Pillow의 밑에 잃어버린 물건이 없는가를 확인한다.
모포를 벗긴다.	Arm Chair의 위에 둔다.
Sheet를 벗긴다.	1매씩
사용한 린넨류를 모은다.	수를 명확하게

또한 사용한 린넨의 처리는 다음과 같은 순서로 행해진다.

- 사용한 린넨을 벗기기 전에 bed에 파자마나 하의류 등의 잃어버린 물건이 없는가를 조사한다.
- 사용이 끝난 린넨류는 maid cart의 laundry bag에 넣어서 방의 입구에 모아둔다.
- 사용한 린넨류는 복도에 놓아서는 안 된다.
- 린넨류는 벗긴 후 pillow 및 blanket은 소파 또는 arm chair 위에 pillow를 밑으로 가게 해서 놓는다. 고객이 체재하고 있는 객실의 경우 고객의 짐 위에 놓아서는 안 된다.

나. Bed Making 절차

주요 STEP	유의점
메트리스 위에 Bed Pad를 둔다.	• 메트리스가 바르게 놓여 있는 것을 확인하고 그 위에 바르게 놓는다.
Sheet를 걸친다.	• 겉을 위로 향하도록 하고 중앙의 접은 부문이 Bed의 가운데에 오도록 깐다.
사방을 싼다.	• 메트리스에 접어 넣는다. • 포장하는 것과 같도록 각을 예쁘게 한다. • 주름이 없도록 반듯하게 한다.
다른 1매의 Sheet를 걸친다.	• 겉을 밑으로 향하도록 중앙의 접은 부분이 Bed의 가운데에 오도록 둔다. • 머리쪽의 Bed Board의 곳까지
Blanket를 걸친다.	• 머리쪽의 Bed Board로부터 약 30㎝의 선에 둔다.
Sheet와 모포를 메트리스 밑에 접어 넣는다.	• 머리쪽에서 약 30㎝ 나와 있는 Sheet를 모포에 따라서 접어놓고 각을 만든다.
Pillow를 Pillow Cased에 집어넣는다.	Pillow Case의 입구를 깨끗하게 접어 넣는다.
Pillow를 둔다.	• Kapok(Panga : 솜 대신 이불 속에 넣는 것)을 밑에 하고 중앙에 가지런히 둔다. • Pillow Case의 입구에는 Single의 경우에는 벽을 향해, Twin의 경우에는 서로 다른 Bed 쪽을 향하도록 한다. • Pillow Case의 재봉선은 Bed Board를 향하게 하고 또한 Case의 접을 쪽을 밑으로 향하도록 해서 놓는다.
Bed Spread를 걸친다.	• Pillow의 위부터 전체로 • 끝이 바닥에 붙지 않도록

④ 객실의 청소

객실의 청소는 다음과 같은 사항에 유의하고 정해진 순서에 따라서 행한다.

- 재떨이의 담배꽁초는 소정의 깡통에 버리고 bath room에서 깨끗이 씻는다. 담배꽁초를 버릴 때에는 다른 쓰레기와 섞이지 않도록 하고 불이 완전히 꺼져 있는 것을 확인한다.
- 쓰레기통을 비운다. 쓰레기통의 쓰레기는 낡은 신문지 등을 펼쳐서 면도기의 면도날과 위험물이 들어 있지 않는가를 확인한다.

 쓰레기를 버린 쓰레기통은 깨끗한 걸레로 내부를 잘 닦아낸다.

- duster, 먼지떨이는 통상 창문 주변부터 행해진다. 창문유리에 손바닥으로 만져 먼지 등이 있으면 이것을 제거한다.(창문유리의 청소는 통상 간격을 두고 정기 청소한다.)
- TV 및 TV대, chair, table, writing desk, 정리옷장, night table, floor stand, 거울 등 가구를 방의 깊은 곳에서부터 입구로 향하는 순서로 먼지를 턴다.
- 전화기, door knock, 액자, bed의 bed board, ward robe의 속, 선반, hanger를 턴다. ward robe를 먼저 털 때에는 coat hanger, 구두주걱, coat brush, laundry bag 등을 각각 정해진 위치에 세트하면서 먼지떨이 작업을 한다. 전구나 램프류의 갓 등은 주의해서 취급한다.
- 가구 중에서 decola(특수한 종이에 합성수지를 먹이고 멜라민 수지를 붙인 판)부분은 더러운 정도에 의해서 걸레를 선택하고 또는 세제를 사용해서 지우는 것도 있다.
- 천 의자는 브러쉬를 사용하거나 vacuum cleaner를 사용하는 경우가 있다.
- 먼지떨이 또는 마른걸레로 작업이 끝난 다음에 vacuum cleaner를 한다.
- 크리너를 하기 전에 table과 의자 등은 방의 구석에 기대어 청소 면적을 넓게 한다.
- vacuum cleaner는 깊숙한 곳부터 바깥으로 이동 사용한다.
- 진공청소기를 사용한 후에는 객실의 가구류를 정확한 위치에 되돌려 놓는다.

⑤ bath room의 청소

- bath room의 청소 시 유의점

  최근에는 unit bath가 많이 채용되고 있으나 상처를 내기도 하고 찌꺼기가 남기도 하기 때문에 청소를 할 때에는 bath room에 사용하고 있는 소재에 맞도록 세제류를 사용하도록 한다.
- bath room의 청소순서

  bath room의 청소는 거의 다음과 같은 순서로 행해진다.

a. 더러운 towel, bath mat 등의 린넨류 분실, 파손을 조사하고 꺼낸 다음 수건걸이를 닦는다.

b. 쓰레기통을 사용한 면도날과 비누, 재떨이, 오물통의 처리를 실시한다.

c. bath tub 및 부속품류의 청소
- 천장 배기구의 더러움을 물걸레로 닦아낸다.
- shower curtain을 열고 씻는다.
- bath tub 주변의 벽면과 비누통을 씻는다.
- bath tub의 내측은 흔적이 남지 않도록 깨끗이 씻는다.
- 커튼, 수도꼭지를 닦는다.
- shower, head나 손이 가는 부분을 씻어낸다.
- 샤워를 사용해서 세제를 사용한 부분을 씻어낸다.
- 동시에 shower의 상태가 양호한가를 확인한다.
- 수도꼭지, 커튼은 수분을 제거한다.

d. 화장실 청소
- 허리걸이판을 들어 toilet bowl의 내측을 소독용의 세재를 사용해서 brushing한다.
- toilet bowl 속에 비누 등의 딱딱한 것을 떨어뜨렸을 경우에는 brush해서 흘려보내서는 안 된다. 반드시 주워서 버려야 한다.
- flush handle 허리걸이판의 양면, cover, 변기의 외측은 소독제를 사용해서 전용의 duster로 잘 문지른다.
- 금속부분은 물방울이 남지 않도록 마른걸레로 닦는다.
- 변기의 청소가 끝나면 소독완료의 Tape를 붙인다.

e. 바닥은 머리카락이나 먼지가 남지 않도록 세제를 사용해서 구석구석까지 잘 닦는다.

f. basin 및 주위의 청소
- basin은 세제로 닦은 후 물방울을 잘 닦아낸다.
- 커튼 및 수도꼭지를 닦고 물기를 제거한다.

- 벽면 및 선반부분은 물걸레로 닦은 후 마른 걸레로 닦는다.
- 거울은 흐림이 남지 않도록 마른걸레로 닦아낸다.

이상과 같이 bath room의 청소를 설명했으나 bath room의 청소 완료 후 비품을 정리해서 소정의 위치에 두고 최후에 잃어버린 물건이 없는지 check한다.

⑥ 린넨류, 비품류의 setting

객실 및 bath room의 청소가 끝나면 객실 및 bath room에 소정의 객실 비품류를 setting한다.

가. 객실 내의 비품 setting

a. writing desk에 set-up하는 비품

- stationery holder(stationery holder에는 편지지, 봉투, post card, 볼펜, 호텔 팜플렛, baggage tag, 호텔주변 안내서, 숙박약관, suggestion 기입용지 등이 들어 있음)
- room service menu
- internal promotion material(호텔 관내시설의 sales promotion을 위한 인쇄물)
- writing pad
- 재떨이와 성냥(성냥은 재떨이 속에 set-up하지 말고 재떨이의 모서리에 세움)
- stand lamp
- 쓰레기통(writing desk 밑)

b. night table에 set-up하는 비품

- 전화기
- night stand
- 메모용지와 볼펜
- 전화번호 안내
- bed 내에서 금연 주의 안내

c. ward robe에 set-up하는 비품

- coat hanger
- coat brush
- shoe spoon
- shoe polish paper 또는 shoe polish cloth
- laundry bag
- laundry list
- slipper

d. 그 밖의 비품류

- Do-Not-Disturb card, make up card
- TV의 채널안내, TV 위에 set-up
- 비상등
- coffee table 위에 재떨이 및 성냥 비치

나. bath room에 set하는 비품류

a. 린넨류

- bath mat : bath tub에 걸침
- bath towel
- hand towel
- face towel : towel류는 타월걸이에 걸거나 타월선반에 정돈하여 둠

b. 그 밖의 비품류

- toilet paper
- 재떨이
- tumbler와 그 tray
- 비누
- sanitary cal(오물봉지) : 변기 옆에 둔다.
- tissue paper : 화장실에 둔다.

- shower cap
- tub mat : bath tub에 까는 rubber mat 라고도 함. 둥글게 하여 corner에 둔다.
- 칫솔 set
- 면도날 set
- 쓰레기통

⑦ 정비후의 check

가. 객실관리부서에 의한 room check

객실의 청소 및 비품류의 set-up이 끝나면 그 객실에 대한 일체의 청소가 완료된다. 객실관리부서는 청소가 구석구석까지 마쳤는가, 가구 비품류는 정리정돈 되었는가, 비품류는 바르게 소정의 장소에 set-up 되었는가, 청소용구 등을 bath room과 실내에 두지 않았는지 등을 자체점검한다.

그리고 파손, 심한 악취, 고장 등의 보고사항에 관해서는 소정의 보고서에 기입한다. Indicator의 설비가 있는 호텔에는 일정의 정비가 끝나면 indicator로 하여금 front에 객실의 정비완료를 알리게 된다.

또한 최근의 경우에는 객실 내의 night table과 front의 indicator가 연결되어 있어 청소 중에는 이 night table에 jack을 삽입해두면 front의 room indicator에 청소 중의 sign이 보내지고 청소를 끝내고 jack을 뽑으면 청소완료의 sign이 나오도록 되어 있는 호텔도 있으며, computer의 system을 사용해서 front에 객실의 청소상황을 알리는 system을 갖추고 있는 호텔도 있다.

나. floor house keeper에 의한 room inspection

객실관리부서에 의한 일체의 객실청소가 완료되면 floor house keeper에 의해 다음과 같이 room inspection이 행해진다.

- 객실 및 bath room의 청소상황
- bed making

- 비품류의 정리정돈
- 가구, 비품류 및 벽면 등의 고장, 파손 유무

2. 객실의 설비 및 비품의 정리

객실 내에는 고급가구나 설비 그리고 비품류 등이 비치되어 있기 때문에 정비 시에는 손상되지 않도록 신중을 기해야 한다. 많은 고객들이 계속해서 반복사용하기 때문에 수명이 짧다는 점을 인식하고 정비 시에는 파손이나 분실 여부를 철저히 점검해야 한다.

(1) 설비, 가구류의 명칭

객실 내에는 각종 설비와 다양한 가구, 비품류 등이 비치되어 있으며 다음 그림을 통해 이름의 명칭을 알아보면 다음과 같다.

[그림 10-3] **객실 도면**

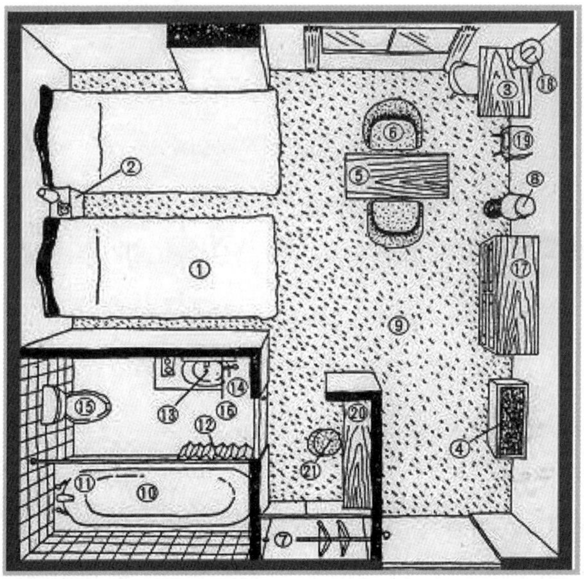

❶ bed

❷ night table : 최근의 나이트테이블에는 시계, 라디오, BGM, 전화, night lamp foot light 등으로 짜여진 table이 널리 사용되고 있으며 Bed에 옆으로 누운 채로 필요한 기능을 작동시킬 수 있다.

❸ writing desk

❹ baggage stand, baggage rack

❺ tea table, coffee table

❻ arm chair

❼ wardrobe

❽ floor stand

❾ carpet

❿ bath tub

⓫ shower

⓬ shower curtain : bath tub에 들어가거나 shower를 사용할 때에 물이 밖으로 나오지 않도록 하기 위한 것으로서 사용할 때는 커튼의 끝을 bath tub의 속에 넣는다.

⓭ basin

⓮ chilled water faucet : basin에는 찬물과 더운물의 cock이 붙어있으나 최근에는 제3의 cock 즉, chilled water faucet가 추가되었다. 이 cock에서는 식용의 냉각수가 나오기 때문에 객실에 음료수용 냉각수를 넣었던 pot가 필요 없게 되었다.

⓯ toilet bowl

⓰ mirror

⓱ chest of drawers : 서랍이 붙어있는 정리장롱이 있다. 최근의 호텔에는 이 정리장롱에 writing desk를 짜서 붙이기도 하고 화장대를 짜 맞추어 set-up한 것이 많이 이용된다. 이 경우에는 정리 옷장을 두고 있는 벽면에 대형거울을 부착한다.

⑱ writing stand lamp

⑲ writing desk용의 전기 stand

⑳ TV, dressing table(화장대)

㉑ stool : dressing table의 앞에 둥글고 soft한 의자

(2) 침대

호텔객실 내에 비치된 가구로서 가장 중요한 것은 침대이다. 침대의 품질은 침심지에 의해 좌우된다. 그리고 침대의 크기는 침대의 폭에 따라 구분하고 매트리스의 두께에 따라 높이가 조정된다. 일반적으로 호텔용 표준 침대의 폭은 싱글침대 97㎝, 세미더블 122㎝, 더블 140㎝ 정도이다. 침대의 구성요소는 매트리스, bottom 스프링, bed board 그리고 틀로 구성되어 있다.

3. 각종 문구류 및 판촉물의 비치

객실 정비 시에 손상되거나 더러워진 문구류는 반드시 새것으로 교환해서 객실 내에 비치해야 하며, 각종 판촉물은 정상적인 기능을 유지하고 있는지를 점검하고 비치하도록 해야 한다. 일반적으로 객실에 비치되는 문구류는 아래와 같다.

- 호텔 안내서(hotel directory)
- 호텔 브로셔(hotel brochure)
- 전화번호부(telephone directory)
- 판촉용 브로셔(promotional brochure)

4. 린넨류 및 소모품 관리

린넨은 호텔을 이용하는 고객의 서비스를 위해 사용되는 여러 종류의 직물을 말한다. 깨끗하고 잘 정돈된 린넨의 적절한 공급은 고객에게 기쁨과 만족감을 주지만 불결한 린넨이나 수량이 부족한 경우는 호텔이용고객의 불만의 원인이

되기도 한다. 따라서 호텔에서 제공하는 린넨류는 그 호텔의 위생이나 청결의 수준을 고객에게 보여준다고 해도 과언이 아니며, 린넨류의 형태나 재질이 매우 다양하기 때문에 철저한 관리를 필요로 한다.

(1) 린넨류의 관리

❶ 객실용 린넨 구입은 린넨실에서 구입 의뢰하고 관리하며 식음료부서 및 기타 부대 업장의 린넨류 구입은 해당 부서에서 구매 의뢰하여 관리한다.

❷ 식음료부서 및 기타 부대 업장의 신규 린넨 구입은 사용 부서에서 테이블의 규격, 용도, 실내 분위기에 맞게 구입, 관리한다.

❸ 정규 및 조리사의 유니폼 구입은 사용 부서에서 종업원의 인원 변동 및 내구연한을 고려하여 구입 의뢰하고 인사부와 린넨실의 통제를 받도록 한다.

❹ 린넨류의 재고조사는 매월 실시토록 하며, 객실 층별 고정지급수의 과부족 및 변동분에 대한 수량을 조정하고 업장 린넨 및 유니폼은 사전에 서면으로 통보하여 영업 종료 후 업장별로 린넨실에 보고토록 한다.

(2) 린넨 서비스(linen service)

호텔 운영 및 영업에 절대적으로 필요한 객실용 린넨과 식음료 린넨 및 업무용 린넨들을 위생적이고 청결하게 세탁, 관리하며 또 최고의 품질로 공급하여 호텔 이용 고객들에게 우아하고 품위 있는 호텔의 이미지 부각과 품격을 유지시킨다. 또한 호텔 영업에 필요한 모든 영업용 린넨을 원활하고 적절하게 세탁하여 공급함으로서 일선 영업 활동을 적극 지원하며, 체계적이고 과학적인 세탁으로 린넨의 내구성을 유지시키며, 항상 최상의 품질이 유지될 수 있도록 관리한다.

1) 린넨 공급(Linen Supply)

당일 플로워 스테이션(Floor Station)에 있는 린넨류의 파악을 층별로 산출하고 집계하여 수급에 차질이 없도록 하며, 린넨류의 정확한 청구와 수령으로 불필요하게 소비되는 린넨류가 없도록 하여 경비절감에 관심을 갖는다.

단계	내용
린넨접수	• 담당자가 청구 양식에 의거하여 주문서를 작성하고 층별로 모아진 청구서를 세탁부서에 접수시킨다. • 사용된 린넨(객실, 식음료부서)은 종류별로 분류하여 수거해 놓고 수량을 정확히 파악한 후 수거를 요청해 놓는다. • 전일 청구 수량에 의해 린넨은 층별로 운반한다.
↓	
수거와 세탁 전 분류	• 수거된 린넨류는 종류별, 사이즈별, 색상별로 분류해 놓아 세탁을 용이하게 한다. • 분류된 린넨류는 체크리스트를 작성해 두어 분실을 최소화한다.
↓	
세탁과 세탁 후 정리	• 해당 린넨에 맞춰 세탁을 실시한다. • 세탁이 완료된 린넨은 보관 장소에 항목별로 구분하여 정리하고, 객실 청소에 대비하여 몇 개는 청소 카트에도 정리 · 적재해 둔다. • 정리 중 재 세탁 또는 수선을 요하는 린넨은 분류하여 요청한다.
↓	
마감	• 입 · 출고의 물량을 정확히 점검하며, 물량 확보량을 파악하여 업장 영업에 지장이 없도록 한다. • 린넨의 원활한 지원을 위해 항상 재고사항과 상태조사를 수시로 점검하고, 새로 구입해야 할 린넨 예산을 설정해 둔다.

2) 창고 관리

호텔 객실의 층마다 린넨을 보관할 수 있는 창고를 두는데, 이는 각 층 객실의 린넨을 공급해주는 장소이다. 각 층의 린넨 창고는 객실층 감독자나 객실 정비원들이 린넨을 지급받을 경우를 제외하고는 항상 출입을 통제하여 분실을 막도록 한다.

단계	내용
린넨 창고 체크	• 린넨 창고를 체크한다. • 재고관리는 객실 침대의 형태별, 평균 객실 점유율, 린넨류의 교환 횟수, 긴급 상황에 대한 내용을 포함하고 있어야 한다.
↓	
업장별 구분 적재 파악	린넨 창고는 업장별(객실/식음료/기타 공공장소) 용도에 따라 품목별, 사이즈별, 색상별로 구분하여 적재해 놓았는지 확인한다.
↓	
청결도 확인 및 손상 파악	모든 린넨의 청결도와 손상 상태를 파악하고, 상태가 불량한 것은 따로 모아 처리한다.
↓	

소모량 및 재고량 파악	• 마감 집계에 따른 회전수량을 파악 · 관리하며, 익일 불출 예상 수량을 파악하고 적절히 저장하여 지원 업무에 이상이 없도록 한다. • 마감 집계를 실시하여 재고량을 파악하고 필요한 양은 물품 구입 의뢰서를 작성한다.

(3) 소모품의 관리

객실부문에서 사용하는 소모품은 1회용이 주종을 이루며 해당 장소에 정확하게 비치하여 고객이 필요할 때 적절하게 사용할 수 있도록 만전을 기해야 한다. 일반적으로 객실과 욕실에 비치되는 소모품 내용은 다음과 같다.

1) Room

❶ Ashtray
❷ Ball Point Pen
❸ Coat Hanger
❹ Cloth and Shoe Brush
❺ Holder
❻ Laundry Bag
❼ Match
❽ Memo Pad
❾ Sewing Kit
❿ Shoe Horn
⓫ Shopping Bag
⓬ Slipper
⓭ Tissue
⓮ Water Glass

2) Bath Room

❶ Cotton Stick
❷ Glass Cover
❸ Glass Tray
❹ Hair Dryer
❺ Health Meter
❻ Razor Blade
❼ Sanitary Bag
❽ Shampoo and Rinse
❾ Shower Cap
❿ Skin Lotion
⓫ Soap
⓬ Tissue
⓭ Toilet Paper
⓮ Tooth Brush and Tooth Paste

5. 세탁서비스 및 유니폼 관리

세탁서비스(laundry service)는 호텔에 투숙한 고객의 편의를 위해 고객의 요구에 의해 발생하는 세탁물을 수거 및 정리하여 세탁실로 보내고, 세탁 후 객실로 배달해 주는 서비스를 말한다.

(1) 세탁물 접수방법 및 운영

고객의 요청에 따라 벨 맨(bellman)이나 룸 어텐던트(room attendant) 또는 오더 테이커(order taker) 등에 의해 고객의 세탁물이 접수되면 세탁물을 수거한 후 수량과 종류를 확인하여 기록하고 세탁실로 보낸다. 세탁물을 접수할 때는 세탁물의 상태를 꼼꼼하게 살펴 흠집이나 탈색유무를 점검하고, 만약 이상이 발견될 시에는 즉시 고객에게 확인시켜 세탁 후에 발생할 수 있는 고객의 불평을 미리 방지해야 한다. 세탁을 마친 후에는 다시 한 번 철저하게 확인하고 고객에게 즉시 배달하도록 하며, 즉시 배달이 필요 없는 경우는 세탁물 보관소에 보관시킨다.

이러한 일련의 과정을 라운드리 서비스(laundry service)라고 하는데 즉, 세탁물 서비스는 오랜 경험과 숙련된 판단력으로 세탁물을 청결하고 위생적으로 처리하는데 목적이 있고, 세탁물 서비스는 세탁물의 종류에 따라서 자동 및 수동의 세탁기 공정과정을 통해서 이루어지고 있다. 고객 세탁물의 경우에는 귀중품 및 메모지 등의 확인과 세탁물의 이상 여부의 확인이 필요하고, 세탁과정을 통해서 고객에게 지정된 일자 및 시간에 전달이 될 수 있도록 하여야 한다.

1) 세탁물 확인(Certification)

고객의 세탁물은 하우스키핑의 세탁(Laundry)부서와 린넨(Linen)부서의 업무 중 중요한 부분이다. 특히 고객의 세탁물을 취급할 경우에는 세탁물 사고를 최소화하기 위해 접수에서부터 고객에게 세탁물 전달까지 각별히 신경 써야 한다.

고객의 세탁물 접수	• 고객의 세탁물 접수 시에는 입고, 발주, 서비스 내용을 숙지해야 하며, 세탁물 서비스의 종류와 약관에 대해 미리 알려주도록 한다. • 고객세탁물 접수 시 고객의 세탁물 흠집 또는 파손을 체크한다.
↓	
세탁물 수거 (Pick Up Service)	• 고객이 원하는 시간에 맞춰 세탁물을 수거하고, 옷에 손상된 곳이 발견되면 즉시 통보하고 확인한 후 세탁을 하도록 한다. • 세탁물 수거 시 세탁의뢰서를 반드시 작성하여 보관하고 고객의 문의가 있을 때에는 바로 응답하도록 한다. • 세탁물을 객실번호, 성명, 수량 등을 정확히 점검하여 받는다.
↓	
세탁물 분류 및 관리	• 수거된 세탁물을 천의 종류와 취급법에 따라 분류하여 세탁 기계의 종류와 특성에 맞게 세탁할 준비를 마련한다. • 세탁 시 분실과 훼손 등의 사고 발생을 최소화하도록 각별히 주의한다.
↓	
확인	• 세탁된 세탁물을 고객의 주문서에 의거하여 품목과 수량을 확인한다. • 세탁후의 건조 상태, 떨어진 단추여부, 손상여부, 다림질 상태, 탈색된 부분, 불량세탁의 재세탁 여부를 점검하고 확인한다.

2) **세탁물 전달**(Delivery)

고객의 세탁물 전달은 고객의 요구사항을 정확히 파악하여 정확한 서비스로 원하는 시간 내에 배달이 될 수 있도록 하여야 한다.

세탁물 확인	• 세탁된 세탁물을 전달 시간에 맞춰 고객에게 도착할 수 있도록 준비해 놓는다. • 고객의 객실번호, 성명, 수량을 재확인한다.
↓	
세탁물 전달	• 세탁물 전달에 있어 시간을 엄수하여 즉시 배달한다. • 빠른 세탁 서비스(Express Service)는 고객이 맡긴 세탁물을 4시간 이내에 배달해야 한다. • 일반서비스는 아침에 맡긴 세탁물을 오후에 배달한다.
↓	
세탁물 전달 후 확인	• 고객이 객실에 있는 경우, 세탁물 전달 후에는 이상이 있는지 바로 확인하고 대처한다. • 고객이 객실에 없는 경우, 세탁물을 안전하게 배달하고 연락을 취할 수 있도록 메모와 담당자의 이름을 남겨둔다.
↓	
마감	• 세탁의뢰전서를 보관하고, 고객의 기타의뢰 및 불평 사항에 대해 상세히 기록하여 보관한다. • 경우에 따라 호텔 컴퓨터 시스템을 이용하여 기록 · 보관할 수 있다.

(2) 고객세탁물 취급 요령

고객세탁 서비스(guest laundry & valet service)란, 고객들을 대상으로 물세탁, 드라이크리닝, 다림질, 수선 등의 서비스로 장시간 여행을 하여야 하는 고객들에게 쾌적하고 불편 없는 호텔 이용이 될 수 있도록 고객이 요청하면 어떠한 품목이라도 연중무휴로 세탁하여 제공하며, 당일 세탁 서비스를 통하여 고객들에게 최대의 편의를 제공한다.

또한 전문적인 기술과 정성 어린 세탁으로 고객이 가장 소중히 여기고 항상 착용하는 의복들을 최고의 품질로 만들어 고객에게 다시 되돌려 줌으로써 고객들이 호텔의 수준 높은 세탁 서비스가 기억될 수 있도록 한다. 나아가 고객 세탁 서비스를 통해 호텔의 이미지 부각과 매출 증진에 기여하도록 한다.

일반적으로 투숙고객의 세탁서비스는 일반서비스(regular service)와 익스프레스 서비스(express service)로 구분한다. 일반 서비스의 경우, 오전 9시 이전에 맡긴 세탁물은 당일 오후 6시 전에 배달시키고 오전 9시 이후에 맡겨진 세탁물은 저녁이나 익일 아침에 배달시킨다. 익스프레스 서비스는 고객의 특별한 요구에 따라 세탁물을 처리하는 서비스로서 처리시간에 따라 요금이 다르게 부과된다. 즉 처리시간이 짧을수록 요금이 비싸게 부과되며 호텔 내에서 처리하기 어려운 고가의 세탁물이나 특수한 세탁 및 수선은 외부전문 업체에 위탁하여 처리하는 경우도 있다.

(3) 유니폼 관리(uniform management)

호텔에서 착용하는 유니폼은 고객에게 서비스를 제공하는 종업원들의 신원을 확인시켜 주고 종업원들의 위신이나 소속감을 높여주는 역할을 한다. 이러한 유니폼은 호텔의 명성이나 이미지 표현에 중대한 영향을 미치기 때문에 유니폼을 착용하는 호텔종업원들은 항상 청결한 상태의 유니폼을 착용하고 서비스를 제공할 수 있도록 효율적인 관리가 요구된다.

따라서, 신선하고 청결함을 기본으로 해야 하는 호텔의 이미지와 일치되도록 종사원들이 항상 단정하고 깨끗하게 착용할 수 있도록 세탁, 관리해야 하며, 체계적이고 과학적인 세탁 방법으로 근무복의 내구성을 유지시키며, 항상 최상의 품질이 유지될 수 있도록 관리한다. 유니폼 관리의 단계 및 서비스 내용은 다음과 같다.

호텔에서의 유니폼은 호텔의 상징 및 이미지 창출에 주요한 역할을 한다. 또한 고객에게 종사원들의 신원을 확인해 주고, 종사원들의 소속감을 높여주는 역할을 한다. 따라서 유니폼 관리를 효율적으로 함으로써 고객만족을 창출하도록 노력한다.

단계	내용
유니폼 보유량 확인 및 주문 접수	• 유니폼 관리실은 보통 린넨실과 함께 관리되지만 보다 효율적인 관리를 위해 업무권한을 분산시키는 것이 효과적이다. • 해당 업무별 유니폼 보유량과 주문량을 확인하며, 배분하도록 한다. • 각 종사원에 지급된 유니폼 수와 사용할 수 있는 유니폼 수를 점검하여 관리 · 통제해야 한다.
↓	
유니폼 세탁 및 교환	• 더러워진 유니폼을 깨끗한 유니폼으로 교환할 때는 반드시 더러워진 유니폼을 접수한 후에 새것으로 교환해 준다. • 유니폼의 세탁 시에는 옷감의 종류와 색상에 따라 구분하여 세탁하며 손실을 최소화하도록 한다.
↓	
보관 · 수선	• 유니폼 관리실에서는 유니폼을 옷걸이에 걸거나 혹은 접어서 업무 부문별, 사이즈별, 성별 등으로 구분하여 보관한다. • 수선 요청된 유니폼의 경우, 재봉사에게 신속히 주문 · 수선토록 하여 종사원들의 유니폼 착용에 차질이 없도록 해야 한다.
↓	
재고 정리와 관리	• 종사원들의 이직과 신입사원의 유니폼에 대한 사항을 지속적으로 파악하여 유니폼의 관리비용 지출을 최소화한다. • 서비스의 성격과 분야에 따라 디자인하고 제작하며, 시장조사와 경쟁사분석을 통해 업무를 보다 효율적으로 수행할 수 있도록 도움을 줘야 한다.

6. 미니바(mini-bar) 관리

미니바는 객실 내에 마련된 소형 냉장고에 간단한 음료나 주류 그리고 스낵 등을 비치하여 두고 고객이 셀프서비스로 이용하는 일종의 음료서비스를 말한다. 미니바 서비스는 호텔의 영업장 서비스와 달리 객실 내에서 고객 스스로에 의해 이루어지며 고객이 미니바 서비스를 이용할 때마다 발생하는 매출을 종업원이 정확하게 확인하기가 쉽지 않기 때문에 손실(loss)이 많은 편이므로 신중한 관리가 요구되는 서비스이기도 하다. 미니바의 관리는 호텔마다 동일한 것은 아니지만 일반적으로 룸서비스에서 담당하기도 하지만 고객이 소비한 품목의 수량만큼 다시 채워주는 리필(refill)은 객실정비부서에서 담당하는 경우가 많다.

미니바는 호텔 객실 내의 또 다른 매출창출센터(revenue center)로서 고객의 편의를 극대화시킴과 동시에 내용물을 다양화하고 독특한 디스플레이를 통해 고객의 구매력을 자극시킬 수 있는 영업 전략과 효율적인 관리방법의 개발에 많은 관심을 기울여야 할 것이다.

(1) 미니바의 점검업무

① 점검자 및 점검시간

- 점검자는 미니바 담당자와 Room Maid가 점검하며 경우에 따라서는 House Man이나 Room Inspector가 지원토록 한다.
- 단체고객이 투숙한 객실은 Morning Call 후나 고객의 식사시간을 이용하여 점검하고 개인고객은 Front Cashier의 통보를 받은 후에 점검토록 한다.
- Check Out 예정인 객실은 12:00 이전에 일괄적으로 점검하며 미니 바 담당자로 하여금 Bill을 작성하도록 하고, Front Cashier로 넘겨 Posting 하도록 한다.

② 점검

- 객실 출입 시에는 투숙고객에게 결례가 되지 않도록 정중한 예의를 갖추도록 한다.
- 미니바의 품목을 확인한다.
- 냉장고 기능의 이상 유무를 확인한다.
- 고객이 이용한 품목 및 수량을 Bill에 Check한다.
- 연속숙박 고객인 경우에는 미니바 담당자가 마감하기 전에 Posting 한다.
- Check Out 객실은 신속하게 Front Cashier에게 통보한다.

(2) 고객이 소비한 품목과 수량에 대한 보충

❶ Room Maid가 보충하며 Room Maid가 바쁠 시에는 미니바 담당자나 House Man이 협력하도록 한다.

❷ Room Maid가 Check List를 사무실로 보내면 Mini Bar 담당자가 집계한 후 부족한 품목을 층별로 불출한다.

(3) 미니바의 재고관리

[그림 10-4] **사례호텔의 미니바 목록표**

Kyongju Hilton

객실 미니바 계산서 103742
ROOM MINI-BAR CHECK

손님께서 드신 품목의 수량은 정확히 기록하여 주시고 퇴숙시에는
후론트데스크에 요금을 계산하여 주시기 바랍니다.
PLEASE INDICATE THE NUMBER OF EACH ITEM CONSUMED

Stock	Description (품목)	Price Per Item (가격)	Consumed (사용량)
1	Chivas Regal 시바스리갈 シーバスリーガル	99,000	
1	Dimple 12 Years 딤플 12년 ディンプル 12年	99,000	
2	Gin 드라이진 ドライジン	12,000	
2	Cognac VSOP 꼬냑, 비, 에스, 오, 피 コニャック VSOP	17,000	
2	Scotch Passport 패스포트 스카치 スコッチパスポート	11,000	
2	Famous Grouse 훼이머스 그라우스 フェイモスクロウス	12,000	
2	J.W. Black 스카치 죠니워커 スコッチ J.W.Black	17,000	
1	Finlandia Vodka 보드카 ウォッカ	12,000	
2	Bacardi Rum 바카디 럼 バカルディ	12,000	
2	Kirin Beer 기린맥주 ギリン ビール	10,000	
2	O.B. Lager 오비라거 O.B. ラーガ	7,000	
2	Cass 카스 カスビール	7,000	
2	Coca-Cola 코카콜라 コカ コーラ	4,000	
2	Coca-Cola Light 코카콜라 라이트 コカ コーラ ライト	4,000	
2	Cider 사이다 サイダ	4,000	
2	Nescafe 네스카페 ネスカフェ	4,000	
2	Powerade 파워에이드 パワーエイド	4,000	
2	Orange Juice 오렌지 쥬스 オレンジジュース	4,000	
2	Apple Juice 사과 쥬스 アップルジュース	4,000	
2	Fiber Drink 화이브드링크 ファイバドリンク	4,000	
2	Condition 컨디션 コンディション	6,500	
2	Evian Water 에비앙 (수입생수) エビアン	5,500	
2	Mineral Water 생수 (무판산) ミネラルウォーター	4,000	
1	Pistachios 피스타치오 ピスタチオ	9,000	
1	Calmond 칼몬드 カルモンド	9,000	
1	Mixed Nuts 믹스넛 ミックスナッツ	7,000	
2	Tooth Brush & Paste 치솔, 치약 歯ブラシ 歯チコーブ	4,000	
1	Razor 면도기 シェーバー	5,000	
1	Caramel Candies 카라멜캔디 カラメールケンディ	6,600	
2	Mini Candy 미니 캔디 ミニケンディ	4,400	

10% V.A.T. included. 세금이 포함된 금액입니다. 10%の税金を加算させていただきます。

CHECK-TIME

경상북도 경주시 신평동 370번지
(주) 대우개발
유 진 무
505-85-02887
Tel. (0561)745-7788

GUEST NAME
(In Block Letters)

ROOM NO.	DATE	ROOM MAID

Guest's Signature

❶ 품목별로 수량을 점검하고, 창고의 재고가 품절 또는 과다적재 여부를 확인한다.

❷ 품목별 입 · 출고 및 재고를 매일 기록하며 이를 토대로 월 재고를 파악하고, 월 예상 출고를 예측한다.

❸ 필요한 품목의 신청은 품목과 수량을 종류별로 집계하여 전표를 작성하고, 부서장의 결재 후 Main창고에서 수령하며 입 · 출고가 많은 품목은 적정 재고를 항상 유지토록 한다.

❹ 창고의 적재는 과도한 적재가 되지 않도록 항상 유의한다.

7. VIP를 위한 세트업(set-up)

[그림 10-5] **사례호텔의 VIP 세트업 오더**

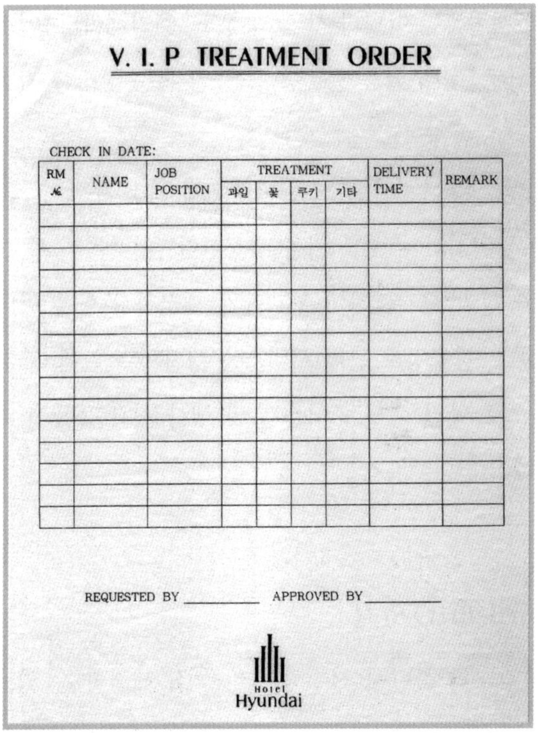

V. I. P TREATMENT ORDER

CHECK IN DATE:

RM No.	NAME	JOB POSITION	TREATMENT				DELIVERY TIME	REMARK
			과일	꽃	쿠키	기타		

REQUESTED BY ________ APPROVED BY ________

Hotel Hyundai

Front Desk의 요구에 의하여 귀빈용 객실에는 일반적으로 VIP용 꽃바구니, 과일, 선물 및 판촉물 등과 같은 내용물이 세트업되지만, 이러한 VIP 세트업은 대부분 사전에 호텔전산시스템에 코드를 입력하여 VIP의 등급에 따라 제공되는 내용물의 종류를 구분하고 있다.

8. 분실물 관리서비스

하우스키핑부서는 고객이 객실 이용 시 분실한 물건을 보관하여 돌려주는 역할로 아주 사소하고 중요하지 않을 것 같은 물건이라도 고객에게는 소중한 것일 수 있으므로 이를 보관하였다가 찾아주는 것이 바람직하다.

9. 공공장소의 청소 및 관리

하우스키핑부서는 고객의 객실뿐만 아니라 각 층의 복도, 엘리베이터, 에스컬레이터, 로비, 호텔건물, 출입문, 실내 환풍기, 주차장 등의 모든 장소를 청결하게 관리하여야 한다.

호텔에서의 공공장소(출입문 · 현관)는 일반 호텔 고객에게 가장 눈에 잘 띄는 장소로 이를 관리하는데 많은 관심과 주의를 기울여야 한다. 이곳은 수시로 종사원이 순회하면서 청소하고 정리하도록 하여 고객에게 깨끗하고 좋은 이미지를 줄 수 있도록 관리해야 한다. 공공장소 관리 서비스는 행사와 요일에 따라 사용하는 인원의 편차가 심하므로 당일 행사장 이용객 및 행사 시간 등을 고려하여 인원을 유동적으로 배치해야 한다.

10. 고객의 불평(complaint)처리

하우스키핑부서는 고객으로부터 불만이 접수되면 이를 잘 해결할 수 있도록 하여야 한다. 이를 위하여 guest complain letter를 투입하여 호텔에서의 전반적인 불만을 접수하여 이를 총지배인(general manager)에게 전달한다.

11. 객실의 유지 및 보수

호텔의 객실은 많은 투숙객들이 이용하고 노후화가 빨리 되어 문제가 발생할 수 있다. 따라서 일단 문제가 발생한 객실은 빠른 시간 내에 시설부에 연락하여 보수를 하여야 한다.

12. 하우스키핑 업무의 체크 리스트(check list)

하우스키핑 업무의 체크 리스트를 크게 객실정비 서비스 부문과 린넨 · 세탁물 서비스 부문으로 구분하여 살펴보면 다음과 같다.

(1) 객실정비 서비스 부문의 체크리스트(check list)

항목 내용			상	중	하	비고
객실 정비 서비스	객실 정비전 준비 사항	객실열쇠 및 청소해야 할 객실의 유 · 무를 확인하는가?				
		복도의 상황이 깨끗하고 정돈되었는지 점검하는가?				
		진공 청소기, 메이드 카트 등 작업 도구를 제대로 점검하는가?				
		린넨류, 객실용품류 및 편의용품류의 카트 적재 상태를 점검하는가?				
	객실 출입법	객실 입실 전 고객에게 이를 알리는가?				
		반드시 노크하고 입실 허가를 받는가?				
		DD카드 및 청소요구카드를 확인하는가?				
		용무를 설명하고 고객 프라이버시를 지키는가?				
	객실 정비	객실 문에 있는 각종 카드를 확인하고 입실할 여부를 결정하는가?				
		청소 중 카드 표시와 적절한 환기 후 청소 준비를 하는가?				
		청소 전 객실의 상태를 정확히 체크하는가?				
		순서에 맞게 청소하고 마무리하는가?				
	욕실 정비	사용한 물건과 린넨을 분리하여 완전히 수거하는가?				
		욕실청소순서에 맞게 정확히 청소하는가?				
		바닥청소를 깨끗이 하고 재확인하는가?				
		소모품을 제대로 비치하고 적재하여 놓는가?				

		항목 내용	상	중	하	비고
객실 정비 서비스	턴다운 서비스	고객현황 및 서비스 준비를 정확히 하는가?				
		침대 및 기타사항을 깨끗이 정비하는가?				
		린넨을 교체 · 정리하고 침실정리를 확인 후 퇴실하는가?				
		체크리스트를 작성하고 미정비 객실을 확인하는가?				
	미니바 관리	체크리스트를 작성하고 작동상태와 청결사항을 확인하는가?				
		상품 구비 여부 확인 및 이용계산서를 작성하고 보고하는가?				
		재고품 리스트를 작성 및 보충하는가?				
		매출집계를 작성 및 분석하고 매출증대에 힘쓰는가?				
최종 점검 서비스	객실 상태 확인	객실상황에 따라 객실점검을 하는가?				
		객실 내의 비품상태를 모두 점검 · 확인하는가?				
		욕실 비품이나 소모품을 체크하고 물품을 재구비하는가?				
		고객의 불편사항을 신속하게 처리 후 보고하는가?				
	객실 비품 및 가구 관리	필요 물품 확인과 수급 품목은 확보해 놓는가?				
		재고품의 정리정돈과 파손된 물품은 재구비해 놓는가?				
		경쟁 제품사를 분석하여 신속히 개선하는가?				
		원활한 의사소통으로 물품수급이 용이한가?				
	욕실 비품 점검	욕실에 특별한 사항이 없는지 확인하는가?				
		욕조의 설비가능, 청결상태를 확인하는가?				
		소모품을 수거하고 설비물에 이상이 없는지 확인하는가?				
		욕실의 전반적인 사항을 최종적으로 점검하는가?				
	미니바 점검	미니바의 물품들을 깨끗이 닦고 정돈하여 세팅하는가?				
		소모품목 기록을 제대로 숙지하고 작성하는가?				
		물품 재고품 체크 및 정리를 매일 실시하는가?				
		고객 요구 품목을 파악하고 경쟁사를 조사하는가?				
	창문 및 온풍기 박스 점검	정기적인 점검 스케줄을 잘 수행하는가?				
		창문의 틀, 구석, 팬코일 박스를 깨끗하게 청소하는가?				
		올바른 세제를 사용하는가?				
		창문의 잠금 상태 확인 및 청결상태를 꼼꼼히 살피는가?				
공공 장소 서비스 청소	출입문 · 현관 청소	청소분담 스케줄을 매일 정확히 확인하고 숙지하는가?				
		청소도구의 구비와 화학 세제 사용이 정확한가?				
		청소 시 고객에게 방해되지 않게 하는가?				
		청소도구의 수거와 인수인계표를 제대로 전달하는가?				

항목 내용			상	중	하	비고
공공 장소 서비스 청소	화장실 청소	화장실 이용의 불편함 및 이용가능여부를 점검하는가?				
		세제를 제대로 사용하고 소모품을 준비하는가?				
		청소방법에 따라 적절히 청소하는가?				
		청소관련 물품들을 정돈하고 청소상태를 재확인하는가?				
	벽, 바닥, 천장 청소	벽 · 바닥 · 천장 청소 업무계획서를 확인하고 수행하는가?				
		청소에 필요한 도구와 물품을 제대로 준비하는가?				
		순서에 맞게 안전하게 청소하고 마무리하는가?				
		청소도구 및 청소도구 적재함을 청결하고 관리하는가?				
오더 테이킹 서비스	고객 주문 사항 접수 및 처리	주문접수 담당자는 공손하게 주문에 응대하는가?				
		접수 사항을 확인하고 고객정보를 재확인하는가?				
		의뢰내용에 맞게 신속하게 연락을 취하고 알리는가?				
		처리결과를 확인하고 기록하는가?				
	엑스트라 베드 서비스	고객의 주문에 친절하고 정확하게 접수받는가?				
		관리대장을 정확하게 기입하고 관리하고 있는가?				
		고객의 요청에 정확하고 안전하게 침대를 설치하는가?				
		안전하게 침대를 철거 · 회수하고 상태점검 후 보관하는가?				
	편의 용품 대여	고객의 주문을 정확하게 받고 친절하게 응대하는가?				
		관리대장에 대여품목 및 대여 사항을 정확히 기입하는가?				
		고객에게 친절하고 신속하게 대여 및 설치하는가?				
		신속 · 정확하게 물품을 회수하고 점검 및 관리하는가?				

(2) 린넨 · 세탁물 서비스 부문의 체크 리스트(check list)

항목 내용			상	중	하	비고
린넨 서비스	린넨 공급	린넨 서비스의 접수와 청구를 정확하게 하는가?				
		수거된 린넨류를 잘 구분하여 분리하고 처리하는가?				
		린넨 체크리스트와 물품 보고서를 정확히 작성하고 확인하는가?				
		원활한 린넨 공급을 위해 정기적으로 점검, 확인하는가?				
	유니폼 관리	유니폼의 보유량과 해당 주문에 정확하게 인지하고 처리하는가?				
		사용된 유니폼의 정확한 교환과 관리가 이루어지는가?				
		유니폼 및 국기를 청결하고 안전하게 보관 및 수선하는가?				
		유니폼 관리비용을 최소화하고 유니폼 시장분석을 하는가?				

항목 내용			상	중	하	비고
린넨 서비스	창고 관리	업장별 린넨 창고를 정기적으로 점검하고 확인하는가?				
		업장별 용도에 따라 품목을 구분하여 적재하는가?				
		창고의 청결과 손상상태를 파악하여 조치하는가?				
		소모량 및 재고량을 파악하여 부족 분은 구입의뢰서를 작성하는가?				
세탁물 서비스	세탁물 확인	세탁물 접수 시 관련정보를 알려주며 세탁물 상태를 체크하는가?				
		고객이 원하는 시간에 세탁물을 수거하고 세탁의뢰서를 작성하는가?				
		수거된 세탁물을 종류와 특성에 맞게 분류하고 처리하는가?				
		세탁 후의 세탁물 상태를 꼼꼼히 점검하고 확인하는가?				
	세탁물 배달	배달 세탁물의 고객정보를 재확인하고 세탁물을 준비하는가?				
		방침에 따라 세탁물을 정확한 시간에 배달하는가?				
		세탁물 전달 후 이상이 있는 지 확인하는가?				
		세탁에 대한 고객 불평에 대해 정확히 접수하고 처리하는가?				

호텔리어의 눈으로 바라본 호텔 이야기 10

미래의 호텔은 어떤 모습일까?

호텔에 도착했습니다.

현관의 로봇에게 짐가방을 맡기고 바로 객실로 올라갑니다. 배정된 객실 번호가 애플 와치에 팝업되는군요. 해당 객실 앞에 도착해 모바일폰을 도어락에 갖다 대자 문이 열립니다.

더 이상 체크인을 위해 줄을 설 필요는 없습니다. 호텔의 현관을 들어서자 호텔시스템이 도착을 인지하고, 필요한 일처리를 알아서 진행하니까요.

잠시 후 로봇 집사가 짐가방을 배달해 오는군요. 짐을 간단히 정리하고, 허기를 채우기 위해 로비의 커피숍으로 내려갑니다. 레스토랑에 도착하자 구글 글라스에 지난번 투숙 때 즐겨 먹었던 메뉴들이 스쳐가는군요. 그 중 하나를 골라 주문합니다....

■이미지 : http://www.yotel.com/

십수 년 전이었다면 공상과학영화에서나 나왔을 법한 모습....이런 일들을 일상에서 보려면 얼마나 더 기다려야 할까요?

아주 먼 훗날의 일이라면 몰라도, 위 정도 수준이면 조만간, 그것도 아주 가까운 미래에 어렵지 않게 여행지의 호텔들에서 경험할 수 있을 듯합니다. 묘사된 기술들 중 대부분은 지금 개발이 완료된 서비스로 파일럿 호텔에서 테스트 중인 것들도 있고요, 일부 호텔에선 현업에 적용중입니다.

프런트에서 줄을 설 필요 없는 Self Service Check-in 또는 DIY Check-in, 그리고 스마트폰키(smartphone key) 혹은 모바일룸키(mobile room key) 시스템은 대부

분의 인터내셔널 호텔 체인에서 상용화 단계에 접어들었고요, 초기형 로봇 집사 호텔리어 알로(ALO)와 짐을 옮기는 로봇팔 요봇(Yobot)은 밤낮없이 근무하고 있지요. 아직 말귀를 제대로 알아듣지 못하는 멍텅구리 수준이긴 하지만...

애플와치(apple watch)와 구글글라스(google glass)에 의한 서비스도 오래지 않아 호텔에 본격적으로 선보일 듯하군요. 신기술에 익숙한 소비자에겐 그다지 생소한 서비스가 아닙니다.

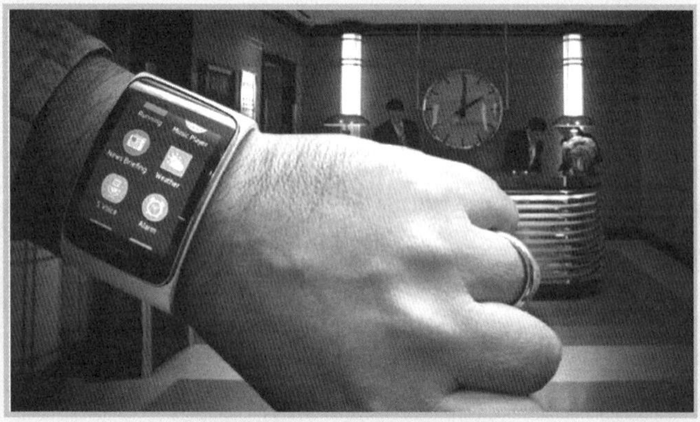

■ 이미지 : Hoteliers readying for wearable tech

호텔 산업은 꽤 보수적인 듯 했습니다. 요지에 엄청난 사이즈의 건물을 올리고, 값비싼 예술품들과 화려한 가구를 채워 넣습니다. 유행에 뒤쳐지지 않기 위해 최소한의 리모델링이라도 할라치면 수백억의 돈이 또다시 소요되지요. 유행을 타니 변화에 민감하지만, 그 변화는 엄청난 비용을 수반하게 되니까요..

한때 호텔은 최신 기술의 각축장이었다더군요. 시중에선 구경도 할 수 없었던, 첨단 기술을 적용한 제품을 호텔에 와서야 간신히 구경할 수 있었습니다. 하지만 지금은 전설 속에서나 회자되던 꿈같은 이야기, 굼뜬 덩치의 호텔이 따라 잡기엔, IT가 주도하는 세상의 변화 속도가 너무 빠릅니다. 급기야 일부는 변화에 둔감해 지기도 하더군요. 하지만, 변화에 뒤쳐지면 경쟁력을 유지할 수 없습니다.

메이저 인터내셔널 체인들은 물밑에서 그래도 안간힘을 쓰고 있는 듯합니다. 신기술에 편승한 새로운 서비스들이 하나 둘 선보이고 있거든요. 일각에서는 애플와치나 구글글라스 등 wearable tech의 효용성에 대해 의구심을 표하기도 하더군요. 효용의 크고 작음을 떠나, 이런 신기술들은 앞으로 호텔을 먹여 살릴 새로운 경험이기도 합니다.

반면, 호텔리어들은 하나씩 하나씩 이런 기술에 의해 대체되겠지요..

참고한 글 Hoteliers readying for wearable tech

· 자료 : 늙은 호텔리어 몽돌의 호텔이야기 2015. 02. 12일

연습문제

1. housekeeping의 4가지 기능을 설명하시오.

2. housekeeping 직원의 기본자세를 설명하시오.

3. housekeeping manager의 일반적인 직무 5가지를 설명하시오.

4. room inspector와 room maid의 업무를 간단히 설명하시오.

5. turndown service란 무엇인가?

6. lost & found service의 의의는 무엇인가?

7. housekeeping의 주요업무를 요약 설명하시오.

8. bed making이란 무엇이며, 어떤 절차에 의하여 이루어지는가?

9. uniform management의 단계 및 서비스 내용을 설명하시오.

10. laundry service란 무엇인가?

11. mini-bar 재고관리는 어떻게 이루어지는가?

제11장

호텔정보 및 전산시스템 업무

제1절 호텔정보 및 전산시스템의 의의와 구성

1. 호텔정보 및 전산시스템의 의의

과거 호텔의 경쟁력은 가격과 품질이라는 시각에서 접근하여 왔다. 그러나 오늘날과 같은 정보화 시대의 경쟁력은 시간이 승부를 좌우하게 되었고, 제품이나 서비스의 가치를 결정하는데 있어서 고객의 시간낭비에 따른 비용의 감소 여부가 중요한 요소가 되고 있다.

호텔경영의 가장 큰 목적이 고객만족과 인적 서비스를 최대화하는 것에 비추어 본다면, 정보기술의 사용은 때때로 이러한 목적에 부합되지 않는 것으로 인식되어 왔다. 이로 인하여 호텔산업부문은 운영하는데 있어 정보기술을 적용하는 것이 타 산업 부문보다 뒤떨어지는 경향이 있었다.

그러나 성공적인 호텔사업을 달성하기 위해서는 정보 및 전산시스템은 필수불가결한 요소가 되었다. 즉 직원의 업무환경 그리고 고객에 대한 서비스 환경을 위해서 정보 및 전산시스템으로 모든 것을 해결해야 하는 정보화 시대에 살고 있기 때문이다.

오늘날 전산 및 정보는 개인과 조직체가 성공적으로 현대사회를 지속적으로 적응하여 살아남기 위한 가장 기본적인 제원이기 때문에 이를 뒷받침하기 위해서는 전산화에 의한 정보시스템 활용이 필요하다.

따라서 호텔관리자에 의해 효과적인 의사결정을 위해 제공되는 필요한 정보를 설계하는 호텔정보시스템(HIS : Hotel Information System)은 호텔의 가장 중요한 자원인 정보의 흐름과 처리를 통하여 효과적인 경영을 하기 위한 것이다.

2. 호텔정보시스템의 필요성과 전산화의 목적

환대산업은 고객거래의 도표화된 매뉴얼과 이것을 문서화하는 활동과 깊은 연관성이 있다. 호텔정보시스템의 발달은 비용을 절감하고, 신속하고 정확한 업무처리를 통하여 호텔의 데이터 프로세스를 단순화하기 위한 시도이며, 다음과 같은 기본적인 목적을 가지고 있다.

❶ 시기적절하고 이해하기 쉬운 정보를 경영자에게 제공한다.
❷ 불필요한 문서와 데이터의 감소 또는 제거한다.
❸ 향상된 운영조절과 즉각적인 가시성을 운영자에게 제공한다.
❹ 경영자가 고객 사이클을 감독, 조절할 수 있게 한다.
❺ 호텔이 향상되고 확장된 고객서비스를 제공할 수 있게 한다.
❻ 비용의 절감 등이다.

호텔산업은 다른 제조업에 비해 업무성격이 비정형화되어 있고, 사업규모가 소규모로 이루어져 있었기 때문에 호텔경영자들은 정보 및 전산화에 대한 필요성을 느끼지 못했다. 그러나 다른 산업에 비해서 호텔산업은 거래의 다양성이 존재하고, 거래가 빈번하게 발생하며 이로 인하여 오류발생빈도가 높아 업무의 표준화를 통한 효율적 경영의 필요성이 대두되었다.

따라서 현대의 호텔산업은 고도의 경제성장과 대중소비사회의 도래라는 시대적인 환경의 변화와 고객의 욕구에 맞는 상품의 제공을 위해서는 고객의 욕구파악과 그에 대한 대응전략의 수립이 필요하게 되었으며, 경제규모가 확대되고 경영정보나 사무량의 증가 또는 고정비 등과 같은 비용의 상승, 경쟁의 심화 등의 환경변화에 따라서 효율이 높은 호텔정보시스템을 도입할 필요성이 증대하였다.

이러한 호텔전산화에 의한 호텔정보시스템의 도입배경으로는 호텔 운영환경의 급속한 변화와 함께 고객관리환경의 변화 또한 경영정보를 전략적 무기로서의 정보로 인식하는 정보경쟁력에 대한 인식의 변화, 호텔정보시스템에 대한 지속적인 노력과 창의력을 통해서 호텔경영도 자본집약적인 산업으로 변화되고 있다는 호텔경영에 대한 신사고 등이다.

호텔 전산화의 시대별 발전과정을 간략히 살펴보면 다음과 같다.

1950년대는 컴퓨터 설치에 많은 비용이 들어 몇몇 대기업만이 컴퓨터를 사용하였으며, 호텔들의 규모가 작아 필요성에 관심도 없었고, 그 비용을 감당하기 어려웠다. 또한, 프런트 오피스업무는 수작업으로 처리되었으며, 수작업으로 모든 호텔의 거래를 장부나 색인 카드 파일에 기록하는 정도였다.

1960년대는 호텔전산화의 발전은 프런트 오피스부문보다 백오피스 부문에서 진행되었으며, 호텔기업의 참여부족으로 많은 어려움을 겪은 시기였다.

1970년대는 대형 호텔들의 프런트 오피스에 대한 관심이 증대되면서 호텔전산 시스템이 본격적인 가동시대로 전환하였으며, 야간결산작업의 시간이 11~12시간에서 2시간 이내로 감소하였다.

1980년대는 전화교환(PABX)은 물론 POS System 등 인터페이스부문이 강화되었으며, 1990년대에 들어서면서 호텔 시스템 패키지는 프런트 오피스와 백오피스, 인터페이스 등의 통합 시스템으로 발전하였으며, 인터넷망을 통한 예약의 확대 등 예약업무의 자동처리기능이 확대되었다.

2000년대를 거쳐 향후 21세기는 호텔기업의 특수성에 맞게 호텔전산시스템은 급속도로 개발될 것이며, 호텔 전산시스템의 다양한 프로그램 개발 여부에 따라 미래 호텔경영의 성패를 좌우하게 될 것이다.

이처럼 호텔경영에 있어서 호텔 전산시스템의 중요성은 매우 크며, 호텔기업들이 호텔전산화를 적극적으로 꾀하려는 목적을 살펴보면 다음과 같다.

- 서비스 증진
- 고객으로부터 신뢰감 조성

- 신속한 업무수행
- 업무예측을 통한 Resource 안배
- 경영정보의 획득
- 적절한 영업요율의 결정
- 악성부채의 통제
- 단순반복업무의 감소

3. 호텔정보 및 전산화의 기대효과

호텔 프런트와 영업장 또는 영업장과 영업장 간의 계속적이고 대량적인 각종 정보를 온라인 네트워크(On-Line Network)에 의해 즉시적으로 접수하며 또 즉시 연산하는 체제의 호텔전산화는 정보처리의 신속성 외에도 정보처리의 일원화 및 통일화, 기계화 및 신뢰화 등의 장점을 가지고 있다. 따라서 이러한 장점을 가지고 있는 호텔정보 및 전산화에 따른 기대효과를 4가지 측면으로 나누어 살펴보면 다음과 같다.

(1) 대고객 서비스 증대

- 체크인 · 체크아웃의 신속 · 정확
- 신속 정확한 예약
- 고객 특별주문에 대한 정확한 처리
- 정확한 고객명부 활용으로 신뢰성 향상
- 철저한 고객관리

(2) 효율적인 영업 관리

- 스키퍼(Skipper) 방지
- 악성부채 통제
- 정확한 계산(Billing)

- 객실상태 수시 점검
- 매출 누수 방지

(3) 수익증대 효과

- 효율적인 영업 관리
- 시설이용률 증대
- A/R의 감소
- 관리인력 증가 억제

(4) 관리효과

- 중앙집중관리체제 확립
- 경영정보의 적시공급으로 사전관리체제 확립
- 제반업무처리의 정형화
- 각종 기회손실 사전 배제

4. 호텔정보 및 전산시스템의 구성

호텔산업에 대한 경영환경의 시대적인 변화와 경쟁업체와의 치열한 경쟁 속에 호텔기업의 일차적 목적인 기업의 이윤추구뿐만이 아니라 기존 고객의 철저한 관리와 신규고객의 창출이라는 대명제는 이제 시대적 과제가 되었다.

이러한 상황 속에 고객관리와 신속한 업무처리 등을 위한 과업과 기능을 제대로 수행하지 않고서는 이익창출과 성장은 물론 생존이 불투명한 시대가 되었으며, 부문별 복합적인 요소가 작용하고 상호의존적이며 보완적인 관계에서 이루어지는 호텔기업의 효율적 운영을 위해서는 호텔 전산 및 정보 시스템의 중요성은 더욱 확대되고 있는 실정이다.

호텔정보 및 전산시스템은 호텔의 경영자와 호텔의 규모 · 특성 등에 따라 시스템 내용에 많은 차이와 다양한 형태를 보이고 있지만 크게 두 가지로 구성되어 관리되고 있다.

그 중의 하나는 전방부문(Front of the House) 또는 프런트 오피스 시스템(Front Office System)으로서 프런트 및 영업장을 중심으로 영업활동을 직접 수행하는 부서이고, 또 다른 하나는 후방부문(Back of the House) 또는 백오피스 시스템(Back Office System)으로서 전방부문의 영업활동이 효율적으로 수행될 수 있도록 지원하는 부서이다.

이 두 부문을 좀 더 자세히 살펴보면, 전방부문은 주로 수익을 발생시키는 수익창출부문으로서 Revenue Center 또는 Profit Center라고 하며 프런트 및 영업장을 중심으로 호텔이용 고객들의 고객관리(Guest History Management), 수익관리가 이루어지며, 후방부문은 비용을 발생시키는 비용발생부문으로서 Cost Center 또는 Expense Center라고 하며, 호텔일반관리 프로그램을 지원하는 호텔 전 부문의 자산관리시스템(Property Management System : PMS)인 회계관리, 급여관리, 인사관리, 고정자산관리, 원가관리, 구매 · 자재관리, 연회예약관리, 판촉고객관리 등으로 구성되어 있다.

물론 IPU라는 중간 매체를 통해서 각종 인터페이스 장비와의 인터페이스를 하며, 프런트와 인터페이스 모듈 간의 문제발생 시 문제를 극소화할 수 있도록 운영해야 한다.

이러한 내용을 기본 바탕으로 하여 호텔정보 및 전산시스템의 운영체계를 살펴보면 다음과 같다.

[그림 11-1] **호텔정보 및 전산 운영체계도**

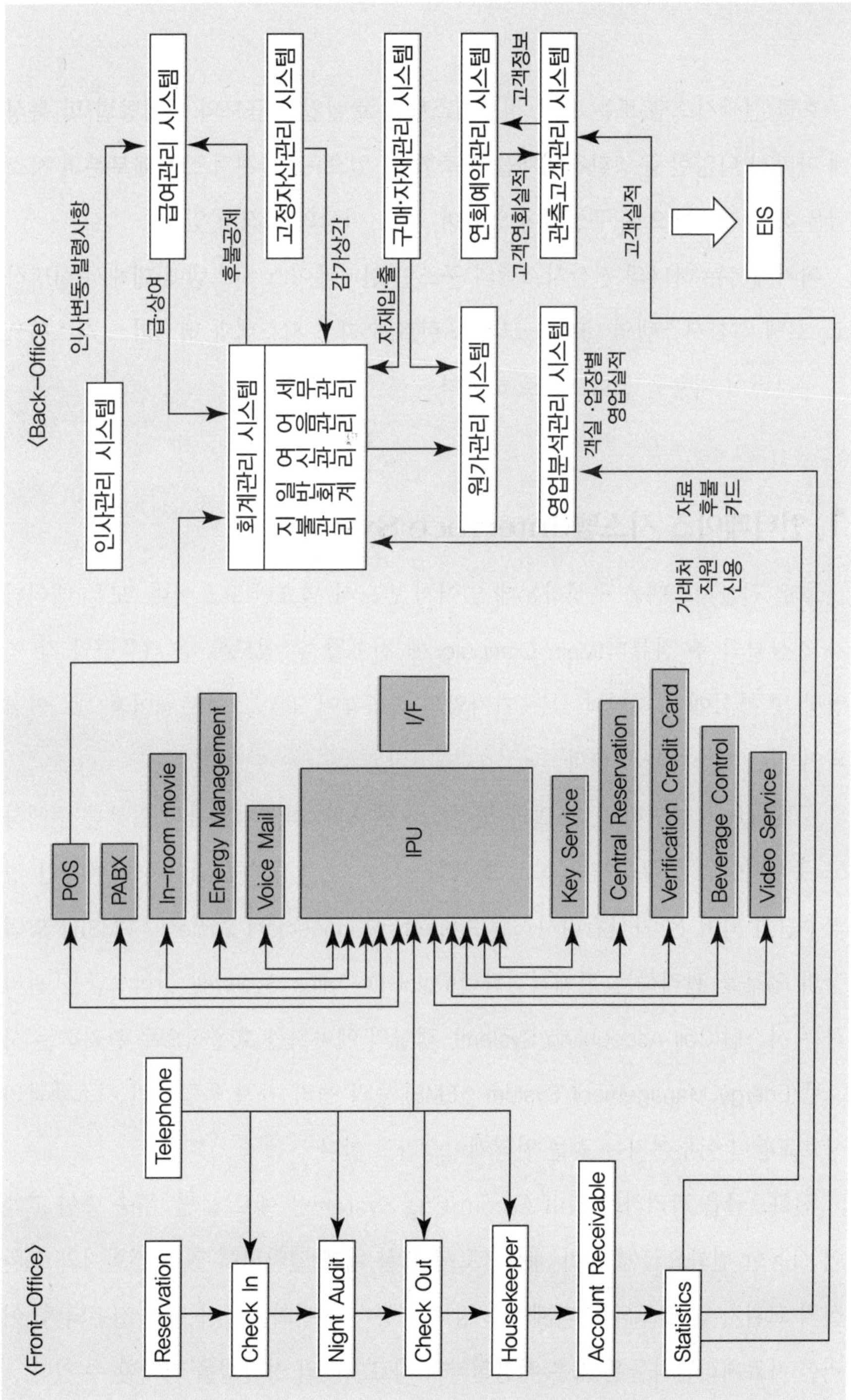

제2절 호텔정보 및 전산시스템의 내용

호텔 전산시스템 또는 호텔 정보시스템은 호텔업의 규모와 운영방법 및 특성에 따라서 다양한 운영환경체계를 구축할 수 있으며, 실제적으로 대부분의 시스템은 하부 시스템으로 구성되어 있으며, 하나 이상의 목적이 있다.

여기에서는 하나의 전산시스템의 구조인 인터페이스 시스템에 대해서 설명하고, 호텔 전산시스템의 내용을 크게 프런트 오피스 시스템과 백오피스 시스템으로 구분하여 내용을 살펴보기로 하겠다.

1. 인터페이스 시스템(Interface System)

호텔 전산시스템을 구성하는데 있어서 반드시 필요한 요소이며, 모든 데이터가 전산실의 주 컴퓨터(Main Computer)에 전송될 수 있도록 주 컴퓨터와 각 영업장 및 부서에 설치되어 있는 기기와의 하드웨어 또는 소프트웨어적으로 연결되어 있는 시스템을 말한다.

구체적으로 설명하면, 호텔의 프런트와 백오피스의 여러 가지 업무를 수행하고 종사원들의 업무를 감독하고 통제함으로써 호텔경영에 있어서 효율적인 경영수단이 되어 온 자산관리시스템(Property Management System : PMS)과 영업장의 업무를 관리하는 판매시점관리(Point-Of-Sales System), 전화요금을 관리하는 시스템(Call Accounting System), 객실의 에너지를 효율적으로 관리하는 시스템(Energy Management System : EMS) 등의 여러 가지 독립적인 시스템과의 상호교환이 이루어지는 것을 인터페이스라고 한다.

전화요금을 관리하는 Call Accounting System을 예로 들면, 투숙 중인 고객이 사용한 전화요금에 대한 계산으로서 객실 내에 설치되어 있는 전화기와 교환실의 교환기 및 별도의 인터페이스 장비를 통하여 전화요금이 자동 전송되며, 이러한 자료처리절차들은 많은 시간절약과 자료처리의 정확성을 기대할 수 있다.

무엇보다 중요한 것은 시스템 간의 접속에 있어 데이터의 손실을 방지해야 하며, 호텔의 특성상 고장률이 없어야 한다.

(1) 판매시점관리 시스템

판매시점관리(Point-Of-Sales System : POS)는 엄밀히 전방부서(Front of the House)의 하위시스템(Sub-System)으로서 각 식음료 업장의 매출을 관리하는 시스템으로서 전산실의 주 컴퓨터와 인터페이스로 연결되어 있어 투숙객이 사용한 내역들을 적시(Real Time)기준으로 POS기기에서 주 컴퓨터로 전송한다.

이것은 상품별 매상금액을 고객에게 제시하고 전산을 하는 기능뿐만이 아니라 식당경영에서 필요로 하는 각종 정보를 신속하고 정확하게 수집하고 처리하는 시스템이다.

따라서 이러한 것은 고객과 접해있는 등록기에서 수집된 정보를 필요한 시점과 필요로 하는 부문, 즉 경영자로부터 영업현장의 실무자까지 동일한 시간에 동일한 정보를 이용할 수 있으며 조회할 수 있는 기능을 갖고 있다.

전산 부서에서의 판매시점관리에 대한 지원 사항들은 Menu Item 변경 시의 수정과 기타 하드웨어적인 지원이 있다.

판매시점관리 시스템을 도입하여 활용하는 효과로는 매상의 기록에 대한 등록의 단축과 고객에 대한 신속한 서비스 및 종사원의 교육훈련시간의 감소 등이 있다. 또한 상품관리에 의해서 고객이 선호하는 메뉴에 대한 메뉴계획의 수립이 용이해져 호텔의 이윤극대화와 적절한 매입정책 등도 추진하여 재고관리, 판매기획에 따른 손실 방지, 구매의 신속화, 수집된 판매 데이터로 메뉴품목에 대한 분석, 가격분석 등은 식음료 마케팅정책에 반영할 수 있게 되었으며 호텔운영에 많은 변화를 초래하였다.

이러한 판매시점관리의 주요한 특징을 살펴보면 다음과 같다.

❶ 온라인(On-Line) 시스템이다. 즉 현장에서 발생되는 각종 데이터를 거래발생과 동시에 직접 컴퓨터에 전달이 된다.

❷ 리얼 타임(Real Time) 시스템이다. 모든 거래 및 영업정보를 신속하게 파악이 가능하여 정보환경의 변화에 대응할 수 있다.

❸ 분산 · 집중관리 시스템이다. 영업장에서 필요로 하는 정보(단말기의 가동상황, 정산상황, 각종 판매정보 등)는 업장에서 관리하며, 필요로 하는 정보는 호텔의 프런트 오피스 시스템에 의해서 회계부문에서 집중하여 관리한다.

❹ 거래에 대한 모든 정보의 파악이 가능하다. 현금판매, 신용거래, 외상매출, 주문, 선수금, 가수금, 할인 등과 같은 모든 거래와 판매한 대상, 시간, 판매업장, 판매상품, 판매가격, 판매방법 등과 같은 모든 정보의 파악이 가능하다는 것이다.

❺ 종합정보 시스템이다. 영업정보와 관련된 자료뿐만이 아니라 미래의 매입자료와 경리부문자료 및 인사자료 등을 포괄하는 종합정보 시스템으로 발전시킬 수 있다.

(2) 요금관리 시스템

1) 전화요금 자동정산관리 시스템(Call Accounting System)

호텔에서 고객이 사용하는 시내 · 시외 및 국제전화에 대한 모든 데이터를 PABX에서 인터페이스 모듈을 통해 프런트 오피스 시스템으로 자동전송되어 고객의 원장(Guest Folio)에 기록되는 시스템이다.

2) 객실 청소상태관리 시스템(Room Status System 또는 Maid Status System)

객실청소원이 객실의 전화기를 이용하여 객실의 청소상태를 입력하면 입력된 정보가 프런트 오피스 시스템으로 전달되어 하우스키핑의 객실상태를 자동적으로 전환하는 기능이다.

3) 미니바관리 시스템(Mini Bar System)

미니바관리 시스템은 객실에서 고객이 식음료를 이용하였을 경우 그 금액이 고객원장으로 자동전송되도록 하는 시스템이다. 주로 룸메이드에 의해서 체크

되며, 고객이 사용한 미니바의 내용을 객실의 전화기를 이용하여 입력하면 고객의 원장에 자동으로 계정된다.

4) 인 룸 무비관리 시스템(In-Room Movie System)

고객이 객실 내(Pay TV System)에서 유료영화를 시청할 경우 프런트 오피스 시스템으로 전송되어 고객의 원장에 자동으로 계정되는 시스템으로서 CATV 요금부과가 있으며, 고객 폴리오 조회, 메시지 조회, Self Check-Out 기능 등이 있다.

(3) 운영관리 시스템

1) 신용카드검증관리 시스템(Credit Card Verification System)

호텔이용고객에 대한 신용카드의 유효성에 대한 여부를 조회하고 고객이 제시한 신용카드로 사용권한 및 부정사용을 확인하는 시스템이다.

2) 룸키관리 시스템(Key Service System)

체크인 시 고객이 투숙할 방의 룸키 카드를 자동으로 만들어 고객에게 제시하고, 투숙 중에 업장을 이용한 후 카드를 제시하면 단말기에 고객정보가 출력되어 후불처리가 가능하도록 하는 시스템이다.

3) 에너지관리 시스템(Energy Management System : EMS)

고객의 객실사용 여부에 따라 냉 · 난방을 자동으로 조절하며, 호텔에서 사용하고 있는 에어컨 · 난방장치 · 전등 · 수온 등의 자동제어를 통해서 에너지소비를 효과적으로 조정하여 에너지 비용을 절감하는 시스템이다.

4) 안전관리 시스템(Safety Box System)

고객의 편의를 위하여 투숙하고 있는 고객에 대하여 귀중품을 일시적으로 보관하였다가 고객에게 되돌려 주는 시스템으로서 고객이 객실 내의 대여금고를 사용하는 경우 고객의 원장에 자동으로 계정이 된다.

5) 다중목적 시스템(Multi-Purpose System)

Call Accounting, Telephone Management, 고객 메시지 및 미니바 등이 통합된 기능을 제공하는 것으로써 폴리오와 메시지 등을 청취할 수 있고, 체크아웃도 가능하다.

- 객실전화기를 통한 미니바 요금청구기능
- 객실전화기를 통한 객실현황 갱신기능(메이드현황 시스템)
- 메시지램프 대기제어기능
- 체크아웃 시 해당객실의 전화기 사용금지
- 체크인 시 해당객실의 전화기 사용가능토록 함
- 팩시밀리를 이용하여 고객의 메시지를 전달

2. 프런트 오피스 시스템(Front Office System)

프런트 오피스 시스템은 호텔 영업부문의 핵심을 이루는 전산프로그램으로서 투숙객에 대한 모든 사항들을 관리하는데, 예약(Reservation), 투숙(Check-In), 퇴숙(Check-Out) 등의 과정을 통하여 고객이 사용한 거래 내역을 고객원장을 통하여 관리하며, 식음료 및 기타 부대시설 영업부문에서 발생되는 투숙객의 매출액 관리는 프런트 오피스 시스템과 인터페이스로 연결되어 관리된다. 그리고 당일에 발생한 모든 자료에 대해서 그 결과를 집계하고 야간감사업무(Night Auditing)를 통하여 마감함으로써 최종적으로 영업보고서를 작성한다.

호텔 전산시스템 중의 하나인 프런트 오피스 시스템에서는 그 기능만 간략히 살펴보고 객실영업회계부문에서 상세히 다루기로 하겠다.

(1) 예약(Reservation)

예약업무란 호텔과 고객 사이에 이루어지는 첫 번째 단계의 계약으로 고객의 요구에 의하여 어느 일정 기간 동안의 객실을 예약하며, 예약담당자는 Reservation

Control System이라는 예약통제시스템을 통하여 예약 가부를 확인하고 예약사항들을 입력한다.

이러한 호텔예약은 호텔 이윤의 극대화와 효율성 제고 및 고객 만족을 극대화하는 목표로 이루어져야 한다.

(2) 투숙(Check-In)

객실판매원(Room Clerk)은 예약객 및 예약없이 당일 도착한 고객(Walk-In Guest)에 대하여 등록을 받고, 객실상황(Room Status) 등을 확인하여 최종적으로 객실을 배정하며, 등록상황을 고객등록 전산프로그램에 입력한다.

이러한 등록상황의 입력과 함께 프런트 오피스 시스템과 연결되어 고객원장이 생성되는데, 고객원장의 생성은 투숙객이 투숙기간 동안 발생시키는 모든 외상거래를 기록할 수 있는 장소가 확정되는 것이다. 또한 호텔의 입장에서는 고객 외상매출금 청구에 대한 법적 청구권을 갖게 되는 중요한 증빙서류가 되는 것이다.

(3) 퇴숙(Check-Out)

프런트 오피스 업무 중 퇴숙업무는 가장 중요한 부분을 차지하고 있으며, 투숙객이 숙박기간 중에 사용한 객실요금(Room Charge) 및 기타 업장(F & B Outlet)에서의 사용요금을 전산으로 확인하여 고객원장 출력과 함께 총 사용금액을 고객에게 청구하고 퇴숙시키는 업무이다. 따라서 객실부문의 종사원(Room Clerk)과 회계부문의 일을 담당하는 종사원(Front Cashier)의 상호 긴밀한 협조로 이루어지는 것이다.

(4) 야간감사(Night Audit)

호텔기업은 일반 제조업과 달리 호텔기업만이 갖는 고유한 회계활동으로서 야간감사업무를 수행한다. 당일 투숙객 및 일반 고객들이 객실 및 식음료업장을 이용하면서 발생한 모든 내역들을 집계하는 작업을 하여 객실별, 식음료업장별로 당일 수익(Revenue)을 확정하는 업무활동으로서 야간 감사자(Night Auditor)에 의해서 업무가 수행된다.

야간 감사자는 당일 수익의 확정을 위해서는 회계자료(회계보고서, 원시전표 등)를 철저히 감사함으로써 매출액의 정당성 여부를 확인하게 되며, 회계처리의 오류 발생 시에는 그 원인을 규명하여 적절한 수정 조치 후 최종적으로 일일영업보고서를 작성한다.

이러한 프런트 오피스 시스템의 원활한 업무 수행을 위한 전산지원사항으로 다음과 같다.

- Data Back-Up
- Hotel System에서의 각종 Code관리
- Hotel Package Upgrade작업

3. 백오피스 시스템(Back Office System)

백오피스 시스템은 호텔업무에서 발생되는 수입, 지출의 제부분을 전체적으로 관리하며, Front Office에서 발생시킨 자료(Data)에 대하여 심사관리, 일반회계, 구매 및 재고관리를 주 업무로 한다.

호텔의 영업활동을 지원하는 백오피스 시스템으로는 인사관리시스템, 급여관리시스템, 연회예약시스템, 구매 · 자재관리시스템, 원가관리시스템, 회계관리시스템, 여신관리시스템, 고정자산관리시스템, 고객관리시스템 등이 있다.

또한 백오피스 시스템을 유지관리하기 위한 전산부서의 업무는 다음과 같다.

- Data Back-Up
- File Status Management
- Month End, Year End 등의 결산작업
- 기타 Hard Ware적인 지원

(1) 인사관리시스템(Human Resource Information System)

호텔 인력의 활용을 위해 인사관리의 유지, 직원의 모집, 선발, 고용, 직무배치, 평가, 종업원 복지, 교육과 개발, 건강과 안전 등과 같은 종합적인 인력관리를 지원하는 시스템이다.

이 시스템은 인사행정의 기본체제를 구축하기 위한 것으로서 종사원의 신상과 관련된 정보를 수시로 조회하여 적성과 능력에 맞는 부문에 배치시키고 업무능력을 개발하는 업무를 수행하기 위하여 각종 업무전산화를 위한 기본여건과 정보체계를 조성한다.

이러한 인사관리시스템의 주요기능으로는

- 인사기록의 유지 및 보관
- 즉시 조회
- 임금변동에 따른 인건비 추정
- 급여관리 업무비용의 절감
- 조건별 검색작업의 용이
- 각종 통계자료의 제공 등이 있으며

또한 호텔 인사관리시스템에 있어서 정보관리 및 정보조회의 구성내용으로는

- 개인신상정보관리(종사원, 가족, 경력사항, 자격, 면허, 여건 등)
- 근무기록관리(인사발령, 교육 및 훈련사항, 승급, 상벌자료 등)
- 근태관리(출퇴근 및 휴가)
- 채용관리(지원자 및 개인별 점수) 등이 있다.

(2) 급여관리시스템(Payroll System)

백오피스 시스템의 Sub-System으로서 호텔의 임직원들에 대한 급여 및 상여금, 퇴직금, 각종 연금, 연말정산 등을 관리하는 시스템으로 후생 복리적인 측면으로 중요한 역할을 분담한다.

급여관리시스템은 주로 우리나라 조세체계에 따라서 프로그램이 수정되는 경향이 많으며 인사관리시스템과 상관성이 높기 때문에 상호 연결되어 시스템이 운영되어야 한다.

급여관리시스템의 구성내용을 보면,

- 급여관리(월급여, 상여, 연말정산, 퇴직정산)
- 급여내역관리
- 퇴직금관리
- 정산관리
- 근태 · 휴가관리
- 세무관리 등이 있다.

또한 전산부서에서는 다음과 같은 사항을 지원한다.

- Data Back-Up
- 정기급여, 상여금 지급 시의 각종 변동사항 수정
- 연말정산 및 세법변경 시의 수정

(3) 연회예약시스템

연회의 목적, 일시, 참석인원, 귀빈의 유무 등을 세밀히 정리하며, 연회예약행사, 행사진행준비, 행사내역 및 세미나, 행사내역관리 등을 통하여 신속 · 정확한 고객 서비스를 수행한다.

연회예약시스템의 구성내용으로는 연회장 가용현황, 일자별 · 업장별 행사내역, 예약대비 실적 등이 있다.

(4) 구매 · 자재관리시스템

호텔에서 필요로 하는 식자재를 적당한 가격과 적당한 양을 구매하고, 최상의 상태로 확보 · 보관하며, 이를 필요로 하는 부문에 조달하여 상품을 창출할 수 있도록 하여 영업을 활성화시키기 위한 시스템이다.

이 시스템은 효율적인 자재관리를 위하여 다음과 같은 내용을 수행한다.

- 구매관리(발주내역 등록, 품목별 입고단가 및 발주현황, 거래처별 발주현황)
- 입고관리(거래처별 및 업장별 입고현황, 입고처리, 창고반품, 취소)
- 출고관리(업장별, 품목별, 전표순서관리)
- 거래처관리
- 품목자료관리(기초재고, 품목별 입고단가, 기간별 입 · 출고현황)

(5) 원가관리시스템

원가관리시스템은 식음료판매에 가능한 많은 이익을 창출하기 위해 정보제공, 판매가격, 제조품목에 투입되는 표준량, 물품구입의 수량 및 질 등을 결정하는 시스템으로서, 중요한 업무로는 정확한 판매정보의 기록과 비교, 식음료자재의 구매와 출고의 통제, 1개월(1일)간의 실제원가의 계산, 표준원가와 실제원가의 비교분석, 1인분량의 표준화 등이다. 따라서 원가관리시스템을 구축하고 효율적인 기능을 수행하기 위해서는 다음과 같은 요건이 요구된다.

- 영업회계자료 및 자재관리자료의 인터페이스 용이
- 의사결정 시스템 구축의 용이
- 내부통제 기능강화
- 다른 시스템과 인터페이스와의 용이

(6) 회계관리시스템

호텔을 둘러싼 직접 · 간접의 이해관계자에게 호텔경영과 관련한 의사결정에 유용한 정보를 제공하는 시스템으로 재무제표의 구축과 조직 및 관리부문 등에 따라 총계정원장, 각 보조원장, 각종 세부명세서의 처리가 이루어진다.

회계관리시스템의 구성 내용은 다음과 같다.

- 지불관리(지급품의서 조기처리 및 회계처리, 수입품의서 관리 및 회계처리)
- 회계전표관리(대체전표 관리, 일계표 계산, 현금거래장 및 결산)

- 거래처관리(계정과목 및 거래처 구축)
- 세무관리(영세율 및 세액, 부가세관련 세금계산서, 법인세내역, 계정과목별 공급 등)
- 어음관리(어음내역 : 만기, 거래처별, 발생일자별, 지급처별)

(7) 여신관리시스템

여신관리시스템은 자주 이용하는 고객과 기업 및 여행사에 대해서 퇴숙 시 후불로 처리하는 기능으로써 호텔의 자산경영에 목표를 두고 접근하는 것이며, 체불고객의 관리도 한다.

내용을 살펴보면 다음과 같다.

- 퇴숙 시 후불로 처리하는 금액관리
- 퇴숙 시 In-House Balance를 City Ledger에 기록
- 미결재금액의 여신관리 Ledger에 기록
- 여신자료관리(여신전표 및 입금전표)
- 자료 관리(거래처별 및 일자별 미수현황, 입금현황, 청구서, 일별 및 월별 후불현황)

(8) 고정자산관리시스템

자산을 관리하는 기능으로서 정액법, 정율법 등의 상각방법의 선택운영이 가능하며, 보통 상각 외에 조정상각과 특별상각이 가능해야 한다.

고정자산관리시스템의 구성 내용은 다음과 같다.

- 자산관리(자산취득, 자본적 지출, 제각 및 이관)
- 감가상각(월말 마감, 특별상각, 재평가처리)

(9) 고객관리시스템

고객관리시스템(Customer Relation Management : CRM)은 호텔마케팅의 의사결정업무를 지원하는 역할을 하며, 자료수집기능과 자료의 분석을 통한 정보생산 및 정보제공기능을 수행한다. 또한 호텔을 이용한 고객들의 현황 · 연락처

및 행사일 등의 데이터를 관리하여 판촉활동을 지원하며, 판촉대상이 될 수 있는 고객정보 등을 관리 및 판촉직원들의 실적을 관리하기 위한 것이다. 내용은 다음과 같다.

- 기업관리(행사일, 업종별 기업, 지역별 기업)
- 판촉실적관리(직원실적)
- 자료 관리(고객대장, 고객별 업장이용실적, 각종 기념일 및 행사)

이처럼 호텔정보 및 전산시스템의 주요 핵심은 관리자들에게 유용하고 효과적인 자료를 실시간으로 제공할 수 있는 데이터의 축적이라고 할 수 있으며, 이것은 가장 중요한 호텔경영정보의 요소가 되고 있다. 즉 경영자로 하여금 효과적인 의사결정과 호텔업의 운영방안을 결정하고 미래의 영업활동 등을 예측할 수 있는 데에 중요한 역할을 담당하게 된다.

또한 호텔업의 규모와 운영방법 및 특성에 따라서 다양한 운영환경체계를 구축할 수 있다. 호텔업무의 특성 상 공통적인 요소가 많기 때문에 중복적인 업무를 가능한 배제하고 업무의 관리 및 효율성을 증대시키기 위해서는 통합관리의 필요성이 한층 증대된다. 따라서 호텔에서 사용되는 시스템은 특성상 별도로 운영되고 있으나 프런트 오피스 시스템, 백오피스 시스템, 인터페이스 등과의 상호 연관성이 요구된다.

호텔리어의 눈으로 바라본 호텔 이야기 11

좋은 PMS 고르는 팁 - 업무 효율과 서비스 및 수익 창출에 기여

얼마 전까지만 해도 국내 호텔업계에서는 특급호텔에서나 PMS를 사용하는 것으로 생각하는 이들이 많았다. 현실적으로도 국내 호텔의 50% 이상이 지금도 PMS를 사용하지 않고 있는 것으로 봐야 할 것이다. 아직까지도 PMS를 사용하지 않는 호텔들은 PMS를 사용해야 하는 이유를 모르는 경우가 많으며, 지금까지 그런 것 없이도 호텔을 잘 운영했는데 왜 필요한지, PMS를 도입한다고 수익이 증가하는 것이냐고 묻는다. 이와 같이 PMS에 대해 호텔 투자자나 경영자들이 정확한 정보가 부족해 오해하는 경우가 있다.

이번 기회에 좋은 PMS 선택하는 방안에 대해 완벽하지는 않지만 몇 가지 팁을 설명하려고 한다. 국내에서 PMS(Property Management System) 시장은 그리 큰 시장이 아니며 따라서 공급하는 회사도 많지 않고 고객들도 다양한 제품을 접할 기회가 많지 않다. 그리고 해외의 상황도 국내 상황과 별반 다르지 않다. 호텔에서 PMS를 사용하는 부서는 예약, 프런트 객실팀, 캐셔, 하우스키핑만 있는 것으로 오해하는 경우가 있는데 그것이 아니고 레스토랑, 판촉, 연회, 코스트 컨트롤, 경리회계, 구매, 인사 급여, 판촉 등 호텔의 모든 부서 직원들이 사용하고 있는 시스템이 바로 호텔 PMS다. 따라서 좋은 PMS는 호텔 전체의 업무 효율과 서비스 및 수익 창출에 얼마나 기여할 수 있는가에 둘 수 있다.

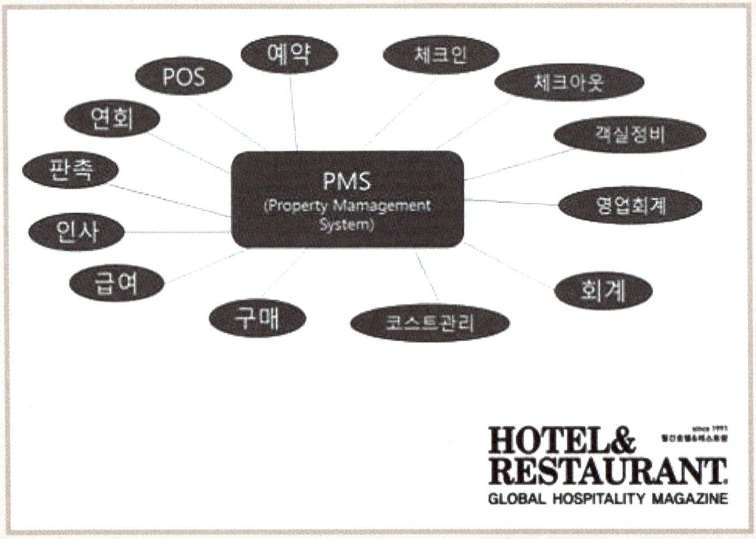

■이미지 : PMS 구성도

첫째, 영업(마케팅) 지향적인 시스템이 필요하다.

기존 PMS의 주요기능이 단순 업무처리 자동화였다면, 이젠 PMS가 기본적인 업무처리뿐만 아니라 축적된 데이터 분석을 통해 마케팅에 직접적으로 관여하고 수익을 창출하는 도구로서의 중요한 역할을 해야 한다. 다양한 국내외의 다양한 온라인 객실판매 채널들과 실시간으로 정보를 공유하고 온오프라인이 결합된 시장환경에서 빠르게 적응할 수 있는 시스템이어야 한다. 예를 들면, 얼마 전 알파고라는 바둑인공지능 시스템이 세상을 놀라게 한 것을 기억할 것이다. 국내외 호텔비즈니스는 더욱 경쟁이 치열해지고 있는 가운데 시스템을 통한 적정 가격정책을 지원받을 수 있고 나아가 시스템이 자동적으로 가격을 설정하는 것들이 필요하다. 국내외 PMS 개발업체들은 알파고와 같은 PMS의 객실료 정책을 지원하는 시스템들을 개발하기 위해 노력하고 있다. 이러한 것들에 좀 더 쉽게 접근할 수 있는 미래지향적인 시스템을 선정하는 것이 중요하다.

둘째, 클라우딩 환경을 적용한 시스템이 필요하다.

국내외의 정보시스템 관련 법적 요건 강화에 따른 로컬 시스템들이 갖춰야 할 정보보안과 관련한 비용이 급증하고 있으며, 이를 충족하기 위해서는 시스템만이 아닌 기술인력 자체도 추가 채용해야 하는 경우들이 증가하고 있어 대규모 전산실을 운영하지 않는 경우는 시스템 유지 관리를 위한 비용이 급증하고 리스크도 증가하고 있다. 따라서 클라우딩 환경에서 언제 어디서든지 접속해 필요한 정보를 공급받을 수 있는 환경을 갖춘 PMS가 중요하며, 서비스를 제공하는 업체의 클라우딩 환경이 얼마나 안정적으로 서비스를 제공할 수 있는지를 점검하는 것은 대단히 중요한 일이다. 따라서 클라우딩 서비스를 제공하고 있는 회사의 클라우딩 환경이 무중단 서비스가 가능하게 구성됐는지 즉 모든 시스템이 2중화, 3중화로 서비스가 가능한지 확인하고, 그 모든 조건을 충족하고도 시스템 복구 시간이 가장 최소화를 유지하는 서비스를 선택해야 한다.

셋째, 확장(연동)성이 용이해야 한다.

급변하는 글로벌 IT(Information Technology)의 시대에 확장성은 피할 수 없는 요소이며, 보다 적극적인 해외 고객유치를 위해서도 다양한 해외 객실판매 채널과의 연동이 가능해야 한다. 몇몇 시스템의 경우 외부 시스템과의 연결 및 공유를 통한 확장성에 장애를 받는 경우를 종종 볼 수가 있다. 확장성을 용이하게 할 수 있는 오픈 환경의 시스템이 필요하다. 최근 국내외에서 많은 시스템들이 오픈 환경을 추구하고 있으며 한국정부도 전자정부 플랫폼을 만들어 국내 IT기업들에 소스와 교육을 제공하고 있다. 이러한 기술들을 적용함으로써 급변하는 호텔산업의 경영환경에 능동적으로 대처해 나갈 수 있을 것이다.

넷째, 멀티 브라우저, 멀티 디바이스 등과 사업장 규모에 따라 라인업된 PMS로 통합이 가능하며, 글로벌 환경을 지원하는 시스템이다.

최근에 많은 종류의 브라우저가 공급되고 있으며 사용자 개인의 특성에 따른 브라우저 사용의 편의를 제공하고, 다양한 디바이스의 출현에 따른 컴퓨터, 태블릿, 모바일 기기에서도 사용이 가능한 시스템, 호텔 비즈니스의 확장에 따른 국내외의 사업장에서 동시에 적용될 수 있는 멀티 랭귀지, 멀티 커런시를 지원하는 시스템이 중요하다. 호텔의 규모에 맞는 각각의 PMS를 혼합해 사용하면서도 통합된 영업분석을 실시하고 고객통합을 통한 효율성을 높일 수 있는 시스템이 중요하다.

다섯째, 호텔 전부서의 업무를 통합적으로 관리할 수 있는 통합 PMS시스템이어야 한다.

즉 고객을 중심으로 한 Front Office PMS의 통합과 회계를 중심으로 한 후방업무(Back Office) PMS 통합, Front Office와 Back Office의 통합이라고 말할 수 있다. 단순한 인터페이스가 아닌 시스템 전체적인 통합을 말할 수 있을 것이다. 최근 시스템의 흐름은 분산에서 다시 통합으로 향하고 있다. 이것은 호텔 PMS의 효과(업무효율, 서비스, 마케팅)를 극대화하기 위해 반드시 필요하며, 단순한 시대적인 트렌드가 아닌 확실한 미래의 방향이다.

여섯째, 공급(서비스)사의 지원능력이다.

호텔 PMS는 한번 선정하고 나면 최소 7년에서 10년 이상 사용하기 때문에 PMS 공급 파트너가 지속경영 가능한 회사인지, 공급업체의 서비스를 최소 10년간 지속적으로 받을 수 있는지도 반드시 체크해야 한다. 호텔의 데이터들이 추후 빅데이터로 중요한 의사 결정에 도움을 줄 수 있는 중요한 요소이므로 공급업체의 재무상태의 개발 지원 인력 요소들에 대한 점검도 놓치지 않는 것이 필요하다.

글 : (주)산하정보기술 김충언 부사장

자료 : 호텔레스토랑 매거진 2016. 06. 23일

연습문제

1. 호텔정보시스템이란 무엇이며, 기본적인 목적을 설명하시오.

2. 호텔정보시스템의 도입배경은 무엇인가?

3. 호텔정보 및 전산화에 따른 기대효과를 설명하시오.

4. 프런트 오피스 시스템(Front Office System)과 백오피스 시스템(Back Office System)을 구분 설명하시오.

5. 인터페이스 시스템(Interface System)이란 무엇인가?

6. 판매시점관리(POS)의 활용 효과와 주요한 특징은 무엇인가?

7. 호텔정보 및 전산시스템의 통합관리의 필요성을 설명하시오.

✲참|고|문|헌

[국내문헌]

고석면, 호텔경영론, 기문사, 2000.
권동극 · 김영식, 호텔객실관리실무, 백산출판사, 2008.
김권식 · 박민규 · 조준수, 호텔객실실무, 한올출판사, 2009.
김근종 · 정종훈, 호텔실무개론, 기문사, 1999.
김근종 · 박철호 · 박희석, 호텔정보시스템, 기문사, 1995.
김성동 · 김성대 · 김권수, 호텔객실실무론, 대왕사, 2005.
김영규 · 이희천, 호텔객실실무, 학문사, 2000.
김영준 · 민덕기 · 김영화, 최신호텔현관 · 객실실무론, 대왕사, 2000.
김영찬, 호텔객실실무, 학문사, 2000.
김왕상, 호텔객실실무관리론, 대왕사, 2004.
김의근 외, 호텔경영학개론, 백산출판사, 2000.
김재민 · 신현주, 신호텔경영론, 대왕사, 1999.
김진강 · 원유석 · 최우성, 호텔객실실무론, 백산출판사, 2010.
김천중, 관광정보론(관광정보와 인터넷), 대왕사, 2000.
김충호, 관광사업경영, 남영문화사, 1984.
남택영 · 김영욱 · 김홍일, 프런트 · 객실실무론, 새로미, 2011.
민혜성, 호텔객실실무, 대왕사, 2006.
박대환 · 박동균 · 조보경 · 전우혁, 호텔객실관리와 시설관리, 백산출판사, 2008.
박대환 · 박동균 · 조보경 · 전우혁, 호텔객실영업론, 백산출판사, 2010.
박수형, 호텔정보시스템 실무, 대왕사, 2001.
송대근 · 강용관, 호텔객실서비스실무, 대왕사, 2011.
송성인 · 김영식, 새로운 호텔경영학, 새로미, 2007.
신형섭 · 김영식 · 이완로, 호텔객실서비스실무, 새로미, 2007.
안광호 · 윤호영 · 송필수, 호텔객실서비스실무, 기문사, 2010.
오정환, 호텔경영원론, 경영문화원, 1981.
오흥진 · 강찬호, 실전 호텔객실서비스론, 기문사, 2012.
이선희 · 송대근, 호텔객실실무론, 대왕사, 2007.
이희천 · 신정화, 호텔경영론, 형설출판사, 2000.
주종대, 호텔객실업무론, 대왕사, 1997.
최복수, 호텔현관과 객실업무, 대왕사, 2006.

최복수 · 김원태, 호텔객실 및 하우스키핑실무, 대왕사, 2011.
허정봉, 호텔정보시스템, 백산출판사, 2002.

리츠칼튼호텔 직무교재
매거진 : 월간 호텔&레스토랑, 2016.06월.
서울신라호텔 객실 매뉴얼
해운대그랜드호텔 직무교재
문화관광부, 1~3급 관광호텔 서비스 매뉴얼, 2003.

조국진, 호텔객실운영의 효율증진방안에 관한 연구, 관광학연구 제13호, 한국관광학회, 1989.
블로그 : http://oldhotelier.tistory.com/ 늙은 호텔리어 몽돌의 호텔이야기

[국외문헌]

Balzer, Harry, *Product Positioning,* Chicago : International Foodservice Manufacturers Association, 1982.

Charles E. Steadmon, Michael L. Kasavana, *Front Office*, 2nd ed., The Educational Institute of the American Hotel & Motel Association, 1998.

James A. Bardi, *Hotel Front Office Management,* 2nd ed., John Wiley & Sons, Inc., 1996.

Jerome J. Vallen, Gary K. Vallen, *Check-in Check-out,* 4th ed., Wm. C. Brown Publishers, 1991.

Linsely T. Deveau, Patricia M. Deveau 외, *Front Office Management and Operations,* Prentice-Hall, Inc., 1996.

Michael L. Kasavana, John J. Cahill, *Managing Computers in the Hospitality Industry,* 3rd ed., The Educational Institute of the American Hotel & Motel Association, 1997.

Michael L. Kasavana, Rechard M. Brooks, *Managing Front Office Operations,* 5th ed., The Educational Institute of the American Hotel & Motel Association, 1998.

Peter Abbot and Sue Lewry, *Front Office Procedures, Social Skills, Yield and Management,* 2nd ed., Butterworth Heinemann, 1999.

Peter Renner, *Basic Hotel Front Office Procedures,* 3rd ed., Van Nostrand Reinhold, 1994.

✻저|자|소|개

■안 광 호

- University of Santo Tomas, Department of Tourism 졸업
  (B. S. in Tourism)
- Graduate School of The University of the Philippines 졸업
  (Master of Food Service Administration)
- 계명대학교 대학원 회계학과 졸업(경영학 석사 : 관리회계 전공)
- 계명대학교 대학원 회계학과 박사과정 수료
  (경영학 박사 : 관리회계 전공)
- Nikko Hotel Manila, Philippines 근무
- 대한관광경영학회 평생회원
- 한국관광학회 정회원
- 대구광역시 관광개발기획단 연구위원
- 대구광역시 관광개발기획단 기획위원 역임

現) 계명문화대학교 호텔항공외식관광학부 교수
계명문화대학교 도서관장

■ 김 영 식

- 세종대학교 대학원 호텔경영학과 졸업(경영학 석사)
- 청주대학교 대학원 경영학 박사(관광 · 호텔경영 전공)
- (주)씨디엘호텔코리아-밀레니엄 서울힐튼호텔
- 웰비스(주)-안양유스호스텔 총지배인
- 주식회사 레스쿨 대표이사
- 미래씨앤피 관리이사
- 성덕대학교 · 수원과학대학교 · 대림대학교 · 신한대학교 겸임교수

現) 한국외식경영학회 이사

한국관광레저학회 편집이사

커피바리스타 심사위원(한국능력교육개발원 · 한국음료직업교육개발원)

관광종사원 국가자격시험 출제위원(한국산업인력공단)

호텔업등급결정 평가위원(한국관광공사)

코리아푸드트렌드페어 심사위원

청주대학교 호텔경영학과 교수

호텔객실 서비스 실무

2016년 8월 20일 초　판 발행
2021년 2월 28일 1판 3쇄 발행

저　자 안광호 · 김영식
발행인 한 인 환
발행처 도서출판 **기 문 사**
등　록 1978. 8. 9. NO. 6-0637
주　소 서울시 동대문구 안암로 50-1(용두동) 홍신빌딩 3층
전　화 02) 2265-7214/922-8662~8663
팩　스 02) 922-8772

homepage : www.kimoonsa.co.kr
e-mail : book@kimoonsa.co.kr

ISBN : 978-89-7723-719-3 93370

저자와의 협의하에 인지생략

정가 : 22,000원